남이야 뭐라 하건!

What do you care
what other
people think?

WHAT DO YOU CARE
WHAT OTHER PEOPLE THINK?
Further Adventures of a Curious Character

by Richard Phillips Feynman

리처드 파인만 홍승우 옮김

남이야
뭐라 하건!

호기심 많은 천재 물리학자 리처드 파인만의
기발하고 유쾌한 모험

사이언스
SCIENCE
BOOKS 북스

· 일러두기 ·
이 책은 리처드 파인만, 홍승우 옮김, 『미스터 파인만!』(사이언스북스, 1997)의
개정판입니다.

『파인만 씨, 농담도 잘하시네!』[1]와 관련하여 파인만에 대한 두 번째 책인 이 책에 대하여 몇 가지 설명이 필요하다고 생각된다.

먼저, 이 책의 중심 인물은 앞의 책에서와 동일하지만 '호기심 많은 인물의 모험'이라는 면에 있어서는 차이가 있다. 어떤 것들은 가벼운 이야기이고 어떤 것들은 비극적인 이야기이다. 하지만 대부분의 경우 파인만 씨는 '농담'을 하고 있는 것이 아니다. 비록 이를 구분하기가 쉽지는 않지만.

두 번째로, 『파인만 씨, 농담도 잘하시네!』의 이야기들은 연도순으로 이야기를 정리해서 앞뒤가 서로 잘 맞게 되어 있으나(이 때문에 어떤 독자들은 그 책을 파인만의 자서전이라고 오해했던 것 같다.) 이 책에 나오는 이야기들은 그렇지 않다. 내가 이 책을 쓰게 된 동기는 간단하다. 파인만의 이야기를 처음 들었을 때부터 나는 그의 이야기를 다른 사람들과 함께 나누고 싶다는 강한 욕구를 느꼈던 것이다.

마지막으로, 앞의 책의 경우에는 파인만 씨와 드럼 연습을 같이 하던 중 들었던 이야기들을 모은 것이었으나, 이 책에 나오는 이야기의 대부분은 그렇지 않다. 이 책의 이야기들은 다음과 같이 얻은 것들이다.

제1부 「호기심 많은 인물」은 파인만이라는 인물이 형성되는 데 있어서 가장 많은 영향을 미친 사람들(그의 아버지 멜 파인만과 그의 첫사랑 알린)에 대한 것이다. 첫 번째 이야기는 BBC 방송국이 제작하고 크리스토퍼 사이크스가 감독한 프로그램 「사물을 이해하는 즐거움」으로부터 얻은 것이다. 이 책의 제목이 된 알린에 대한 이야기는 파인만으로서는 가슴 아픈 기억이었을 것이다. 과거 10년 동안 파인만이 이야기해 준 여섯 개의 이야기 조각들을 한데 모은 것이다. 지금의 모습으로 모으고 나자 파인만은 특히 이 이야기에 애착을 가졌고 다른 사람들과 기꺼이 나누기로 했다.

제1부에 있는 다른 이야기들은 앞의 두 이야기에 비하여 가벼운 이야기이기는 하지만 여기에 함께 포함시켰다. 『파인만 씨, 농담도 잘하시네!』의 속편이 따로 없을 것이기 때문이다. 파인만은 특히 「하나, 둘, 셋 …… 을 세는 것처럼 쉽다」의 이야기를 자랑스럽게 생각했다. 그는 이 이야기를 심리학 논문으로 써 볼 생각도 했었다. 제1부의 마지막 부분에 실린 편지들은 궤네스 파인만, 프리먼 다이슨 그리고 한스 베테로부터 허락을 받아 여기에 싣게 되었다.

제2부 「파인만 씨 워싱턴에 가다」는 파인만의 마지막 대모험을 소개한다. 이 부분을 다소 길다고 느낄지도 모르지만 그 내용이 시기적절한 것이기 때문에 의미가 있다고 생각된다.(짧게 편집된 것이 《공학과

과학(*Engineering and Science*)》와 《피직스 투데이(*Physics Today*)》[2]에 실려 있다.) 파인만이 로저스 조사 위원회의 일을 마치고 나서 세 번째와 네 번째의 큰 수술을 받았고 거기에다 방사선 치료, 초음파 열 치료 및 기타 치료를 받았기 때문에 이 책이 좀 더 일찍 출판되지 못했다.

파인만의 10년에 걸친 암과의 투쟁은 1988년 2월 15일로 끝이 났다. 그러나 그는 세상을 떠나기 2주 전까지 캘리포니아 공과 대학[3]에서 강의를 했다. 나는 그의 연설문 중에서도 가장 감동적이고 우리에게 여러 가지 문제를 제기하는 연설인 「과학의 가치」를 에필로그로 포함시켰다.

랠프 레이턴

1988년 3월

차례

에필로그

제1부

호기심 많은 파인만 씨

나는 모든 것을
아버지로부터 배웠다

내게 예술가 친구가 한 사람 있는데 그는 가끔 내가 인정할 수 없는 말을 하곤 한다. 예를 들어 그는 꽃 한송이를 들어 보이며 "이 꽃 좀 보게나, 정말 아름답지 않은가!" 하고 말한다. 나도 그렇다고 대답한다. 그러면 그는 "예술가인 나는 이 꽃이 얼마나 아름다운가를 알 수 있지만, 과학자인 자네는 꽃을 분해하고 분석하기 때문에 그 아름다움을 잃어버리게 된다네."라고 말하는 것이다. 이럴 때에는 그가 좀 모자라 보인다.

우선 그가 보는 아름다움은 다른 사람들도(나를 포함하여) 볼 수 있는 아름다움이라고 생각한다. 나의 심미안이 그만큼 세련되지 않았을지는 모르겠으나 꽃의 아름다움을 감상할 정도는 된다. 하지만 사실 나는 꽃 한송이에서 그가 보는 것보다 훨씬 더 많은 것을 볼 수 있다. 나는 꽃 속에 있는 세포들을 상상할 수가 있는데 그 세포란 대단히 아름다운 것이다. 크기가 1센티미터 정도 되는 것에만 아름다움이 있는 것이 아니고, 그보다 훨씬 더 작은 차원의 세계에도 아름다움은 존재한다.

세포가 수행하는 역할은 매우 다양하고 복잡하다. 꽃이 색깔을 띠고 있음이 가루받이해 줄 곤충들을 끌어들이기 위한 것이라는 사실은 매우 흥미롭다. 왜냐하면 이것은 곤충들이 색깔을 구분할 수 있음을 의미하기 때문이다.[1] 그렇다면 하등 생물체들도 인간과 같이 미적인 감각을 지니고 있는가 하는 의문을 갖게 된다. 이와 같이 과학적인 지식은 새롭고 흥미로운 질문들을 갖게 하는데, 이러한 지식과 질문은 꽃에 대한 흥미와 신비스러움과 경이로움을 더했으면 더했지 절대로 덜하게 하지는 않는다.

나는 평생토록 과학에만 관심을 기울여 왔으며 젊어서는 거의 모든 시간과 노력을 과학에 쏟았다. 그 당시의 나로서는 소위 인문 과학이란 것을 공부할 시간도 없었고 그럴 만한 참을성도 없었다. 대학 시절에는 졸업을 위해서 반드시 이수해야 하는 교양 필수 과목 중에 인문 과학 분야의 과목들이 있었으나 그런 과목들도 가능하면 수강하지 않으려고 애썼을 정도였다. 나의 관심과 시야를 조금이나마 넓히게 된 것은 나이가 들고 여유가 좀 생기고 나서의 일이다. 그래서 그림 공부도 좀 하게 되었고 책도 조금 읽게 되었다. 그럼에도 불구하고 나는 여전히 과학만을 하는 사람이고 그 밖의 것에 대해서는 아는 것이 별로 없다. 나는 나의 제한된 지적 능력을 과학이라는 특수한 방향으로만 사용해 왔다.

내가 태어나기도 전에 아버지께서는 어머니에게 이렇게 말씀하셨

다고 한다. "만약 아들이 태어난다면 우리 아이는 과학자가 될 거요."†

내가 겨우 어린이용 식탁 의자에 앉아서 음식을 먹을 수 있을 정도로 자랐을 때이다. 아버지께서는 여러 가지 색깔의 작은 타일을 잔뜩 집에 가지고 오셨다. 그리고 나에게 그 타일을 갖고 놀게 하셨다. 아버지께서 내가 앉아 있는 의자에 딸린 작은 식탁 위에 타일을 도미노처럼 한 줄로 세워 놓으시면 나는 그 한쪽 끝을 밀어서 늘어선 타일을 모두 넘어뜨리곤 했다.

얼마 후에는 나도 아버지를 도와 타일을 함께 세울 수 있게 되었으며, 곧 우리는 흰색 타일 두 장에 파란색 타일 한 장, 다시 흰색 타일 두 장에 파란색 타일 한 장 하는 식으로 좀 더 복잡하게 타일을 세우게 되었다. 어머니께서 그것을 보시고는 "그 불쌍한 아이를 제발 좀 그냥 내버려 두세요. 그 애가 파란색 타일을 놓고 싶어 하면 파란색 타일을 놓도록 내버려 두세요."라고 말씀하셨다.

그러나 아버지께서는 "아니오, 나는 애한테 '패턴'이 무엇인지 그리고 패턴이 얼마나 재미있는 것인지를 가르쳐 주려고 하는 것이오. 이것은 초등학교에서 가르치는 산수와 비슷한 것이오."라고 대답하셨다. 아버지는 이런 식으로 내가 아주 어렸을 때부터 세상에 대해서, 그리고 이 세상이 얼마나 흥미로운지에 대해서 가르쳐 주셨다.

우리 집에는 『브리태니커 백과사전』이 있었다. 내가 어렸을 때 아버지께서는 나를 무릎에 앉히고 『브리태니커 백과사전』을 읽어 주시곤 하셨다. 예를 들어 공룡에 관한 내용 중 티라노사우루스 렉스라는

---

† 내 여동생 존은 남자만이 과학자가 될 수 있다는 아버지의 편견에도 불구하고 물리학 박사가 되었다.

공룡에 관한 이야기가 나오는 경우 '이 공룡은 키가 약 7~8미터 정도이며 머리 둘레가 약 2미터 정도이다.' 라는 식으로 설명되어 있었다.

아버지께서는 이 대목에서 읽기를 멈추시고 "자, 이 말이 무슨 뜻인가 생각해 보자. 만약 이 공룡이 우리 집 앞 뜰에 서 있다면 머리가 여기 2층 창문에까지 닿을 정도로 키가 크다는 말이구나.(우리는 2층에서 책을 읽고 있었다.) 하지만 머리가 너무 커서 창문 안으로 들어올 수는 없겠구나." 하는 식으로 설명하셨다. 이처럼 나에게 읽어 주시는 모든 내용 하나하나를 실제 상황처럼 실감나게 바꾸어 묘사하며 설명해 주시곤 하셨다.

공룡처럼 큰 동물들이 살았는데 언젠가 모두 죽어 버렸고 그 동물들이 어떻게 멸종되었는지를 아무도 모른다는 것은 생각만 해도 매우 신기하고 흥미로웠다. 아버지의 이야기를 들으면서 공룡이 내 방 창문으로 들어올까 봐 겁을 내기보다는 책을 읽을 때에는 읽은 내용을 다시 생각해 보고 그것을 알기 쉽게 다른 말로 표현해서 설명하는 것을 자연스럽게 배웠다. 그래서 나는 무엇을 읽든지 그것이 정말로 뜻하는 것이 무엇이며, 저자는 과연 무슨 이야기를 하려는 것인가 하는 것을 깊이 이해하려는 태도를 어려서부터 익히게 되었다.

뉴욕 시에 살던 사람들이 여름이면 흔히 가는 캐츠킬이라는 산이 있는데 우리도 종종 이 산에 가곤 했다. 각 가정의 아버지들은 주중에는 뉴욕에서 일하고 주말이 되면 캐츠킬 산을 등산하곤 했다. 우리 아버지는 나를 데리고 숲을 거닐면서 숲 속에서 일어나는 재미나는 자연현상에 대하여 이야기해 주셨다. 그것을 본 내 친구 어머니들이 자신의 남편들도 자식들을 데리고 그렇게 산책을 하면 좋겠다고 생각했다. 그래서 친구 아버지들에게 우리 아버지처럼 하라고 졸라 보았지만 다른 아버지들은 여러 가지 이유를 대며 그녀들의 청을 들어 주지 않았다. 결국에 그녀들은 우리 아버지를 찾아와 다른 아이들도 함께 데리고 산책해 달라고 부탁했다. 그러나 아버지께서는 나와 함께 보내는 시간은 특별한 시간이므로 다른 아이들 때문에 방해받을 수 없다며 거절하셨다. 그리하여 결국 다른 집 아버지들도 그 다음 주말부터는 아이들을 데리고 산책을 다니지 않을 수 없게 되었다.

그런 일이 있었던 주말 다음 월요일, 아버지들이 모두 직장으로 돌아가고 아이들끼리 놀고 있을 때 한 아이가 내게 물었다.

"저 새 좀 봐? 저게 무슨 샌지 아니?"

"전혀 모르겠는데?"

"저 새는 갈색 목덜미 개똥지빠귀야. 너희 아버지는 너한테 아무 것도 안 가르쳐 주시는구나!"

하지만 사실은 정반대였다. 아버지께서는 이미 내게 그 새에 대하여 가르쳐 주셨다.

"저 새가 보이지? 저 새의 이름은 스펜서 휘파람새라고 한단다." (나는 아버지가 그 새의 진짜 이름은 모르고 계시다는 것을 알고 있었다.)

"이탈리아 어로는 '추토 라피티다'라고 하며, 포르투갈 어로는 '봉다 페이다', 중국어로는 '충롱따', 일본어로는 '가타노 데케다'라고 한단다. 이와 같이 세상에 있는 모든 언어로 저 새의 이름을 알 수는 있겠다만 그리고 나서도 저 새가 어떤 새인지에 대해서는 여전히 아무것도 모를 수 있단다. 단지 세계의 다른 곳에 사는 사람들과, 그 사람들이 저 새를 뭐라고 부르는지에 대해서만 알게 된 것이지. 그러니까 우리는 저 새를 관찰해서 저 새가 '무엇을 하고 있는지'를 보도록 하자꾸나. 그것이 정말 중요한 거란다." (이처럼 나는 매우 어려서부터 사물의 이름만을 아는 것과 사물의 본질을 아는 것의 차이를 배웠다.)

예를 들면 다음과 같은 식이었다.

"저것 봐라. 저 새는 계속 자기 깃털을 쪼고 있잖니? 돌아다니면 서도 계속 자기 깃털을 쪼고 있는 것이 보이지?"

"네."

"저 새들이 왜 자기 깃털을 쪼고 있다고 생각하니?"

"응 …… 새가 날아 다니는 동안 깃털이 흐트러져서 깃털을 가지 런히 하려고 그러나 봐요."

"그래? 그 말이 사실이라면 새가 날고 난 직후에는 깃털을 많이 쫄 것이고 땅에 내려온 후 시간이 지나면 별로 쪼지 않겠네. 무슨 말 인지 알겠니?"

"네."

"그러면 새가 땅에 내려오고 난 직후에 더 많이 깃털을 쪼는지 살 펴보도록 하자."

땅에 내려와서 좀 돌아다닌 새나 방금 땅에 내려온 새나 거의 똑 같이 깃털을 쫀다는 것을 쉽게 관찰할 수 있었다. 그래서 나는 "모르 겠어요. 왜 새가 깃털을 쪼는 거죠?" 하고 물었다.

"깃털 속에 이가 있어서 가려워서 그러는 거란다. 이는 새 깃털에 서 떨어지는 단백질 부스러기를 먹고 살지."

아버지께서는 계속 설명하셨다.

"이의 다리에서는 부드럽고 연한 물질이 나오는데, 작은 진드기들 이 이의 다리에 붙어서 그 물질을 먹고 살지. 그런데 진드기들은 그 물질을 완전히 소화시키지 못하고 설탕 같은 물질을 뒤꽁무니로 배 설하거든. 그러면 그 속에서는 박테리아가 자라게 된단다."

"이런 식으로 음식물이 될 만한 것이 있는 곳에는 그것을 먹고 사는 '어떤' 생명체가 존재한다는 것을 알 수 있지."

나는 이 말을 들으면서 새의 깃털에 있는 것이 사실은 이가 아닐 수도 있으며 이의 다리에 진드기가 있다는 것도 사실이 아닐 수 있다는 것을 알고 있었다. 하지만 중요한 것은, 아버지께서 해 주신 이야기가 '구체적인' 내용에 있어서는 틀릴 수 있지만 '원리'에 있어서는 옳다는 것이었다.

내가 좀 더 자랐을 때의 일이다. 하루는 아버지께서 나무에서 잎을 하나 떼어 내셨다. 그 잎에는 길고 가느다란 홈집이 나 있었는데, 흔하지 않은 모양이었다. 그 잎은 병들어 있는 것처럼 보였고 잎의 중간 부분에서부터 시작하여 가장자리로 C자 모양의 가느다란 갈색 곡선이 있었다.

이것을 보시고 아버지께서 말씀하셨다. "이 갈색 선을 봐라. 처음 부분은 가늘지만 가장자리로 갈수록 굵어지고 있잖니. 이것이 무엇인고 하니, 바로 파리란다. 노란색 눈과 초록색 날개를 가진 파란 파리가 날아와서 이 잎에다가 알을 깐 것이지. 알이 부화되어 구더기가 되고 구더기는 이 잎을 먹으면서 일생을 보내는 거야. 이 잎이 바로 구더기가 음식물을 얻는 곳이란다.[2] 구더기가 잎을 갉아 먹으니까 자국이 남게 되지. 구더기가 커질수록 그 자국은 더 넓어지고 잎의 가장자리에 다다를 즈음에는 구더기가 완전히 자라서 노란색 눈과 초록색 날개를 가진 파랑 파리가 되는 것이란다. 그 파리는 잎을 떠나 날아가서 새로운 잎에 다시 알을 낳지."[3]

파리 이야기에서도 자세한 내용은 틀릴 수 있다는 것을 나는 알고 있었다. 심지어 파리가 아니고 풍뎅이일 수도 있다. 하지만 아버지께서 내게 열심히 설명하시려고 하는 기본적인 아이디어 자체는 참으로 놀라운 것이다. 아버지께서는 모든 것을 논리적으로 생각하고 나름대로 재구성하여 설명하셨던 것이다. 그럼으로써 아무리 복잡한 것일지라도 상황을 재현해 보는 것이 중요하다는 것을 가르쳐 주셨다.[4]

당시 나로서는 다른 아버지들이 어떤지 알 수 없었으므로, 우리 아버지가 얼마나 훌륭한 분인지를 미처 깨닫지 못했다. 지금 와서 생각해 보면, 아버지께서 어떻게 과학의 심오한 원리와 과학에 대한 사랑, 과학의 이면에는 무엇이 있는지, 과학이 왜 가치 있는 것인가에 대해 터득하셨는지 궁금하다. 어렸을 때에는 모든 아버지들이 으레 그런 것쯤은 다 아는 줄로 생각했기 때문에 나는 아버지께 여쭈어 볼 기회가 없었다.

아버지께서는 내게 사물을 관찰하는 방법도 가르쳐 주셨다. 내가 '급행 열차'라고 부르던 장난감 기차를 가지고 놀 때의 일이다. 이 장난감 기차는 철로 위에서 움직이게 되어 있었다. 그 기차 속에는 구슬이 들어 있었는데 기차를 앞뒤로 밀면서 놀던 중 구슬이 움직이는 데에는 어떤 법칙이 있음을 발견하게 되었다. 나는 아버지에게 가서 다음과 같이 여쭤 보았다.

"아빠, 내가 뭔가를 발견했는데요, 기차를 앞으로 밀면 구슬이 기차 뒤쪽으로 굴러가고 기차를 끌다가 갑자기 멈추면 구슬이 기차 앞쪽으로 굴러가요. 왜 그렇죠?"

"그것은 아무도 모른단다. 움직이는 물체는 계속해서 움직이려고 하는 경향이 있고 정지해 있는 물체는 누가 밀지 않는 한 그대로 정지해 있으려고 하는 것이 일반적인 원칙이란다. 이러한 성질을 '관성'이라고 부르기는 하는데, 왜 그런지는 아무도 모른단다."라고 대답하셨다.

이 정도의 설명은 물리를 매우 깊이 이해한 사람이나 할 수 있는 것이다. 아버지께서는 단순히 '관성'이라는 이름만 가르쳐 주시는 것이 아니라 '관성'이 무엇인지를 가르쳐 주신 것이다.

아버지께서 계속 말씀하셨다. "기차 옆에서 다시 잘 관찰해 보면 기차를 앞으로 밀 때 구슬이 기차 뒤로 굴러가는 것이 아니고, 사실은 구슬은 가만히 정지해 있는데 기차가 앞으로 움직인 것임을 알 수 있단다. 게다가 실제로는 구슬과 기차 바닥 사이에 마찰이 있기 때문에 구슬이 처음에는 약간 앞으로 움직이지. 하지만 구슬이 뒤로 굴러가는 것은 아니란다."

나는 장난감 기차로 뛰어가서 구슬을 다시 놓고 기차를 끌어 보았다. 옆에서 보니 아버지 말씀이 옳았음을 알 수 있었다. 방바닥과 비교해 보니 구슬은 진짜로 약간 앞으로 움직였던 것이다.

아버지께서는 예를 들어 설명하시고 대화를 통하여 나를 가르치셨다. 강요나 억압은 전혀 없었고 단지 흥미롭고 사랑이 깃든 대화가 있을 뿐이었다. 이러한 가르침은 일생 동안 내가 과학에 심취하도록 유도했으며 모든 분야의 과학에 흥미를 갖도록 만들었다.(내가 물리학자가 된 것은 내가 다른 분야에 비해서 물리를 더 잘했기 때문이다. 그것뿐이다.)

아니, 나는 과학의 매력에 사로잡혔던 것이다. 마치 어떤 아이가 어려서 아주 좋은 어떤 것을 받아 보고는 항상 그것을 다시 찾고자 하는 것처럼 나는 늘 과학의 재미를 추구해 왔다. 그 자연의 신비는 언제나가 아니라 간혹 찾아낼 수 있는 것이었지만, 나는 그 경이로움을 항상 찾고자 하였다.

그즈음 나보다 세 살 위였던 사촌 형이 중학교에 다녔다. 사촌 형은 대수[5]를 잘 못했기 때문에 가정교사가 집에 와서 과외 공부 지도를 해 주었다. 나도 책상 한 귀퉁이에 앉아서 사촌형이 공부하는 것을 볼 수 있도록 허락받았다. 하루는 x에 대한 이야기를 하고 있었다.

나는 사촌 형에게 물었다.

"뭐 하고 있는 거야?"

"$2x+7=15$와 같은 식에서 x의 값을 구하고 있는 거야."

"4 말이야?"

"그래, 하지만 너는 그 값을 산수로 구했잖아. 산수로 하지 말고 대수로 해야 돼."

하지만 나는 이미 대수를 알고 있었다. 학교에서 배운 것이 아니라 다락방에 있던 이모님의 낡은 교과서를 통해서 혼자 공부했고, 대수의 목표는 x의 값을 구하는 것임을 이해하고 있었다. 사실 x의 값을 구하는 방법 그 자체에는 별 차이가 없었다. 내가 보기에는 '산수'로 푼다, '대수'로 푼다는 것은 별 의미가 없는 말이었다. '대수로 푼다.'라고 하는 것은 흔히 일련의 법칙들을 사용하여 푸는 것을 의미하는데 법칙을 그대로 따라 하다 보면 저절로 답이 얻어진다. 예를 들어 '양변에서 7을 빼고 x에 곱해진 숫자가 있으면 그 숫자로 양변을 나눈다.'라는 식으로 자기가 무엇을 하고 있는 것인지 이해하지 못하더라도 무조건 따라 하기만 하면 답을 얻게 되는 일련의 과정을 통해서 문제를 푸는 것이다. 그런 법칙들은 대수를 필수 과목으로 배워야 하는 아이들이 이해는 못하면서 시험에 통과할 수 있도록 만들어진 것이었다. 사촌 형은 원리를 이해한 것이 아니라 단지 공식만을 암기하여 문제를 풀려고 했기 때문에 결국 대수가 무엇인지를 알지 못했다.

당시 우리 동네 공공 도서관에는 수학 전집이 있었는데 제1권은 『실용적인 사람을 위한 산수』였고 제2권은 『실용적인 사람을 위한 대수』, 그 다음 권은 『실용적인 사람을 위한 삼각법[6]』이었다. (나는 이 책으로 삼각법을 공부하기는 했지만 잘 이해하지 못했기 때문에 곧 잊어버리고 말았다.) 내가 열세 살 정도 되었을 때 그 도서관에는 『실용적인 사람을 위한 미적분』이라는 책이 구매 예정 도서로 공지되었다. 나는 그때 백과사전을 통하여 미적분이 중요하고 재미있는 과목이라는 것을 이미 알고 있었기 때문에 미적분을 공부해야겠다고 혼자 마음먹고 있던 참이었다.

마침내 그 미적분학 책이 도서관에 들어온 것을 보았을 때 나는 뛸 듯이 기뻤다. 그 책을 대출하려고 도서관 사서에게 갔더니 사서가 나를 쳐다보고는, "너 같은 어린아이가 뭐 하려고 이 책을 대출해 가니?" 하고 물었다.

나는 내 처지가 곤란해져서 거짓말을 한 적이 일생에 몇 번 되지 않는데 이때가 그중 한번이었다. 나는 아버지께서 보시려 하신다고 거짓말을 했다.

책을 집으로 가져가서 미적분을 혼자 공부하기 시작했다. 그리고 나는 미적분이라는 것이 비교적 쉽고 간단하다고 느꼈다. 아버지께서도 그 책을 읽으셨는데 아버지께서는 복잡하다고 하시며 잘 이해하지 못하시는 것이었다. 그래서 나는 아버지에게 미적분에 대하여 내가 이해하는 대로 설명해 드리려 했다. 아버지께서 그 정도로 쉬운 것을 이해하지 못하시리라고는 상상조차 못했기 때문에 나는 좀 놀랐다. 어떤 면에 있어서는 내가 아버지보다 더 많이 알고 있다는 것을 처음으로 깨닫는 순간이었다.

물리 외에도 아버지로부터 배운 것이 많이 있는데, 그중 하나는, 그것이 옳은 것인지 그른 것인지는 모르겠지만, 어떤 종류의 것들을 무시하는 것이다. 예를 들면, 내가 아주 어렸을 때인데 아버지께서는 나를 무릎에 앉혀 놓으시고 《뉴욕 타임스》에 실린 윤전 그래뷰어 사진[7]을 보여 주시곤 하셨다.

한번은 수많은 사람들이 교황 앞에서 허리를 굽혀 절하고 있는 사진을 보고 있었다. 아버지께서 말씀하셨다. "이 사람들을 봐라. 여기 한 사람이 서 있고 그 앞에 있는 모든 사람들이 절을 하고 있지 않니? 이 사람이 다른 사람과 무엇이 다른지 알겠니? 이 사람은 교황이라는 거야."(아버지께서는 교황을 싫어하셨다.) "다른 점은 교황이 쓰고 있는 모자에 있지."(상대가 군인이었다면 다른 점은 어깨에 달린 계급장이라고 하셨을 것이다. 언제나 옷차림, 제복, 지위가 다른 점이라고 하셨다.) "하지만 교황도 다른 모든 사람들과 똑같은 문제들을 가지고 있단다. 교황도 밥을 먹어야 하고 화장실에 가야 하지. 그 역시 인간이거든."(아버지께서는 유니폼 판매업에 종사하셨기 때문에 어떤 사람이 유니폼을 입었을 때와 벗었을 때의 차이점을 알고 계셨다. 유니폼을 입든 안 입든 똑같은 사람이라는 말씀이셨다.)

지금 생각해 보아도 아버지께서는 나라는 아들에게 만족하셨고 행복해 하셨던 것 같다. 그런데 한번은 내가 MIT(나는 이 대학을 다니고 있었다.)에서 집으로 돌아왔을 때 아버지께서 다음과 같이 말씀하셨다.

"이제 네가 과학에 대해서 많은 것을 배웠을 테니 내가 늘 궁금하게 여기면서도 잘 이해하지 못했던 것 하나만 물어보자."

나는 무엇이냐고 여쭤 보았다.

"원자가 한 상태에서 다른 상태로 변화할 때 광자라고 부르는 빛의 입자를 방출한다고 알고 있는데 …… ."

"그렇습니다."

"그렇다면 광자가 원래 원자 속에 들어 있다가 방출되는 것이냐?"

"아니요. 광자가 원래 있다가 방출되는 것은 아닙니다."

"그렇다면 광자는 어디에서 온 거지? 어떻게 해서 생긴 것이냐?"

나는 광자의 수는 보존되는 것이 아니라 전자의 운동에 의해 생성된다는 것을 아버지께 설명해 드리려고 애썼지만 잘 할 수가 없었다. 그래서 이렇게 말씀드렸다. "그것은 제가 지금 내고 있는 소리와 비슷합니다. 소리가 제 몸속에 원래 있던 것은 아니지 않습니까?"(이것은 내 아들의 경우와는 좀 다른데, 내 아들이 아주 어렸을 때 어느 날 갑자기 자신의 '낱말 주머니'에서 어떤 낱말(그 낱말은 나중에 알고 보니 '고양이'였다.)이 다 떨어져서 더 이상 그 낱말을 말할 수 없게 되었노라고 말하는 것이었다. 하지만 실제로 '낱말 주머니'라는 것이 있어서 낱말을 다 쓰면 더 이상 쓸 수 없게 되는 것이 아니듯이, 원자에도 '광자 주머니'라는 것이 있어서 미리 광자가 원자 내에 있다가 방출되는 것이 아니다.)

아버지께서는 그런 점에서 나를 만족스럽게 생각하지 않으셨다. 아버지께서 이해하지 못하시는 것이 있을 때 제대로 이해하시도록 내가 설명해 드렸던 적은 한번도 없다. 그런 의미에서 아버지께서는 성공하지 못하셨다고 해야 되겠다. 왜냐하면 아버지께서는 나를 대학교와 대학원까지 보내셨으니 이제 당신이 모르시던 문제들에 대한 해답을 얻어 보려고 하셨는데 결국 아무런 답도 얻지 못하셨으니 말이다.

나는 어머니로부터도 큰 영향을 받았다. 어머니께서는 과학에 대해서는 아무것도 알지 못하셨으나 훌륭한 유머 감각을 가지고 계셨는데, 나는 다른 사람에 대한 최선의 이해는 웃음과 인정의 형태로 나타난다는 것을 어머니로부터 배웠다.

남이야 뭐라 하건!

열세 살쯤 되었을 때 나는 주로 나보다 나이가 많고 세상 물정을 잘 아는 아이들과 어울려 다녔다. 그 애들은 여자 아이들도 많이 알고 있었으며 같이 어울려 다니기도 했는데 자주 가던 곳이 바닷가였다.[1]

그날도 우리는 바닷가에서 놀고 있었는데 대부분의 남자 아이들은 여자 아이들과 같이 방파제 위에 올라가 있었다. 그리고 나와 몇 명의 다른 친구들은 좀 떨어진 곳에 있었다. 나는 여자 아이들 중의 한 명에게 은근히 마음이 있어서 혼자 중얼거렸다. "바바라와 함께 영화 구경이라도 가면 좋겠는데 ……."

그 말 한마디로 충분했다. 왜냐하면 옆에 서 있던 친구가 그 말을 듣더니 높은 바위 위로 신나게 뛰어 올라가서 바바라가 어디 있는지를 찾아내고는 바바라에게 가서 그녀의 등을 떠밀어 내가 있는 곳으로 오게 했다. 내게 오면서 내내 큰소리로 "바바라, 파인만이 너한테

하고 싶은 말이 있대!" 하고 외쳤다. 얼마나 창피하고 당황스러웠는지 아직도 잊을 수가 없다.

금세 모든 남자 아이들이 나를 빙 둘러쌌다. "자, 말해, 파인만!" 하고 다그쳤다. 그래서 나는 그 여자 아이에게 같이 영화 구경 가자고 청했고, 그것이 나의 첫 번째 데이트였다.

나는 집에 가서 어머니께 그 이야기를 했다. 어머니께서는 이건 이렇게 하고 저건 저렇게 하라고 온갖 세세한 것에까지 충고와 조언을 하셨다. 예컨대 버스를 타게 되면 내릴 때는 내가 먼저 내려서 바바라에게 손을 내밀어야 하고 길을 걸을 때는 내가 인도의 바깥 쪽에서 걸어야 한다는 것 등등이다. 심지어는 어떤 말을 해야 하는지조차 일러 주셨다. 어머니께서는 나에게 문화적 전통을 전수해 주셨던 것이다. 어머니들은 이런 식으로 자신의 아들들에게 다음 세대의 여자들을 잘 대하도록 가르치는가 보다.

그래서 저녁 식사 후 나는 옷을 말끔히 차려 입고 바바라의 집으로 갔다. 물론 잔뜩 긴장하고 있었다. 약속 시간에 맞추어 갔는데도 불구하고, 당연히 바바라는 아직 준비가 되어 있지 않았다.(항상 그런 식이 아닌가!) 마침 그 집 식구들이 손님들을 잔뜩 불러 놓고 거실에서 식사를 하고 있었는데 나를 그 거실에서 기다리게 했다. 그들은 나를 두고 "저 애 귀엽지 않니?" 하는 식의 이야기를 했고, 나는 그런 말을 들으며 앉아 있어야 하는 것이 너무도 괴로웠다.

나는 그 첫 번째 데이트에 대해서는 아직도 모든 것을 생생하게 기억하고 있다. 우리는 그 애 집에서 나와서 마을에 새로 생긴 작은 극장으로 걸어가면서 피아노 이야기를 했다. 나는 그 애에게 내가 어렸을 때 우리 부모님께서 나에게 피아노를 가르치려고 하셨던 이야기를 하면서, 6개월 동안 진도가 나가지 않아서 내내 「데이지의 춤」이라는 곡만 쳤고, 더 이상은 피아노 치는 것을 견딜 수가 없었다는 이야기를 아주 자랑스럽게 떠벌려 댔다. 당시 나는 다른 사람들에게 내가 여자 아이처럼 보일까 봐 늘 걱정하고 있었기 때문에, 몇 주일 동안 「데이지의 춤」만 친다는 것은 나로서는 참을 수 없는 일이었고 그래서 피아노를 그만두게 되었다는 이야기를 장황하게 늘어 놓았다. 그 당시 나는 여자 아이처럼 보일까 봐 얼마나 신경을 썼는지 어머니께서 '페퍼민트 패티즈'나 '토스티드 데인티즈'라는 이름의 과자를 사 오라고 나를 시장에 보내시는 것조차도 싫어했다.[2] 영화를 보고 난 후에 나는 그 애를 집에까지 바래다 주었다. 나는 그 애가 끼고 있던 장갑이 예쁘고 좋아 보인다고 칭찬했다. 그리고 문 앞 계단에서 잘 자라고 인사를 했다.

그러자 바바라는 "정말 즐거운 저녁 시간이었어. 고마워." 하고 말했다. 그 애한테서 고맙다는 말을 들으니 대단히 기분이 좋았다. "천만에!" 어깨가 으쓱해지는 느낌이었다.

그 후 두 번째 데이트를 할 때였는데 이번에는 다른 여자 아이였다. 이때도 집에 바래다 주며 잘 자라고 인사했는데, 그 여자 아이 역시 "정말 즐거운 저녁 시간이었어. 고마워."라고 대답하는 것이었다. 첫 번째 데이트 때와 똑같은 말이 아닌가. 이번에는 먼젓번처럼 기분이 매우 좋지는 않았다.

세 번째로 데이트한 여자 아이에게도 잘 자라고 인사를 했다. 그 애가 입을 열며 막 말을 하려고 하는 순간 내가 먼저 말을 했다. "정말 즐거운 저녁 시간이었어. 고마워!"

바닷가에 늘 같이 가던 패거리들과 함께 파티를 하고 있을 때였다. 부엌에서 나이가 좀 든 축에 속하는 친구가 자기 여자 친구와 직접 실습을 해 보이며 우리에게 키스하는 방법을 가르쳐 주고 있었다. 그는 "입술을 이렇게 서로 직각으로 엇갈리게 해야 돼. 그래야 코가 서로 부딪치지 않거든." 등의 이야기를 하고 있었다. 나도 거실로 가서 여자 아이를 한 명 구했다. 소파에 앉아서 그 애 어깨에 한 팔을 두르고 이 새로운 기술을 막 실습하고 있을 때였는데 갑자기 아이들이 모두 떠들썩거리며 흥분하기 시작했다. "알린이 온다! 알린이 오고 있어!" 나는 알린이 누구인지도 모르고 있었다.

조금 있다가 누군가가 말했다. "그 애가 여기 왔어! 여기 왔어!" 그러자 모두들 하던 일을 멈추고 이 여왕을 보기 위해서 껑충껑충 뛰는 것이었다. 알린은 정말 예뻤고, 찬사를 받는 이유를 첫눈에 쉽게 알 수 있었다. 그 애는 그럴 만한 자격이 있었다. 그러나 나는 단지 여왕이 온다고 해서 하던 일을 모두 내팽개쳐 버리는 비민주적인 태도를 취할 수는 없었다.

그래서 모두들 알린을 보러 가는 동안에도 나는 계속 그 여자 아이와 함께 소파에 앉아 있었다. (나중에 알린과 친해진 뒤에 그녀는 내게 말하길, 그날 그 파티에서 여러 명의 좋은 친구들을 만났는데 한 남자 아이만은 구석에 있는 소파에 앉아서 어떤 여자 아이와 재미를 보고 있었던 것으로 기억한다고 했다. 하지만 그녀가 오기 2분 전만 해도 다른 아이들도 죄다 그러고 있었다는 사실은 모르고 있었다.)

내가 알린에게 처음으로 말을 건네 본 것은 어느 댄스 파티에서였다. 그녀는 남자 아이들에게 매우 인기가 있었기 때문에 모든 남자 아이들과 돌아가며 춤을 추고 있었다. 나도 그녀와 춤을 추고 싶어서 언제쯤 끼어들까 눈치를 보고 있었다. 하지만 끼어들기는 내게 너무나도 어려운 일이었다. 예를 들면 그녀가 멀리 떨어진 반대편에서 춤을 추고 있을 때에는 거기까지 가는 것이 너무 복잡하므로 둘이 이쪽 켠으로 가까이 올 때까지 기다려야 한다. 그러나 그녀가 막상 내가 있는 쪽으로 오면, "아냐, 이 음악에 맞추어서는 춤을 잘 출 수가 없어." 하게 된다. 그래서 다른 음악이 나오기를 기다린다. 내가 좋아하는 음악이 나왔다 싶어 발을 앞으로 내디디면, 아니면 적어도 내가 앞으로 나가려 했다고 생각하면 바로 그때 다른 남자 아이가 내 앞으로 끼어들었다. 그때 내가 바로 끼어들면 예의에 어긋나므로 다시 몇 분을 기다려야 한다. 다시 몇 분이 지나고 나면 그녀는 또 멀리 반대편에 있거나 음악이 바뀌거나 하는 것이다!

이처럼 한동안 주저하고 망설이다가 결국 나는 알린과 춤추고 싶다고 혼자 중얼거렸다. 함께 있던 남자 아이들 중 한 명이 내 말을 듣고 다른 아이들에게 큰소리로 이야기했다. "얘들아, 들어 봐, 파인만이 알린하고 춤추고 싶대!" 조금 있다가 그중 한 명이 알린과 춤을 추면서 우리가 있는 쪽으로 왔다. 그때 다른 아이들이 나를 앞으로 밀어내어 결국 나는 간신히 '끼어들게' 되었다. 그러니 내가 어떤 심리 상태에서 알린에게 첫마디를 했을지 짐작이 갈 것이다. 나의 첫마디는 매우 솔직한 질문이었다. "너는 그렇게 인기가 좋으니 기분이 어떠니?" 이처럼 겨우 춤을 추게 되었는데 채 몇 분도 되지 않아 다른 아이가 끼어들었다.

당시에 나와 내 친구들은, 다른 어느 누구에게도 시인하지는 않았으나, 몰래 댄스 레슨을 받고 있었다. 당시는 경제 공황³으로 어려웠던 시절이었고, 어머니의 친구 분 중 한 분이 집의 위층에 댄스 스튜디오를 차려 놓고 저녁에 춤을 가르치며 생활을 꾸려 가고 계셨다. 그 집에는 뒷문이 있었는데 그 아주머니께서는 젊은 청년들이 남의 눈에 띄지 않고 뒷문으로 들어올 수 있도록 배려하셨다.

　가끔 한번씩 이 댄스 스튜디오에서 사교 댄스가 열리곤 했다. 감히 확인해 볼 생각도 나지 않았지만, 당시에는 여자 아이들이 남자 아이들보다 더 심적인 고생이 많았으리라고 짐작된다. 왜냐하면 그때만 해도 여자 아이들은 자기가 함께 춤을 추고 싶은 남자 아이가 있어도 남자 아이들처럼 끼어들기를 할 수도 없었고 남자들에게 춤을 추자고 청할 수도 없었기 때문이다. 당시에는 그것이 '적절하지' 못한 행동이었다. 따라서 예쁘지 않은 여자 아이들은 몇 시간씩 구석에 혼자 앉아 있으면서 고통스러운 시간을 보내야만 했다.

　남자들은 원할 때에는 언제든지 자유롭게 여자들에게 춤을 청할 수 있으므로 여자들보다는 사정이 좋다고 나는 생각했다. 하지만 알고 보면 그것도 만만치 않은 일이었다. 춤을 청할 '자유'는 있었지만, 배짱이라고 해야 할지, 강심장이라고 해야 할지, 아무튼 그 무엇이 없다 보니, 편안한 마음으로 춤을 즐길 수가 없었다. 그래서 끼어들기를 할까 아니면 차라리 앉아 있는 여자 아이들 중 한 명에게 춤을 청할까 고민하는 혼란에 빠지게 된다.

　예를 들어 함께 춤을 추고 싶은 여자 아이가 마침 춤을 추고 있지 않는 것을 보고 '옳지, 이제야 기회가 왔구나!' 하고 생각할 수도 있다. 하지만 이 순간 역시 매우 조심스럽고 미묘하다. 왜냐하면 여자 아이들은 으레 "고맙지만 피곤해서 사양하겠어요. 이 음악이 끝날 때까지는 앉아서 쉬고 싶어요."라고 말하기 때문이다. 그러면 일종의 패배감 내지 좌절감을 느끼며 돌아서게 되는데, 그러나 그녀가 진짜로 '피곤한' 것일지도 모르므로 완전히 좌절하지는 말아야겠다고 생각하는 순간 다른 남자가 그녀에게 춤을 청하고 그녀는 그의 청을 받아들이는 것이 아닌가! 어쩌면 그 남자는 그녀의 남자 친구이며 그녀는 그가 곧 오리라는 것을 미리 알고 있었을지도 모르고, 아니면 내 생김새가 마음에 안 들었는지도 모르고, 이것도 저것도 아닌 다른 이유인지도 모를 일이다. 춤 한번 춘다는 것이 아주 간단한 일인 것 같은데도 항상 이렇게 복잡했다.

한번은 이 댄스 파티에 알린을 초대하기로 마음먹었다. 그것은 알린과의 첫 번째 데이트였다. 나와 가장 친한 친구들도 그 파티에 왔는데 어머니께서 그 친구 분이 하시는 댄스 스튜디오에 더 많은 손님을 끌어들이기 위해 내 친구들을 초대하셨던 것이었다. 그 친구들은 모두 동갑내기 학교 친구들이었다. 해럴드 개스트와 데이비드 레프는 문학을 좋아하는 친구였고 로버트 스테이플러는 과학을 좋아하는 친구였다. 평소 우리는 방과 후에 함께 산책을 하기도 하고 이것저것에 대해 토론을 하기도 하며 많은 시간을 함께 보냈다.

어쨌든 나와 가장 친한 친구들이 파티에 왔고 친구들은 내가 알린과 함께 있는 것을 보자마자 나를 옷 보관소로 데리고 갔다. "야, 파인만, 오늘 저녁에는 알린이 '네' 여자라는 것을 '우리'가 잘 알고 있으니까 우리가 알린이 너와 함께 있는 것을 방해하지 않을 거라는 점을 알아 주기 바라겠어. 그 애한테는 접근하지 않을게." 등의 이야기였다. 하지만 얼마 지나지 않아 바로 그 말을 한 친구들이 서로 그녀와 춤을 추려고 끼어들기 경쟁을 벌이고 있는 것이 아닌가! 나는 그제서야 비로소 셰익스피어의 "그대는 너무 떠벌리며 약속을 하고 있는 것 같소."라는 말의 뜻을 이해하게 되었다.[4]

독자들은 그 당시에 내가 어떤 소년이었는지를 이해해 주기 바란다. 나는 굉장히 수줍음을 잘 타는 성격이었다. 모든 사람들이 나보다 강해 보였기 때문에 그것이 항상 나를 정신적으로 괴롭혔고, 여자 아이처럼 나약하게 보일까 봐 언제나 걱정했다. 나를 제외한 모든 사람들이 야구를 할 줄 알고 모든 운동을 다 할 줄 아는 것처럼 보였다. 예를 들어 어디에서 사람들이 야구를 하다가 야구공이 길 건너편에 있는 나에게로 굴러 오면 그 공을 내가 던져 줘야 할까 봐 겁에 질려 얼어붙을 정도였다. 내가 공을 던지게 되면 한 60도 정도는 옆으로 빗나갈 뿐만 아니라 거리도 훨씬 못 미쳐서 떨어질 것이기 때문이었다! 그러면 모두들 나를 비웃을 것인데, 생각만 해도 끔찍했고 어린 나에게는 매우 두려운 일이었다.

한번은 알린의 집에서 파티가 열렸고 거기에 초대를 받았다. 알린은 그 동네에서 제일 인기가 있었으므로 모두들 그 파티에 왔다. 그녀는 모든 면에서 최고였으며 마음씨도 가장 착했으므로 모든 사람들이 그녀를 좋아했다. 내가 혼자서 일인용 소파에 앉아 있을 때였는데, 알린이 내 쪽으로 걸어오더니 소파의 팔걸이에 걸터 앉으며 내게 말을 거는 것이 아닌가! 그 순간부터 '이 세상이 이렇게 황홀하고 달콤할 수 있을까! 내가 좋아하는 사람이 드디어 내게 관심을 갖다니!' 하는 감정을 느끼게 되었다.

그 당시에 파라커웨이에 있던 유대교 회당에는 유대 인 아이들을 위한 청년 센터가 있었다. 그 청년 센터는 제법 큰 클럽이었고 그 안에서는 여러 가지 활동이 이루어졌다. 문예반에 든 아이들은 글을 써서 서로에게 읽어 주기도 했고, 연극반, 과학반, 미술반 등도 있었다.

나는 과학 이외의 어떤 다른 분야에도 관심이 없었다. 하지만 알린이 미술반에 있었기 때문에 나도 그 반에 들어갔다. 단지 알린과 같은 반에 있기 위해서 석고로 얼굴 모형을 만드는 등 꽤 고생했다.(먼 훗날 이때 배운 것을 써먹게 되기는 했지만 말이다.)

그러나 알린에게는 이미 제롬이라는 남자 친구가 같은 반에 있었고 따라서 내게는 기회가 있을 수 없었다. 나는 단지 그들의 뒷전에서 왔다갔다 할 뿐이었다.

그러던 어느 날 내가 청년 센터에 출석하지 않은 상태에서 누군가가 나를 센터의 회장으로 추천했다. 그러자 회당의 장로님들은 불안해 하시기 시작했다. 왜냐하면 나는 이미 자타가 공인하는 무신론자였기 때문이었다.

사실 나는 어려서부터 유대교의 가르침을 받으며 자랐다. 우리 가족들은 매주 금요일마다 유대교 회당에 갔다.[5] 나는 우리가 '주일학교'[6]라고 부르던 곳에 가서 한동안 히브리 어[7]를 배우기까지 했다. 하지만 아버지께서는 내게 이미 세상에 대해 가르쳐 주셨다. 따라서 예를 들어 바람이 전혀 불지 않았는데도 덤불의 잎사귀가 흔들렸다는 등의 기적에 대해서 랍비[8]가 이야기를 하는 것을 들을 때면 나는 그 기적을 현실 세계에 맞추어 자연 현상의 하나로 설명할 수 있는 방법을 찾으려고 노력하곤 했다.

이해하기 몹시 힘든 기적들도 있었다. 잎사귀가 흔들린 기적은 쉬운 편이었다. 하루는 학교 가는 길에 어디서 작은 소리가 들려왔다. 가만 살펴보니, 바람은 거의 불지 않았는데도 덤불의 잎사귀들이 약간씩 흔들리며 소리를 내고 있었다. 그것은 잎사귀들이 우연히 어떤 적당한 위치에 있게 되면 일종의 공명 현상이 일어나기 때문이었다.

그래서 나는, '아! 이것이 바로 엘리야 선지자가 보았던 흔들리는 덤불에 대한 좋은 설명이 되겠구나.' 하고 생각했다.

하지만 내가 결코 이해할 수 없었던 기적들도 있었다. 예를 들면 모세가 지팡이를 땅에 던지니 그 지팡이가 뱀으로 변했다는 이야기이다. 나는 그 사람들이 도대체 무엇을 보았기에 지팡이를 뱀이라고 생각하게 되었는지를 이해할 수가 없었다.

내가 좀 더 어렸을 때 경험했던 산타클로스 문제와 비교해 보았더라면 모세의 기적을 이해하는 데에 도움이 되었을 것이다. 하지만 그때만 해도 나는 어렸기 때문에 자연 법칙에 어긋나는 이야기들은 그것이 사실인지를 한번쯤 의심해 보아야 한다는 생각이 들지 않았다. 아주 어려서였지만 산타클로스가 실제 인물이 아니라는 것을 알게 되었을 때 나는 실망하지 않았다. 오히려 어떻게 해서 온 세계의 수많은 아이들이 똑같은 날의 밤에 산타클로스에게서 선물을 받을 수 있을까 하는 의문에 대한 간단한 해답을 찾았다는 사실에 안도가 되었을 뿐이다. 왜냐하면 그 의문에 대한 답을 찾으려고 하면 할수록 이야기는 점점 더 복잡해져서 나중에는 더 이상 어떻게 해 볼 수 없을 정도가 되어 버렸던 것이다.

하지만 산타클로스는 우리 집에서 행해지는 특별한 관습에 불과했으므로 그 이야기가 사실이 아니더라도 별 문제가 될 것은 없었다. 이에 반하여 내가 배우고 있던 기적들은 현실 세계와 직접 연관이 있었다. 사람들이 매주 가는 유대교 회당이라든가 랍비가 아이들에게 기적을 가르치는 주일학교 등과 관련되어 있으므로 이 기적들에 대한 문제는 훨씬 더 중요한 것이었다. 산타클로스 이야기는 실제로 존재하고 있는 유대교와 같은 큰 단체와 아무런 관련이 없는 것이었으므로 사실이 아니더라도 별 문제될 것이 없으나, 종교와 관련된 기적의 문제는 중요한 문제였다.

사실 나는 주일학교에 다니던 기간 내내 모든 기적들을 믿었고 그것들을 이해하고 꿰맞추느라고 머리가 혼란스러웠다. 하지만 결국 위기의 순간이 찾아왔다.

내가 열한 살인가 열두 살이 되던 해에 그 순간이 왔다. 랍비가 우리에게 유대 인들이 끔찍한 고문을 받았던 스페인 박해⁹에 대해 이야기를 해 주고 있었다. 그는 우리에게 루스라는 여자에 대한 이야기를 해 주었다. 그녀가 한 일이 정확히 어떤 일인지, 이단 심문소에서 그녀에 대하여 어떤 죄목을 부여했는지, 그에 대하여 어떤 변론이 이루어졌는지 등 모든 것이 마치 심문소 판결 서기가 기록이라도 한 것처럼 이야기해 주었다. 당시 나는 아직 순진한 어린이였고 랍비는 그것이 실제로 기록된 것이 아니라는 말을 하지 않았기 때문에 그가 하는 모든 이야기들이 진짜라고 믿었다. 끝에 가서 랍비는 "그리고 그녀는 죽어 가면서 다음과 같이 생각했습니다." 등 루스가 감옥에서 어떻게 죽어 갔는지를 이야기했다.

그 이야기는 내게 충격적이었다. 수업이 끝난 후 나는 랍비에게 가서 여쭤 보았다. "루스가 죽어 가면서 무슨 생각을 했는지 사람들이 나중에 어떻게 알았습니까?"

랍비가 대답하기를, "그건 말이지, 유대 인들이 얼마나 많은 박해를 받았는가 하는 것을 좀 더 실감나게 설명하려고 사람들이 루스라는 여자의 이야기를 지어 낸 거란다. 그녀는 실제 인물이 아니란다."

나는 이 말을 듣고 어찌해야 할지 몰랐다. 나는 그동안 완전히 속았다는 생각이 들었다. 남이 지어 낸 것이 아닌 사실 그대로의 이야기를 듣고 싶었다. 그래야 그 사실에 바탕을 두고 내 스스로 의미를 판단할 수 있지 않겠는가? 하지만 나는 아직 어려서 어른들에게 그런 것을 따질 줄도 몰랐고 그럴 수도 없었다. 내가 할 수 있는 것은 단지 우는 것뿐이었다. 마음이 너무 혼란스러웠고 화가 나서 울기 시작했다.

"왜 그러니?" 하고 랍비가 물었다.

나는 나름대로 설명하려고 애썼다.

"나는 지금까지 선생님께서 해 주신 모든 이야기들이 다 진짜인 줄 알고 있었는데, 그렇다면 이제와서 어떤 것이 사실이고 어떤 것이 사실이 아닌지 알 수가 없잖아요! 그러니 내가 이제까지 배운 것을 어쩌란 말이에요!"

말하자면 내가 이제까지 배운 데이터들을 더 이상 믿을 수 없게 되었으므로, 한순간에 모든 것을 잃어버렸다는 것을 설명하려고 했다. 그때까지는 그 모든 기적들을 이해하려고 무진 애를 써 왔는데 결국 이렇게 돼 버린 것이다. 하긴 이로써 많은 기적들에 관한 문제가 해결된 셈이니까 차라리 잘 됐다는 생각도 들었지만, 어쨌든 기분이 좋지는 않았다.

랍비는 말했다. "그 문제가 그렇게 네 마음에 걸리고 울 정도라면 왜 주일학교에 나오니?"

"부모님께서 나가라고 하시니까요."

그 후 나는 이 사건에 대해서 한번도 부모님께 말씀드리지 않았다. 그리고 랍비가 나의 부모님께 이야기를 했는지 어쨌는지는 알 수 없지만 부모님께서는 다시는 나를 주일학교에 보내지 않으셨다. 이 사건은 내가 신자로서의 견신례(堅信禮)를 받기 바로 전에 일어났다.

어쨌거나 그 사건으로 인해 모든 기적이란 사람들이 '좀 더 실감 나게' 이해할 수 있도록 하기 위해서 만들어진 이야기이므로 자연현상과 부합되지 않더라도 괜찮다는 이론을 받아들이게 되었고, 그 결과 나의 혼란은 쉽게 정리되었다. 한편 나는 자연에 매우 흥미가 있었고 이런 식으로 자연이 왜곡되는 것을 원치 않았으므로, 점차 종교 전체에 대해 불신하게 되었다.

회담의 장로들은 클럽을 조직하여 유대교 집안의 아이들이 여러 가지 활동에 참여하게 했는데, 이것은 아이들이 길거리에서 쏘다니며 나쁜 짓을 배우지 않도록 하기 위한 것이었을 뿐 아니라, 유대 인들의 생활 방식에 저절로 흥미를 갖게 유도하기 위한 것이었다. 따라서 나 같은 아이가 그 클럽의 회장으로 선출되었다면 장로들이 꽤 당황했을 것이다. 장로들뿐 아니라 나에게도 다행스럽게도 나는 결국 회장으로 선출되지 않았는데, 그것은 그 후 얼마 지나지 않아서 그 센터가 실패로 끝나 버렸기 때문이다. 내가 회장으로 추천이 되었다는 것은 이미 그 센터가 망해 가고 있었다는 증거의 하나로 볼 수 있고, 만약 내가 회장으로 선출되었다면 분명 그 종말의 책임이 나에게 있다고 비난받았을 것이므로 나로서도 다행이었다.

어느 날 알린은 제롬이 더 이상 자기 남자 친구가 아니라고 내게 알려 주었다. 그녀는 이제 제롬에게 묶인 신세가 아닌 것이다. 그것은 내게 굉장한 희소식이었으며 '희망'의 시작이었다! 그녀는 우리 집에서 멀지 않은 시더 헐스트[10]의 웨스트민스터 가 154번지에 있던 자기 집으로 나를 초대했다.

그녀의 집에 도착하니 날이 어두웠는데 집 앞에 불이 켜 있지 않

있다. 그래서 나는 집 주소를 잘 볼 수가 없었다. 무조건 초인종을 눌러서 내가 찾는 집인지 확인할 수도 있었겠으나, 그 집이 아닌 경우에 낯선 사람들을 방해하게 되는 것이기 때문에 나는 살금살금 문을 기어올라가서 현관 위에 붙어 있는 숫자를 손으로 더듬었다. 154였다.

알린은 철학 과목 숙제를 하느라고 애를 먹고 있었다. "우리는 데카르트를 배우고 있는 중이야. 그는 'Cogito, ergo sum, 즉 나는 생각한다. 고로 존재한다.'라는 말로부터 시작해서 결국 신의 존재를 증명했대."

"그건 불가능해!" 나는 즉시 대답했다. 나는 내가 그 위대한 데카르트를 감히 부정하고 있다는 것은 생각지도 않고 이렇게 말해 버렸다.(나의 이러한 태도는 아버지로부터 배운 것이다. 아버지께서는 어떤 권위든지 간에 권위 그 자체를 존중하여 권위 자체에 복종하는 것은 옳지 않고, 또한 누가 어떤 이야기를 했는가 하는 것에 신경 쓰지 말 것이며, 단지 그가 어디에서부터 시작하여 논리를 전개하고 어떤 결론에 이르렀는가 하는 것을 살펴본 후 '과연 그것이 말이 되는가?' 하고 스스로에게 물어보도록 가르치셨다.) "어떻게 거기서 신의 존재를 추론할 수 있단 말이야?" 하고 나는 되물었다.

"나도 몰라."

"그럼 우리 한번 잘 살펴보자. 어떻게 그런 논리가 전개되었지?"

그래서 우리는 차근차근 살펴보았다. 데카르트의 "Cogito, ergo sum"이라는 말은 우리가 의심할 수 없는 것이 한 가지 있다는 뜻임을 알게 되었다. 그것은 의심 자체라는 것이다. 그 뜻을 이해한 나는 투덜거렸다. "데카르트는 이 말을 쉽게 표현할 수 있었을 텐데 왜 똑같은 말을 이렇게 복잡하게 하는 거야? 그가 확실히 안다고 말할 수 있는 것이 한 가지 있다는 것을 말하고 싶으면, 그냥 그렇게 이야기하면 되잖아."

그의 논리는 이렇게 계속된다. "나는 불완전한 생각만을 할 수 있지만 불완전한 것이란 완전한 것과 비교해서만 이해될 수 있는 것이다. 그러므로 완전한 것이 어딘가에 존재함이 분명하다."(그는 지금 신에 대한 자신의 논리를 펴고 있는 것이다.)

"말도 안 돼!" 하고 나는 말했다. "과학에서는 비록 완전한 이론이 없더라도 상대적으로 어느 것이 더 옳은지에 대해서 이야기할 수 있다구. 나는 이 말에 동의할 수 없어. 내가 보기에는 이건 순 엉터리야."

알린은 내 말뜻을 이해했다. 그녀는 내 말을 듣고 나서, 데카르트라는 위대한 철학자가 한 말일지라도, 그의 말뜻을 억지로 이해하려고 고민하기보다는 그가 한 말 자체만을 가지고 그 말을 평가해야 한다는 것을 바로 이해했다. "그래, 리처드 오빠[11] 말대로 이 문제를 다른 관점에서 볼 수도 있다고 생각해. 우리 선생님께서 늘 말씀하시거든. '모든 종이에는 두 개의 면이 있듯이 모든 문제에도 두 가지 면이 있다.' 라고 말이야." 하고 그녀가 말했다.

"그런데, 그 말에도 역시 두 가지 면이 있어."

"무슨 말이야?"

나는 『브리태니커 백과사전』에서 뫼비우스[12]의 띠에 대해 읽은 것이 생각났다. 아! 이럴 때에도 『브리태니커』의 위력이 나타나는 것이다. 나는 어려서 이 사전을 얼마나 즐겨 읽었는지 모른다. 요즘에는 어린아이들도 알 정도로 잘 알려진 것이지만, 그 당시만 해도 뫼비우스의 띠와 같은 것들에 대해서 아는 사람들은 별로 없었다. 그런 면이 실제로 존재한다는 것은 아주 간단해 보일 수 있다. 그것은 정답이 무엇이라고 말하기 어려운 정치적인 문제도 아니고 역사를 알아야 이해할 수 있는 것도 아니다. 이렇게 이해하기 쉬운 것을 혼자 읽고 배우면서 마치 아무도 모르는 나만의 멋진 세계 속에서 혼자서 모든 것을 차지하고 있는 듯한 기분을 느꼈다. 또한 그런 것을 알게 되는 것 자체가 즐거움일 뿐만 아니라, 남들은 모르는 것을 나만 알기 때문에 자신이 독보적인 존재처럼 여겨지는 것도 어느 정도 신나는 일이었다.

나는 길다란 종이 조각을 가져다가 반을 비틀어서 띠를 만들었다. 알린은 그것을 보고 재미있어 했다.

다음 날 수업 시간 중에 알린은 선생님께서 그 이야기를 꺼내시기를 기다렸다. 역시 그 날도 선생님께서는 종이 조각을 들어 보이시며 말씀하셨다. "모든 종이에는 두 개의 면이 있듯이 모든 문제에는 두 가지 면이 있습니다." 알린은 (반이 비틀린) 자기가 만든 종이띠를 들어 보이며 말했다. "선생님, 그 말씀에도 두 가지 면이 있습니다. 한 가지 면만 있는 종이도 있어요!" 선생님과 반 아이들은 모두 놀랐고 재미있어 했다. 알린은 이렇게 뫼비우스 띠를 반에서 보여 주게 된 것이 굉장히 신났던 것 같고, 그 후에 내게 더 관심을 가지게 되었다고 생각된다.

그러나 제롬 이후에 내게는 새로운 경쟁자가 생겼다. 그는 바로 나의 '친한 친구'인 해럴드 개스트였다. 알린의 마음은 항상 이랬다 저랬다 했다. 한 예로, 내가 졸업을 할 무렵, 그녀는 해럴드의 파트너가 되어 졸업 파티에 갔고, 그 반면에 졸업식장에서는 우리 부모님 옆에 앉았던 것이다.

나는 과학과 수학, 물리, 화학에서 1등을 했기 때문에 졸업식 때 여러 차례 단상에 올라가 상을 받았다. 해럴드는 영어와 역사에서 1등을 했고 교내 연극의 희곡을 썼으니 그의 실력도 대단했다.

나의 영어 실력은 형편없었다. 사실 나는 영어 과목을 무척이나 싫어했다. 영어 단어의 철자법이라고 하는 것은 인간이 만든 하나의 약속에 불과한 것이라고 생각했고 따라서 철자법이 맞았는가 안 맞았는가를 따진다는 것은 어리석기 짝이 없는 일이라고 생각했다. 그것은 '사실적인' 어떤 것, 즉 자연법칙으로부터 유도되어 나온 것도 아니고 단지 하나의 약속에 불과한 것이다. 예를 들어 어떤 단어를 쓰는데, 지금 우리가 사용하고 있는 철자법과 다르게 표현하더라도 아무런 문제가 없지 않은가 하고 생각했다. 따라서 나는 영어 같은 데에 시간을 낭비하는 것을 참을 수가 없었다.

리전트라고 부르는 시험이 있었는데 뉴욕 주의 모든 고등학교 학생들이 이 시험을 치러야 했다. 졸업하기 몇 달 전, 우리가 영어 과목 리전트 시험을 볼 즈음이었다. 해럴드와 또 한 명의 문학파 친구인 데이비드 레프(그는 학교 신문의 편집인이었다.)가 내게 어느 책에 대해서 쓰기로 결정했느냐고 물었다. 데이비드는 싱클레어 루이스가 쓴 심오한 사회적 내용이 담긴 책을 선택했고, 해럴드는 어떤 극작가의 작품을 선택했다. 나는 중학교 1학년 영어 시간에 배운 『보물섬』을 선택했다고 말했다. 그리고 내가 어떻게 썼는지 이야기해 주었다.

그들은 비웃으며 말하길, "맙소사, 그렇게 쉬운 책에 대해서 그렇게 쉬운 이야기를 썼단 말이야? 너 낙제하려고 그러니?" 하는 것이었다.

또한 여러 가지 주어진 제목 중에서 하나를 골라서 거기에 대하여 수필을 쓰는 문제가 있었다. 내가 고른 것은 '항공학에 있어서 과학의 중요성'이었다. 나는 '얼마나 바보 같은 제목이란 말인가! 항공학에 있어서 과학의 중요성은 너무나도 당연한 것이 아닌가!' 하고 생각했다.

나는 이 바보 같은 제목에 대해서 간단한 주제의 글을 쓰려다가 내 문학파 친구들이 항상 똑같은 문장을 기교있고 복잡하게 씀으로써 그럴듯하게 보이도록 '과대 포장' 하던 것이 기억났다. 어떻게 되나 보자는 생각에서 나도 한번 그렇게 써 보기로 했다. '만약 이 리전트 시험이 '항공학에 있어서 과학의 중요성' 같은 바보 같은 제목을 문제로 낼 정도로 어리석은 것이라면 나도 그들이 원하는 대로 그렇게 해 주지!' 하는 생각이 들었다.

나는 다음과 같이 썼다. '항공 과학은 비행기 후면의 공기 중에 형성되는 소용돌이나 회오리 또는 와동(渦動) 등을 분석하는 데 중요하다. ……' 나는 물론 소용돌이나 회오리나 와동이 모두 똑같은 것을 의미하는 말임을 알고 있었으나 세 번이나 다른 식으로 언급하게 되면 좀 더 그럴듯하게 들리는 것이다! 평소 같으면 나는 절대로 이런 식으로 쓰지 않았을 텐데, 이번만은 예외였다.

내 영어 시험지를 채점하신 선생님은 소용돌이, 회오리, 와동이 마음에 드셨던 모양이다. 왜냐하면 나에게는 91점을 주셨고, 반면에 그 영어 선생님 입장에서 좀 더 쉽게 이해하고 비판할 수 있는 주제에 대하여 쓴 내 문학청년 친구들에게는 둘 다 88점을 주셨으니 말이다.

게다가 그해부터는 졸업식장에서 수여되는 상에 대한 제도가 바뀌어서 어떤 과목에서든 리전트 시험 성적이 90점 이상이 되면 자동적으로 졸업식에서 그 과목에 대한 우수상을 받게 되었다. 그리하여 극작가 친구와 편집인 친구는 별 볼일 없이 자기 자리에 앉아 있었던 반면에 영어 철자도 제대로 모르고 바보같이 물리만 아는 학생이 또 한번 앞으로 나가서 영어 과목의 우수상을 받게 되었던 것이다!

졸업식이 끝나고 나서, 알린은 우리 부모님 그리고 해럴드의 부모님과 함께 복도에 있었는데 우리가 있는 쪽으로 수학 담당 주임 선생님께서 걸어 오셨다. 그는 매우 건장한 분이셨다. 키가 매우 커서 위압적으로 보이는 규율 주임 선생님이셨다. 해럴드의 어머니께서 말씀하셨다. "안녕하세요? 억스베리 박사님. 저는 해럴드 개스트의 어미되는 사람이고요, 이쪽은 파인만 군의 어머니이십니다. ……"

선생님은 먼저 말을 걸었던 해럴드의 어머니는 거의 무시해 버리고 우리 어머니께만 관심을 보이셨다. "파인만 부인, 제가 꼭 드리고 싶은 말씀이 있는데요, 파인만 같은 젊은이는 매우 보기 드문 훌륭한 학생입니다. 뉴욕 주가 이런 학생을 재정적으로 지원해 주어야 한다고 생각합니다만, 어쨌든 파인만 군을 꼭 대학교에 보내실 거죠? 최고의 대학교에 말입니다!" 그는 우리 부모님께서 나를 대학교에 안 보내실까 봐 걱정을 하셨던 것이다. 그도 그럴 것이 당시에는 대부분의 자녀들이 고등학교를 졸업하면 직장을 구해 가족의 생계를 꾸려 나가야 했다. 사실 내 친구 로버트는 공부를 계속하고 싶어했음에도 불구하고 직장을 구하여 생활 전선에 나서야 했다. 학교 다닐 때에는 그 친구도 집에 실험실을 차려 놓고 나에게 렌즈와 광학에 대해 많은 것을 보여 주고 가르쳐 주었다.(어느 날 로버트가 자기 실험실에서 실험을 하던 중 작은 사고가 났다. 포름산이 들어 있는 병 뚜껑을 열다가 손이 미끄러져 병이 흔들리면서 포름산이 얼굴에 튀었다. 병원에 가서 치료를 받고 몇 주일 동안 얼굴에 붕대를 붙이고 다녔는데, 재미있는 것은 붕대를 떼고 나니 얼굴이 오히려 전보다 더 말끔해진 것이었다. 원래 얼굴에 있었던 작은 흉터가 없어진 것 같았다. 나중에 보니 한때 어떤 화장품 회사에서 화장품에 포름산을 희석해서 사용하는 경우가 있었다.) 로버트의 어머니는 어렵게 생활을 꾸려 나가셨고, 그래서 그는 학교를 졸업하자마자 어머니를 돕느라고 자기가 좋아하던 과학의 길을 갈 수가 없었다.

어쨌든 어머니는 억스베리 박사님께 "우리는 최대한 돈을 저축하려고 노력해 왔습니다. 우리 아들을 컬럼비아나 MIT에 보내려고 합니다."하고 말했다. 알린은 옆에 서서 이런 대화를 모두 듣고 있었고, 그 후로는 내가 해럴드보다 좀 더 우위에 서게 되었다.

알린은 여러 모로 대단한 여자 아이였다. 그녀는 나소 카운티[13]에 있는 로렌스 고등학교의 학교 신문 편집인이었으며, 피아노도 기가 막히게 연주하는 예술적인 재능이 매우 뛰어난 여자 아이였다. 한번은 자기 손으로 앵무새 모양의 장식을 만들어서 우리 집의 붙박이 옷장 안을 장식하기도 했다. 시간이 지나면서 우리 집 식구들과 더 가까워진 후에는 때때로 우리 아버지와 함께 숲으로 가서 그림을 그리기도 했다. 많은 사람들이 흔히 그렇듯이 우리 아버지도 나이가 드시면서 그림을 그리기 시작하셨다.

알린과 나는 서로의 인격 형성에 많은 영향을 주었다. 그녀의 식구들은 매우 친절하고 공손한 사람들이었고 다른 사람들의 감정을 세심하게 배려할 줄 아는 분들이었다. 그녀는 나도 다른 사람들의 마음이나 감정에 좀 더 세심하게 신경을 쓸 필요가 있음을 가르쳐 주었다. 그런 반면에 그 집 식구들은 '선의의 거짓말'은 해도 괜찮다고 생각하는 편이었다.

나는 모든 사람들이 '남이야 뭐라 하건 무슨 상관이야?' 하는 태도를 갖고 살아야 한다고 생각했다. 그래서 알린에게도 이렇게 말했다. "우리는 물론 다른 사람들의 의견을 주의 깊게 들어야 돼. 그리고 거기에 대해서 신중히 생각해 보아야 되고 말이야. 하지만 다른 사람들의 생각이 내가 보기에 말이 안 되거나 잘못되었다고 여겨지면 우리 생각대로 해야 된다고 생각해."

알린은 금방 내 말뜻을 알아들었다. 또한 우리 둘 사이에는 모든 것을 하나도 숨김없이 정직하게 이야기하기로 했다. 절대적인 솔직함으로 말이다. 결국 이러한 솔직함 때문에 우리 둘 사이의 관계는 매우 가깝게 맺어졌고 우리는 서로에게 깊은 사랑을 느꼈다. 내가 지금까지 느꼈던 사랑 중에서 알린과 나 사이의 사랑만큼 깊고 진한 사랑은 없었다.

그해 여름이 끝나고 나는 MIT에 입학하면서 나의 대학 생활이 시작되었다.(당시에는 유대 인 입학생 수에 대한 제한이 있어서 컬럼비아 대학교에는 입학할 수가 없었다.)† 내가 보스턴에 있는 동안 '알린이 해럴드와 열심히 데이트하고 있다.' 라든지 '네가 혼자 보스턴에서 공부하고 있는 동안에 그녀가 요즘 이러쿵저러쿵 하고 있다.' 라고 쓴 친구들의 편지를 받게 되었다. 사실 나 역시 보스턴에서 다른 여자 아이들과 데이트를 하고 있었다. 하지만 그 여자 아이들은 내게 아무런 의미가 없었다. 그리고 알린도 이 점에 있어서는 나와 마찬가지였음을 나는 확신하고 있었다.

대학에서의 첫 번째 여름 방학을 맞았을 때 나는 보스턴에서 일자리를 구했기 때문에 계속 그곳에 있게 되었다. 내가 하게 된 일은 마찰을 측정하는 것이었다. 크라이슬러 회사가 자동차의 표면에 광택을 내는 기가 막힌 방법을 새로 개발했는데 이것이 과연 얼마나 효과가 있는지를 측정하는 일을 하게 되었다.(결국에는 이 끝내 주는 광택이 별로 대단하지 않은 것으로 판명이 나기는 했지만.)

그러자 알린은 나와 가까이 있을 수 있는 방법을 찾아냈다. 그녀는 보스턴에서 약 35킬로미터 떨어진 시추에이트라는 시에서 여름 동안에 어린아이들을 돌보는 일자리를 구한 것이다. 그러자 우리 아버지께서는 내가 알린과의 관계에만 너무 신경쓰는 나머지 학업을 소홀히 할까 봐 염려를 하셨고, 그녀에게 이 일을 하지 말라고 설득하셨다. 아니면 내게 이야기를 하셔서 알린이 그 일을 하지 않도록 하게 했었는지도 모르겠다.(오래된 일이라 정확히 기억이 나지 않는다.) 독자들은 그 당시 상황이 지금과는 매우 달랐음을 이해하시기 바란다. 그 당시에는 남자가 결혼을 하려면 결혼하기 전에 직장도 잡고 경제적으로 어느 정도 안정되어야 했다.

결국 나는 그 여름 방학 동안 알린을 몇 번밖에 보지 못했다. 하지만 우리는 내가 학교를 졸업하면 바로 결혼하기로 약속했다. 이때에는 이미 내가 그녀를 사귄 지 6년이 지난 때였다. 우리의 서로에 대한 사랑이 얼마나 깊이 익어갔는가를 말로 설명하려니 쉽지도 않고 겸연쩍기도 하다. 어쨌든 우리는 서로에게 정말 잘 맞는 상대임을 확신하고 있었다.

MIT를 졸업하고, 나는 대학원 과정을 밟기 위하여 프린스턴의 대학원에 입학했다. 그리고 방학이 되면 알린을 보러 집으로 가곤 했다. 한번은 그녀를 보러 집에 갔는데 알린의 목 한쪽 옆에 작은 멍울

---

† 외국인 독자을 위한 주석 : 대학에 입학하는 유대 인 학생수를 제한한 인종차별 제도.

이 생긴 것을 발견했다. 그녀는 매우 예뻤고 멍울이 눈에 거슬렸기 때문에 신경을 쓰고 있었다. 하지만 아프지는 않아서 심각한 문제는 아닐 것이라고 생각했다. 그러다가 알린의 친척되는 아저씨의 병원에 갔다. 그 아저씨 말이 오메가 기름[14]을 발라 주라는 것이었다.

얼마 후 멍울에 변화가 생겼다. 더 커졌는지 더 작아졌는지는 기억이 나지 않지만, 알린에게 열이 나기 시작했다. 열이 점점 심해지자 알린의 주치의가 큰 병원에 가야겠다고 했다. 장티푸스 같다는 것이었다. 나는 지금도 그렇듯이 그 즉시 도서관에 가서 의학 서적을 뒤적이고 그 병에 관한 모든 것을 읽고 공부를 했다.

알린이 병원에 입원한 후 면회를 갔더니 그녀는 격리 병동에 수용되어 있었다. 병실에 들어가기 전에 우리는 특수 가운을 입어야 했다. 마침 의사가 함께 있었기 때문에 그 의사에게 와이들 검사(변에 장티푸스 균이 있는지를 조사하는 장티푸스에 관한 결정적인 검사) 결과가 어떻게 나왔느냐고 물었다. 그는 말했다.

"음성으로 나왔네."

"뭐라고요? 어떻게 그럴 수가 있습니까? 검사에서 박테리아가 안 나왔다면 어째서 이 가운을 입고 있어야 합니까? 그렇다면 장티푸스가 아니라는 말이잖아요?"

내가 즉각적으로 이렇게 반응하자 그 의사는 알린의 부모님께 나를 좀 시끄럽게 굴지 말고 가만히 있게 하라고 압력을 가했다. "어쨌거나, 그 분은 전문가인 의사이고 너는 단지 알린의 약혼자일 뿐이지 않냐?"

그 이후로 나는 그런 류의 사람들은 자기가 하는 일에 대해서 잘 알지도 못하면서 아는 척하며, 다른 사람이 어떤 제안이나 비판을 하게 되면 이를 겸허히 받아들이기보다는 모욕을 받았다고 생각한다는 것을 알게 되었다. '지금은' 이런 사람들의 심리를 잘 알지만 그 당시에 좀 더 강력하게 알린의 부모님께 자세히 설명드리고 설득하여 그 의사가 기본적인 것도 제대로 모르는 엉터리라는 것을 분명히 말하지 못했던 것이 몹시도 후회된다. 하지만 당시에 나는 아직 알린과 결혼하지도 않았고, 따라서 알린의 부모님이 그녀의 보호자였으므로 나로서는 어찌할 도리가 없었다.

어느 정도 시간이 지나니 그녀의 병이 잠시 호전되는 것 같았다. 부기가 가라 앉았고 열도 내렸다. 그러나 몇 주가 지나니까 다시 부기가 심해졌다. 그래서 이번에는 다른 의사를 찾아가 보았다. 이 의사는 알린의 겨드랑이와 가랑이를 만져 보고 부은 것을 알아차렸다. 그리고 임파선에 이상이 있는데 정확한 병명은 아직 모르겠다고 말했다. 다른 의사들과 함께 의논해 보겠다는 것이었다.

이 말을 전해 듣자마자 나는 프린스턴 대학교의 도서관에 가서 임파선에 관련된 병에 대하여 찾아보았다. "임파선이 붓는 경우: (1) 임파선이 결핵균에 감염된 경우로서 이 경우는 쉽게 진단이 가능하다."라고 되어 있었다. 그래서 나는 알린의 병이 이것은 아니라고 추측했다. 왜냐하면 의사들이 병명조차 모르고 있으므로 간단히 진단하여 알 수 있는 병은 아닐 테니까.

다른 가능성에 대하여 계속 읽어 내려 갔다. 림포데네마, 림포데노마, 호지킨병 등 수많은 병명들이 있었다. 결국 이들은 여러 가지 형태로 나타나는 일종의 암으로서 림포데네마와 림포데노마의 차이는 적어도 내가 책에서 알아낸 바로는 환자가 죽게 되면 림포데노마이고 환자가 얼마 동안이라도 살게 되면 림포데네마라는 것이었다.

이렇게 임파선 계통의 병에 대하여 읽어가면서 나는 알린이 지금 앓고 있는 병은 아마도 불치의 병일 것이라고 결론짓게 되었다. 한편으로는 '누구나 의학 서적을 읽다 보면 자기가 불치의 병에 걸렸다고 생각하게 되는 거 아니야?' 하고 자신을 위로하기도 했으나, 모든 관련 서적들을 섭렵한 후 나는 다른 어떤 가능성은 찾아보기 어렵다는 결론을 얻게 되었다. 그녀의 병은 심각한 병이라고 생각되었다.

도서관에서 책들을 읽고 그녀의 병이 아마도 심각한 것일 거라는 결론을 내린 직후에도 나는 일주일에 한 번씩 있는 파알마 홀에서의 다과 모임에 참가하여 평소와 다름없이 수학자들과 토론을 했다. 그러면서 나는 내가 그럴 수 있다는 것이 매우 이상스럽게 여겨졌다. 마치 내게 두 개의 마음이 있는 것 같았다.

다음에 알린을 면회하러 갔을 때, 나는 그녀에게 모든 사람들이 의학 서적을 읽게 되면 마치 자기가 불치의 병에 걸려 있다고 생각하게 된다는 농담을 먼저 했다. 그러고 나서 우리가 어려운 상황에 처하게 된 것 같으며 내 추측으로는 그녀가 불치의 병에 걸려 있는 것 같다고 말했다. 그리고 그동안 의학 서적을 읽어서 알게 된 것과 각 병의 증상이 어떤지 등에 대하여 자세히 설명했다.

나는 호지킨병에 대해서도 알린에게 설명했다. 그랬더니 어느 날 알린이 담당 의사를 만났을 때 "제 병이 혹시 호지킨병은 아닐까요?" 하고 물었다고 한다.

"그럴 수도 있죠." 의사의 대답이었다.

그 병원에서 더 큰 병원으로 그녀를 옮기기로 하면서 그 의사는 다음과 같이 그의 진단 소견서를 썼다. '호지킨병 ⋯⋯ ?' 그래서 나는 이 문제에 관한 한 의사들도 내가 아는 것 이상으로 알지 못하고 있다는 생각을 하게 되었다.

큰 병원에서는 알린에게 온갖 검사를 하였고 이 '호지킨병 ……?'을 치료하기 위하여 X선 치료법을 쓰기도 했다. 게다가 이 특이한 병에 대하여 토의하기 위해 특별 회의를 갖기까지 했다. 한번은 복도에서 내가 그녀를 기다리고 있을 때의 일이다. 이 특별 회의가 끝나고 간호원이 알린의 휠체어를 밀며 방에서 나오고 있었다. 갑자기 키가 작은 한 의사가 그 회의실에서 뛰어 나오더니 우리를 쫓아와서 가쁜 숨을 몰아쉬며 물었다. "목에서 피가 난 적이 있나요? 기침을 하다가 피가 나온 적이 있어요?"

간호원이 말했다. "저리 가세요! 저리 가란 말이에요! 어떻게 불쌍한 환자한테 그런 말을 할 수 있어요?" 그러면서 그를 밀어 버렸다. 그러고는 우리에게 말했다. "저 사람은 우리 병원 의사도 아닌데 회의 때마다 와서는 말썽만 일으키는 사람이에요. 환자에게 그런 질문을 하다니!"

나는 그때 그의 의도를 알아차리지 못했다. 그 의사는 어떤 가능성을 타진해 보기 위하여 무엇인가를 확인하려 했던 것인데 내가 조금만 더 똑똑했더라면 그 가능성이 무엇이냐고 그에게 물었을 것이다.

결국 여러 차례의 토론 끝에 그 병원의 의사들은 알린의 병이 호지킨병인 것 같다는 결론을 내렸다고 한 의사가 내게 말해 주었다. "한동안은 좀 좋아지는 것 같다가 또 안 좋아져서 병원에 입원해야 하는 시기가 있을 것입니다. 좋아졌다 나빠졌다 하면서 점점 더 상황이 악화될 거예요. 치료 방법은 없고 몇 년 후가 고비가 될 것입니다." 하고 그가 말했다.

"뭐라 할 말이 없군요. 어쨌든 선생님께서 하신 말씀을 알린에게 전하겠습니다."

"안 돼요. 그러면 안 돼요. 환자의 마음을 상하게 해서는 안 되지. 환자한테는 임파선 열이라고 말하기로 합시다."

"아닙니다. 이미 우리는 호지킨병일 가능성에 대해서도 이야기를 했기 때문에 알린은 받아들일 수 있을 것입니다."

"환자의 부모님이 환자에게 알리기를 원치 않고 계시니 환자 부모님과 먼저 상의해 보도록 하시지요."

집에 오니 모든 사람들이 나를 설득하려고 야단이었다. 우리 부모님, 이모 두 분, 우리 집 주치의 할 것 없이 모두가 나를 설득하려고 했다. 내가 알린에게 그녀가 불치의 병에 걸렸다고 말하는 것이 그 착한 아이에게 어떤 마음의 고통을 주는지도 모르는 바보 같은 사람이라고 나를 나무랐다. 그들은 모두 나를 한심한 눈으로 쳐다보며 "어떻게 그렇게 못되고 잔인한 일을 할 수 있니?" 하고 나를 다그쳤다.

"왜냐하면 우리는 서로 상대방에게 정직하고 모든 것을 솔직히 이야기하기로 맹세했기 때문이에요. 그런 식으로 거짓말을 한다는 것은 오히려 어리석은 짓일 뿐이에요. 알린이 내게 무슨 병이냐고 물으면 저는 거짓말을 할 수 없습니다."

"아이고, 그 어린아이 같은 소리 좀 그만 해라." 그들은 말했고, 이런 식으로 한참 동안 옥신각신했다. 모든 사람들이 나를 설득하려 했고 내 생각이 잘못되었다고 이야기했다. 하지만 나는 내가 옳다고 믿었다. 왜냐하면 나는 이미 알린에게 호지킨병일 가능성도 있다고 이야기했고 그녀가 자신의 상황을 의연하게 받아들일 수 있다고 생각했던 것이다. 또한 그녀에게 사실대로 이야기해 주는 것이 오히려 문제를 올바르게 풀어 나가는 것이라고 생각했다.

그때 내 여동생이 나한테로 왔다. 동생은 그때 열한 살인가 열두 살이었는데 구슬 같은 눈물을 뚝뚝 흘리며 내게 와서 내 가슴을 때렸다. 그러면서 알린 같은 착한 언니한테 이렇게 그런 지독한 말을 할 수 있냐고, 바보 같은 고집쟁이 오빠라고 하는 것이었다. 이 말을 듣자 나도 더 이상 견딜 수가 없었고 결국 꺾이고 말았다.

그래서 나는 알린 앞으로 작별 편지를 썼다. 왜냐하면 내가 알린한테 그녀의 병이 임파선 열이라고 거짓말을 하고 나서 나중에 그것이 사실이 아니었음을 그녀가 알게 되면 그때는 우리 둘 사이의 관계가 그것으로 끝장이라고 생각했기 때문이었다. 그 편지는 언제 어디서든 알린에게 줄 수 있도록 늘 갖고 다녔다.

신들은 우리에게 마음 편히 사는 쉬운 삶을 허락하지 않는 것 같다. 우리의 인생을 언제나 힘들게 만드는 것이다. 결국 거짓말을 하기로 마음먹고 알린을 보러 병원에 갔다. 알린은 병실 침대 위에 앉아 있었고 알린의 부모님이 좌우에 서 계셨다. 나를 보자마자 그녀의 얼굴이 밝아지면서 "이런 때야말로 우리가 서로에게 언제나 진실하기로 한 맹세가 얼마나 소중한지를 알겠어!" 그녀의 부모님에게 이제 두고 보라는 듯한 표정을 지으면서 그녀는 말했다. "엄마 아빠 말씀이 내가 임파선 열이라고 하시는데 믿어야 할지 잘 모르겠어. 리처드 오빠, 나한테 솔직히 말해 줘. 내 병이 호지킨병이야? 아니면 임파선 열이야?"

"임파선 열이래." 이 말을 하면서 마음속으로는 그녀 앞에서 고개를 들 수도 없었고 쥐구멍에라도 들어가고 싶었다. 너무나도 참기 어렵고 괴로운 순간이었다!

내 말을 들은 그녀의 반응은 너무나도 간단했다. "오 그래! 그러면 부모님 말씀이 맞구나!" 우리는 서로에 대한 확실한 믿음을 키워 왔기 때문에 그녀는 내 말을 듣고는 더 이상 조금도 의심하지 않았다. 그리고 사람들은 이제 모든 문제가 해결되었고 모든 것이 제대로 될 것이라고 말했다.

알린은 한동안 좀 좋아지는 것 같았고 그래서 퇴원하여 집에서 쉬기로 했다. 한 일주일쯤 지나서 내가 집에 있는데 알린이 전화를 했다. "리처드 오빠, 얘기 좀 하고 싶은데 우리 집에 좀 올 수 있겠어?"

"그래. 지금 바로 갈게." 그 편지를 챙기는 것을 잊지 않았다. 뭔가 낌새가 이상함을 느낄 수 있었기 때문이었다.

나는 2층에 있는 그녀의 방으로 갔다. "앉아 봐." 나는 그녀의 침대 끝에 앉았다. "내 병이 임파선 열인지 아니면 호지킨병인지 말해 줘."

"호지킨병이야." 주머니 속에 있는 편지로 손이 가면서 나는 말했다.

"오, 우리 부모님께서 오빠한테 어떻게 하셨기에 거짓말을 다했을까! 얼마나 괴로웠어?"

나는 방금 그녀가 불치의 병에 걸려 있으며 전에 거짓말을 했었다고 시인했는데 그녀는 지금 무슨 생각을 하고 있단 말인가? 내가 그동안 겪었을 어려운 상황과 마음 고생에 대해서 걱정하고 있지 않은가? 나는 너무나도 나 자신이 창피했다. 나는 그 편지를 꺼내어 알린에게 보여 주었다.

"오빠가 우리의 맹세를 지켰어야 했다고 생각해. 우리는 우리가 하는 행동이 옳다는 것을 알고 있잖아."

"미안해. 나도 얼마나 괴로웠는지 모르겠어."

"이해해. 앞으로는 그러지 않기로 해."

어떻게 된 일이냐면, 알린은 어려서 하던 대로 2층에 있는 자기

방 침대에 누워 있다가 살금살금 계단 쪽으로 기어가서 아래층에서 사람들이 하는 말을 엿들었다. 알린은 어머니께서 자주 우시는 것을 들을 수 있었고, 자기 침대로 돌아와서 '내 병이 임파선 열이라면 엄마가 왜 자꾸 우시는 것일까? 하지만 리처드 오빠가 내 병을 임파선 열이라고 했으니 그건 틀림없는데.' 하고 생각했던 것이다.

그러다가 결국에는 '혹시 오빠가 나한테 거짓말을 한 것은 아닐까?' 하고 의심하기에 이르렀고 그렇다면 '어떻게 그럴 수가 있었을까.' 하고 생각하게 되었던 것이다. 그녀의 결론은 누군가가 나를 심하게 몰아붙였으리라는 것이었다.

그녀는 대담하게도 어려운 상황을 직시할 줄 알았다. 그녀의 다음 질문은 "좋아, 그럼 내 병이 호지킨병이란 말이지. 그렇다면 이제 우리는 어떻게 해야 되지?"

나는 당시 프린스턴 대학교에서 장학금을 받고 있었는데 만약 결혼을 하게 되면 더 이상 그 장학금을 못 받게 되어 있었다. 우리는 알린의 병이 어떻게 진행할지를 알고 있었다. 알린은 상태가 좋아지면 몇 달 동안은 집에 있을 수 있고 그러다가 몇 달 동안은 또 병원에 입원을 해야 하는 식으로 한 2년 정도 버틸 것 같았다.

나는 아직 박사 학위를 끝내지는 않았지만, 벨 전화 연구소(그 연구소는 매우 훌륭한 연구소였다.)에서 연구원 자리를 얻을 수 있을 것 같았다. 그리고 병원에서도 멀지 않고 벨 연구소에서도 멀지 않은 퀸스 구에 작은 아파트를 구해서 살면 될 것이라고 생각했다. 그러면 우리는 몇 달 후에는 뉴욕 주에서 결혼도 할 수 있을 것이라고 생각했다. 이런 식으로 우리는 그날 오후 내내 모든 계획을 짰다.

한편, 지난 몇 달 동안 의사들이 알린의 목에 생긴 혹의 조직 검사를 하고 싶어 했는데 알린의 부모님께서는 '그 불쌍한 어린아이를 더 이상 괴롭히면서까지' 그런 검사를 할 필요가 없다고 했기 때문에 검사를 하지 못했다. 하지만 나는 다시 한번 마음을 단단히 먹고 알린의 부모님을 설득하기로 결심했다. 가능한 한 많은 검사를 하여 되도록 많은 사실을 알아내야 한다고 누차 말씀드렸다. 내가 직접 말씀드리기도 했지만 알린을 통하여 계속 설득한 결과 드디어 조직 검사를 해도 좋다는 허락을 받았다.

검사 며칠 후 알린이 내게 전화했다.

"검사 결과가 나왔어."

"그래? 좋대, 나쁘대?"

"잘 모르겠어. 와서 같이 얘기 하고 싶어 …… ."

그녀의 집에 가서 보고서를 보았다.

"조직 검사 결과 임파선 결핵으로 판명됨."

나는 너무나도 화가 났다. 임파선 결핵은 의학 서적에 나와 있던 첫 번째 가능성이 아니었던가! 책에 의하면 결핵은 쉽게 진단이 가능하다고 되어 있었는데 의사들은 알린의 병이 무엇인지 알아내지 못하고 있었기 때문에, 나는 당연히 결핵은 아닐 것이라고 단정했던 것이다. 가장 흔한 경우이므로 의사들이 이미 확인했을 것이라고 가정했던 것인데, 이제 알고 보니 가장 흔한 경우로 판명난 것이 아닌가? 이제 생각해 보니, 전에 회의실에서 뛰어 나오며 알린에게 "기침을 할 때에 피가 섞여 나오나요?"라고 물었던 그 젊은 의사가 병명을 바로 찍었던 것이 아닌가? 그 의사의 진단이 맞았던 것인데, 나는 그것을 깨닫지 못하고 지나쳤던 것이다!

나는 내가 여러 가지 정황적인 증거(정황적인 증거들은 결코 믿을 것이못된다.)에 바탕을 두고 판단했고 또한 의사들이 실제 알고 있는 것보다 더 많이 알 것이라고 가정함으로써 결국 첫 번째 가능성을 놓치고 말았다는 사실에 나 자신이 미워서 견딜 수가 없었다. 만약 내가 좀 더 생각을 잘 하여 모든 가능성을 배제하지 않고 하나하나 확인했더라면 처음부터 결핵일 가능성을 의사들에게 제시했을 것이고 그러면 의사들이 '호지킨병 …… ?'이라고 하는 대신 '임파선 결핵 …… ?'이라고 진단하지 않았겠는가? 이 모든 것들에 생각이 미치자 나 자신에게 너무나도 화가 났고, 이 일로 인하여 평생 잊지 못할 교훈을 얻었다.

알린은 말했다.

"그러니까 내가 앞으로 한 7년 정도는 더 살지도 모르겠네. 어쩌면 나을지도 모르고."

"그래. 그런데 좋은 건지 나쁜 건지 잘 모르겠다는 것은 무슨 말이야?"

"왜냐하면, 이제는 우리가 서둘러 결혼할 이유가 없어졌고 결혼하려면 더 기다려야 되잖아."

그녀가 앞으로 2년 정도만 살게 될 줄 알고 모든 계획을 완벽하게 짜 놓았는데 이제 와서 더 살게 되었다는 것을 알게 되니 그녀로서는 정리했던 마음에 오히려 혼란이 생긴 것이었다! 그러나 그녀에게 당연히 더 잘된 것이라고 이해시키는 데 많은 시간이 걸리지는 않았다.

그 후로는 우리가 아무리 어려운 일을 겪더라도 상황을 직시하고 함께 해결할 수 있다는 것을 알게 되었다. 이런 일을 겪고 나니 우리는 이후 어떤 문제도 함께 해결하지 못할 것이 없었다.

내가 프린스턴 대학교에서 박사 학위 논문을 거의 끝낼 무렵 제2차 세계 대전이 일어났고, 나는 '맨해튼 프로젝트'[15]에 차출되었다.

그로부터 몇 달 후에 나는 박사 학위를 마칠 수 있었고, 학위를 끝내자마자 우리 집 식구들에게 결혼을 하겠다고 선언했다.

이 말을 들으시고 아버지는 엄청나게 놀라셨다. 왜냐하면 아버지께서는 내가 과학자로 성장하는 것이 나의 행복을 위하여 가장 바람직한 길이라고 보셨던 것이다. 그런데 내가 박사 학위를 끝내자마자 아직 어린 나이에 결혼을 한다면 계속 공부해야 하는 내 앞길에 지장이 될 것이라고 생각하셨던 것이다. 아버지는 일종의 편견을 갖고 계셨는데, 그것은 한 남자에게 어떤 문제가 생기게 되면 "세세라 팜므"(프랑스 어로, 그 뒤에 있는 여자를 찾아라.)라고 말씀하시곤 하시는 것이었다. 아버지께서는 남자에게 여자가 매우 위험한 요소이고 따라서 남자는 언제나 여자를 조심해야 하며 좀 목석 같아야 한다는 것이었다. 내가 결핵을 앓고 있는 여자와 결혼하겠다고 했을 때 아버지께서는 나도 결핵에 옮을 것이라고 염려하셨다.

우리 집 식구들과 친척들 모두가 같은 걱정을 했다. 그들은 우리 집 주치의를 모셔 왔다. 의사 선생님은 결핵은 위험한 병이고 내가 알린과 결혼할 경우 나도 반드시 결핵에 걸리고 말 것이라고 했다.

나는 말했다. "어떻게 전염이 되는지를 말씀해 주세요. 그러면 나머지는 저희가 알아서 하겠습니다." 우리는 이미 신중에 신중을 기하고 있었다. 예를 들어 우리는 입을 맞추지 말아야 한다는 것을 알고 있었다. 왜냐하면 입 안에는 박테리아가 잔뜩 있기 때문이었다.

집안 어른들이 나중에는 나에게 매우 조심스럽게 이렇게 말했다. 내가 알린과 결혼 약속을 했을 때에는 상황이 어떤지를 몰랐다는 것이다. 따라서 그때 했던 약속은 지키지 않아도 된다는 것을 강조했다.

하지만 나는 그런 생각은 해 본 적이 없었다. 그들은 내가 알린과 결혼하기로 약속했기 때문에 결혼하려 한다고 생각했다. 나는 그런 생각을 조금도 하지 않았는데 말이다. 우리는 혼인 신고를 하지 않았고 공식적으로 결혼하지 않았을 뿐이지 서로 사랑하고 있었다. 그리고 이미 감정적으로는 결혼을 한 것이나 다름없었다.

　나는 물었다. "그렇다면 아내가 결핵에 걸렸다고 해서 남편이 아내를 버리는 것이 옳겠습니까?"

　호텔을 경영하시던 이모[16]만이 정 그렇다면 결혼을 해도 괜찮을 것 같다고 말씀하셨다. 다른 어른들은 모두 반대했다. 하지만 이전에도 우리 집안 어른들이 나에게 이런 식의 충고를 했었고 그 충고는 전혀 옳지가 않았으므로 나는 그전보다 훨씬 더 강하게 나갈 수 있었다. 사실 어른들의 의견에 따르지 않고 내 생각대로 하는 것이 하나도 어렵지 않았다. 결국 우리가 결혼함에 있어서 아무런 문제도 없었다. 나의 생각과 어른들의 생각이 달랐다는 점에서는 전과 상황이 비슷했으나, 이번에는 어른들도 더 이상 나를 설득하려 하지 않았다. 알린과 나는 우리가 하는 일이 옳다는 것을 너무나 잘 알고 있었다.

　알린과 나는 모든 것을 계획했다. 뉴저지 주의 포트 딕스라는 곳에서 약간 남쪽으로 가면 병원이 하나 있었다. 내가 프린스턴에 있는 동안 알린이 있을 병원을 고른 것이었다. 그 병원의 이름이 데보라였는데 뉴욕 주의 여성 의류 제조 업체 노동조합에서 운영하는 자선 사업 병원이었다. 알린이 옷 만드는 직공은 아니었으나 그것이 문제가 되지는 않았다. 나는 미국 정부를 위하여 맨해튼 프로젝트 일을 하는 젊은이였고 수입이 많지 않았다. 결국 이런 방법을 통해서야 비로소 내 손으로 알린을 돌볼 수 있게 되었던 것이다.

　우리는 데보라 병원으로 가는 길에 결혼하기로 했다. 우선 프린스턴의 대학원생 친구 빌 우드워드가 자기의 스테이션 웨곤형 자동차[17]를 빌려 주기로 했기 때문에 나 혼자 프린스턴에 먼저 갔다. 차 뒷좌석을 앞으로 눕히고 거기에 침대 매트리스와 침대보를 깔아 작은 앰뷸런스처럼 만들었다. 병원까지 가는 길에 알린이 피곤해지면 누워서 쉴 수 있도록 만든 것이었다. 그때는 알린의 병이 비교적 심해 보이지 않았기 때문에 알린은 집에서 쉬고 있었지만 너무 오랫동안 병원에 있은 나머지 매우 쇠약한 상태였다.

나는 그 친구의 차를 몰고 내 신부를 데리러 시더 헐스트에 있는 그녀 집으로 갔다. 그리고 우리는 알린 식구들의 배웅을 받으며 그녀의 집을 나섰다. 퀸즈 구와 브루클린 구를 지나 배를 타고 스태튼 섬으로 갔다. 이것이 우리의 낭만적인 선박 여행이었다. 그리고 혼인신고를 하러 리치몬드 구의 구청으로 갔다.

우리는 천천히 구청 계단을 걸어 올라가서 담당 사무실로 들어갔다. 직원은 매우 친절했다. 그는 모든 것을 신속히 처리해 주었다. 그는 "그런데 증인이 아무도 없군요." 하고 말하더니 옆 방에서 서기와 경리 직원을 불러 증인으로 세웠다. 이로써 우리는 뉴욕 주의 법에 따라 부부가 되었다. 지극히 행복한 순간이었고 우리는 손을 마주잡고 서로에게 미소를 지었다.

그러자 서기가 내게 "자, 이제 결혼을 했으니 신부에게 키스를 해야죠!"라고 했다.

수줍은 신랑은 신부의 볼에 가볍게 키스를 했다.

나는 그 직원들에게 팁을 주며 진심 어린 감사의 뜻을 표했다. 그러고 나서 다시 차에 올라 데보라 병원으로 향했다.

주말마다 나는 프린스턴에서 병원으로 알린을 보러 갔다. 한번은 버스가 늦게 도착하는 바람에 병원에 들어갈 수 없었다. 그 주위에는 호텔도 없었다. 마침 나는 낡았지만 따뜻한 양가죽 코트를 입고 있었다. 하는 수 없이 길에서 자기로 작정하고 잘 곳을 찾았다. 아침에 사람들이 일어나서 창문 밖을 내다 보고 길에서 자고 있는 나를 보면 어떻게 생각할까 염려되어 나는 그 동네의 집이 없는 곳을 찾아 좀 멀리 떨어진 곳까지 갔다.

다음 날 아침에 일어나 보니 내가 쓰레기 매립지에서 잠을 잔 것이 아닌가! 그것도 모르고 잔 내가 너무 바보 같아서 웃고 말았다.

알린의 담당 의사는 매우 좋은 사람이었다. 그는 내가 매달 병원에 18달러짜리 전쟁 채권을 기부하고 있다고 오히려 화를 냈다. 그는 우리가 경제적으로 여유가 없다는 것을 알고 있는 듯했고 따라서 우리 같은 사람들은 병원에 기부금을 내서는 안 된다고 했다. 하지만 나는 그래도 계속 기부금을 냈다.

한번은 프린스턴에 있는 나에게 소포가 배달되었다. 소포 속에는 짙은 녹색의 연필이 여러 자루 들어 있었다. 그런데 연필에 금색으로 '리처드, 사랑해요! 푸치.'라고 새겨져 있는 것이었다. 알린이 보낸 것이었다.(나는 그녀를 푸치[18]라고 불렀다.)

이런 선물을 보낼 생각을 다하고 또 보내 준 것까지는 좋은데, 문제는 이런 연필을 갖고 다니면서 쓸 수 없다는 것이다. 왜냐하면 그 연필을 갖고 다니다 보면 나도 모르게 흘리게 되니 말이다. 예를 들어 위그너 교수[19]에게 어떤 공식을 보여 드리러 간다든지 했다가 교수실을 나오면서 그 연필을 책상 위에 두고 나오면 무슨 창피란 말인가.

그 당시에는 물자가 풍족하지 않았으므로 그렇다고 그 연필들을 쓰지 않고 그냥 둘 수는 없었다. 연필에 새겨진 글씨를 도려내고 쓸 수 있나 보려고 목욕탕에서 면도날을 가져다가 연필 하나를 시험적으로 깎아 보았다.

그 다음 날 아침 내 우편함에 편지가 왔다. 편지 첫머리에는 이렇게 적혀 있었다.

"연필에 새겨진 이름을 왜 도려내는 거야?"

"내가 자기를 사랑한다는 것이 자랑스럽지 않다는 거야? 남이야 뭐라 하건 무슨 상관이야?"

그리고 다음과 같은 시가 적혀 있었다. "당신이 나를 창피하게 생각하신다면, 당신에게 피컨[20]을 드리리다! 당신에게 피컨을 드리리다!" 그 다음 구절도 마찬가지였다. 다만 이번에는 "당신에게 아몬드를 드리리다! 아몬드를 드리리다!"로 바뀌었다. 매 구절마다 내 머리가 딱딱한 열매라는 내용을 담은 시였다.

그래서 나는 연필에 새겨진 이름들을 도려내지도 못하고 그대로 쓸 수밖에 없었다. 그녀의 말이 맞는 걸 인정하면서 글씨를 도려낼 수는 없지 않은가.

그로부터 얼마 되지 않아서 나는 로스앨러모스로 불려 가게 되었다. 맨해튼 프로젝트를 책임지고 있던 로버트 오펜하이머[21]가 로스앨러모스에서 가장 가까운 병원에 알린이 입원할 수 있도록 조치를 취해 주어 그녀는 로스앨러모스에서 약 150킬로미터 떨어진 앨버쿼키[22]에 있는 병원에 있게 되었다. 나는 주말마다 알린을 보러 갔다. 매주 토요일이면 길에서 히치하이크를 하여 남의 차를 얻어 타고 병원에 가서 오후에 한 번 면회하고 저녁에 병원에서 나와 앨버쿼키 시내에 있는 호텔에서 자고 다음 날 일요일 아침에 다시 알린을 본 후 또 히치하이크를 하여 로스앨러모스로 돌아왔다.

주중에는 그녀가 보내는 편지를 받아 보았다. 어떤 때에는 아무 그림도 그려져 있지 않은 퍼즐을 구해서 그 위에 편지를 써 넣고 퍼즐 조각들을 섞어서 상자 안에 넣어 보내기도 했다. 그 후 나는 군 보안 담당관으로부터 다음과 같은 경고장을 받았다. "우리는 퍼즐 게임을 하고 있을 시간이 없다고 당신 아내에게 전하시오." 나는 이에 대해 알린에게 아무 말도 하지 않았다. 왜냐하면, 그녀의 장난으로 내가 간혹 곤혹스러운 상황에 놓이게 된 적이 있기는 했지만, 알린의 장난이 나도 좋았기 때문이었다.

5월에 접어드는 어느 날이었다. 로스앨러모스에 있던 거의 모든 사람들의 우편함에 이상한 신문이 배달되었다. 그 신문은 수백 명의 사람들에게 배달되었고 사람들이 갖고 다니다 아무데나 버렸기 때문에 온통 가는 곳마다 그 신문이 널려 있었다. 그 신문의 1면에는 비명이라도 지르듯이 커다랗고 진한 글씨로 다음과 같이 씌어 있었다. "전국이 R. P. 파인만의 생일을 축하합니다!"

알린은 이 세상과 게임을 하고 있었다. 혼자 병원에만 있었으므로 생각할 시간이 많았음은 물론이다. 잡지 광고를 보고 이런 저런 것들을 주문하는 것이었다. 언제나 끊임없이 뭔가를 생각해 냈다.(문병차 그녀의 병실을 자주 찾아가던 로스앨러모스의 내 동료인 닉 메트로폴리스나 아니면 다른 친구들로부터 로스앨러모스에 있는 사람들의 이름을 구했을 것이라고 추측된다.) 알린은 병실에만 있었지만 내게 괴상한 편지를 보내고 오만가지 것들을 주문함으로써 세상에 나와 있었다.

한번은 그녀가 부엌 용품을 선전하는 책자를 보내왔다. 감옥같이 굉장히 많은 사람들이 사는 곳의 주방에서나 쓸 수 있는 주방 용품을 소개하는 책자였다. 화로에 공기를 불어넣는 풀무, 음식 냄새를 빼내는 후드, 대형 솥과 후라이팬 등 모든 것을 망라하고 있었다. '도대체 어쩌자는 거야?' 하고 나는 생각했다.

내가 MIT에 다닐 때에도 그런 적이 있었다. 알린은 나에게 여러 가지 커다란 배에 대한 책자를 보냈다. 거기에 나온 배들은 전함, 대서양을 건너는 여객선 같은 어마어마한 배들이었다. 내가 편지로 물었다. "무슨 뜻이지?"

그녀가 답장을 쓰기를 "그냥, 우리가 결혼하게 되면 배를 하나 사면 어떨까 해서."

"정신이 나갔어? 이 큰 배를 산단 말이야?" 내가 답장에 썼다.

얼마 후 또 하나의 목록이 배달되었다. 이번에는 엄청난 갑부들이나 가질 수 있는 그런 커다란(길이가 15미터도 더 되는) 요트들을 선전하는 것이었다. 그녀의 편지에는 "지난번 배들은 안 되겠다고 해서 이번에 다른 목록을 보내니 이 중에서 하나를 사고 싶어."라고 씌어 있었다.

"이것 봐. 이것도 너무 크다고 생각되지 않아?"

곧이어 또 하나의 목록이 배달되었다. 이번에는 모터보트를 선전하는 책자였다.

"너무 비싸잖아." 나의 대답이었다.

마지막으로 다음과 같은 편지가 날아왔다. "이번이 마지막 기회야. 언제나 안 된다고만 하잖아." 알고 보니 그녀의 친구 중 한 명이 자기가 쓰던 노 젓는 배를 15달러에 팔겠다는 것이었다. 그래서 우리가 그 배를 사서 다음 해 여름에 같이 노를 저으며 배를 타 보고 싶다는 얘기였다.

　나는 좋다고 할 수밖에 없었다. 생각해 보시라. 이런 일련의 과정을 거친 후 어떻게 또 안 된다고 할 수 있단 말인가?

　그래서 이번에도 또 무슨 꿍꿍이가 있어서 이런 대규모 시설에서나 쓸 수 있는 주방 용품 목록이 배달되었나 하고 생각했다. 그러던 중 또 하나의 목록이 배달되었다. 이번에는 소규모 내지 중간 규모 호텔이나 식당에서 쓸 수 있는 주방 용품들에 대한 것이었다. 또 며칠이 지나자 이번에는 새로 집 장만을 하는 사람들이 꾸미는 주방 용품 목록이 도착했다.

　토요일에 앨버쿼키에 가서야 그녀의 의도를 알 수 있었다. 그녀의 병실에는 작은 숯불구이 화로가 놓여 있었다. 우편 주문으로 시어즈[23]로부터 산 것이었다. 폭이 한 45센티미터 정도는 되고 작은 다리도 달려 있었다.

　"스테이크를 구워 먹으면 어떨까 해서 샀어."

　"연기며 냄새가 날 텐데 어떻게 이 병실에서 스테이크를 굽겠다는 말이야?"

　"아니, 자기가 요 앞 잔디밭에 갖고 나가서 구우면 되잖아. 올 때마다 매주 일요일에 스테이크를 구워서 같이 먹자고."

　그 병원은 미국 대륙을 가로지르는 66번 도로[24] 바로 옆에 있었다. "나는 못하겠어. 아니 생각을 해 봐. 바로 옆으로 자동차, 트럭 들이 계속 지나다니지, 사람들도 걸어다니지, 그런 길가에서 어떻게 나보고 스테이크를 구우란 말이야!" 내가 대답했다.

　"남이야 뭐라 하건 무슨 상관이야?"(앨린은 이 말로 나를 꼼짝 못하게 만들었다.) "좋아, 정 그렇다면." 하고 앨린이 서랍을 열면서 계속 말했다. "봐 줄게. 이 주방장 모자와 장갑은 끼지 않아도 괜찮아."

그녀는 내게 주방장 모자와 장갑을 들어 보였다. 진짜 주방장 모자였다. "그리고, 이 앞치마 좀 입어 봐." 앞치마를 펼쳐 보이며 그녀가 말했다. 거기에는 커다랗게 '바비큐 왕'인가 뭔가 하는 바보 같은 글씨가 씌어 있었다.

그걸 본 나는 너무나도 놀라서 질겁을 하며 "알았어, 알았다고. 잔디밭에 가서 스테이크를 구우면 될 거 아니야!"라고 말했다. 그리하여 매주 토요일이나 일요일에 나는 66번 도로 옆에서 스테이크를 굽게 되었다.

또 하나 기억나는 것 중에 크리스마스 카드 사건이 있다. 내가 로스앨러모스에 도착한 지 채 몇 주도 되지 않았을 때의 일이다. 알린이 말했다. "거기 있는 모든 사람들에게 크리스마스 카드를 보내는 게 좋겠다고 생각해. 내가 고른 카드를 보여 줄까?"

카드는 그림도 괜찮았고 문제가 없었는데, 카드 안에 씌어 있는 문구가 문제였다. "즐거운 크리스마스가 되시기를, 리치[25]와 푸치로부터."

"나는 이런 카드를 페르미 교수[26]나 베테 교수[27] 같은 사람들에게 보낼 수는 없어. 그분들을 잘 알지도 못하는데 어떻게 이런 카드를 보낸단 말이야!"

"남이야 뭐라 하건 무슨 상관이야?"

지당한 말이 아닌가? 그래서 나는 더 이상 뭐라 하지도 못하고 그대로 보내기로 했다.

그 다음 해가 되었다. 그동안 나는 페르미 교수와 베테 교수를 잘 알게 되었다. 나는 그들 집에도 자주 갔고, 그들의 아이들을 돌보며 같이 놀아 주기도 했다. 그래서 두 집 식구들과 아주 친하게 지내게 되었다.

그러던 어느 날 알린이 내게 심각한 목소리로 말했다. "자기 아직 우리의 금년도 크리스마스 카드에 대해서 한번도 안 물어 봤잖아 ……."

두려움이 앞섰다. "어……어, 그래 한번 볼까?"

카드 안에는 "즐거운 크리스마스와 행복한 새해가 되시기를, 리처드 파인만과 알린 파인만으로부터."라고 씌어 있었다. "응, 괜찮은데, 아주 좋아. 이 카드는 누구한테 보내든지 괜찮겠어." 내가 말했다.

"아니, 무슨 소리? 페르미 교수나 베테 교수 그리고 다른 유명한 사람들에게는 안 되잖아." 그러면서 그녀는 또 하나의 상자에서 카드 하나를 꺼내 보여 주었다. 인사말은 똑같은데, 마지막 부분에 'R. P. 파인만 박사 부부로부터'라고 씌어 있는 것이었다. 나는 하는 수 없이 그들에게는 이 두 번째 카드를 보내야만 했다.

그들은 나중에 웃으면서 물어 왔다. "딕²⁸, 웬일로 자네가 이렇게 정중한 카드를 보냈나?" 알린이 이런 식으로 재미를 보고 있고 나는 거기에 대해서 전혀 손을 쓰지 못한다는 이야기를 듣고 그들은 재미 있어 했다.

그렇다고 알린이 이런 장난만 고안하면서 자신의 모든 시간을 보냈던 것은 아니다. 그녀는 『중국어의 소리와 의미』라는 책을 구했다. 그 책에는 50자 정도의 한자가 멋있는 붓글씨로 씌어져 있었고 그 뜻풀이가 되어 있는 좋은 책이었다. 그 책은 아직도 우리 집에 있다. 뜻풀이는 예를 들어 "간음할 간(姦): 여자가 셋이므로" 하는 식으로 되어 있었다. 알린은 붓, 먹물, 한지도 구하여 붓글씨 연습을 했다. 게다가 더 많은 한자를 익히기 위하여 옥편도 구입했다.

한번은 내가 병실로 면회를 갔더니 마침 붓글씨 연습을 하고 있었다. 그녀는 자기가 쓴 것을 보면서 "아니야, 여기가 좀 잘못되었어." 하고 혼자 중얼거렸다.

'위대한 과학자'이신 내가 말했다. "뭐가 '잘못' 되었다는 거야? 그건 단지 인간들이 만든 하나의 관례일 뿐이라고. 그 글자가 어떻게 보여야 된다고 규정짓는 자연법칙이 없잖아? 그러니까 누구나 내키는 대로 마음대로 써도 되는 거라고."

"내 말은 예술적으로 잘못되었다는 거야. 이건 균형의 문제라고. 어떻게 보이느냐 하는 것이 중요하단 말이야."

"하지만 이렇게 보이나 저렇게 보이나 결국 다를 게 뭐가 있어?" 나는 계속 항의했다.

"자." 그녀가 나에게 붓을 건네주며 말했다. "그럼, 직접 한번 써 봐."

그래서 나도 한 글자를 써 보았는데 내가 쓴 것이 마음에 들지 않았다. "잠깐만. 한 번 더 써야겠어. 조금 굵어졌어."(물론 나는 '잘못' 되었다고는 말하지 않았다.)

그랬더니 그녀가 말했다. "얼마나 굵어야 되는지 어떻게 알았어?"

그녀의 말을 듣고 보니 깨닫는 바가 있었다. 글자가 보기에 좋으려면 획을 아무렇게나 그어서는 안 된다는 것을 느끼게 되었다. 예술적인 것들은 과학에서처럼 내가 정의를 할 수는 없지만 특별한 무엇인가가 있다는 것을 느끼게 되었다. 나는 이 무엇을 정의할 수 없기 때문에 거기에는 아무런 의미가 없다고 생각했었다. 하지만 이 경험을 통하여 거기에도 무엇인가가 있다는 것을 알게 되었다. 그 후로부터는 예술에 대한 매혹을 느끼기 시작했다.

바로 이때, 오벌린[29]에서 대학을 다니고 있던 내 여동생 존이 내게 엽서를 보내 왔다. 엽서에는 작은 기호들이 씌어 있었는데 그 작은 기호들은 바로 한자들이었다.

존은 나보다 아홉 살 아래이고 역시 물리학을 전공했다. 나 같은 오빠를 두고 있다는 것이 버거웠을 것이다. 여동생은 언제나 내가 할 수 없을 것이라고 생각되는 것이 무엇인지 찾으려고 노력했고, 그래서 나 몰래 한자를 공부하고 있었던 것이다.

나는 한자를 전혀 읽을 줄 몰랐다. 하지만 수수께끼를 푸는 일이라면 다 풀 때까지 얼마든지 시간을 보내고 마는 성격이다. 그 다음 주말에 알린을 면회가는 길에 그 엽서를 가지고 갔다. 알린은 나에게 옥편 사용법을 가르쳐 주었다. 사전의 맨 뒤에 나와 있는 부나 변을 보고 이를 먼저 가려내고 획수를 세어야 한다. 알고 보니 한 글자가 여러 가지 다른 뜻으로 사용될 수도 있었다. 따라서 써 있는 글자를 일단은 다 찾아보고 앞뒤 말의 뜻을 새겨 보아야 각 글자들의 의미를 올바로 알아낼 수 있었다.

옥편을 뒤져 가며 한 자 한 자의 뜻을 찾아내서 문장 전체의 의미를 다 이해하기까지는 꽤 많은 참을성이 필요했다. 존이 엽서에 쓴 내용은 결국 간략히 말하면 "오늘은 즐거운 하루였어." 정도였다. 그런데 그중에 오직 한 문장만은 이해가 되지 않았다. "어제는 산 만드는 날을 기념했어."라는 문장이 있었는데, 말이 안 되는 것으로 보아 해석이 잘못된 것이 분명했다.(그런데 나중에 알고 보니 진짜로 오벌린 대학교에는 '산 만드는 날'이라는 이상한 축제가 있었고 결국 나는 제대로 해석했던 것이다!)

해석을 끝내고 보니 누구나 엽서에 흔히 쓰는 특별할 것이 없는 이야기였다. 하지만 한문으로 엽서를 씀으로써 내가 못하는 것을 해서 이겨 보겠다는 존의 의도를 알 수 있었다.

나는 알린이 갖고 있던 한자 책을 한참 들추어 서로 문맥이 연결이 되는 한자 네 글자를 골랐다. 그리고는 그 네 글자를 붓글씨로 반복하여 연습했다. 종이는 얼마든지 갖고 있었고 각 글자를 한 50번씩 잘 쓸 때까지 썼다.

그중에 어쩌다 한 번씩은 그럴듯하게 씌어진 것이 있었으므로 가장 잘 된 것을 골랐다. 내가 고른 것을 알린이 다시 심사했다. 한 글자씩 씌어진 네 장의 종이를 풀로 서로 붙여 위에서 아래로 연결했다. 그리고 맨 위와 맨 아래에는 긴 나무 막대를 붙여서 족자처럼 벽에 걸 수 있게 했다. 내 걸작품을 보내기 전에 닉 메트로폴리스에게서 빌린 사진기로 사진도 한 장 찍어 두었다. 그리고 족자를 말아서 튜브에 넣어 존에게 보냈다.

존은 족자를 받아 풀어 보았으나 읽을 수가 없었다. 단지 네 글자를 적당히 쓴 것처럼 보였기 때문에 한자를 가르치던 선생님께 갖고 갔다.

선생님이 먼저 하시는 말이 "잘 썼는데, 존 양이 쓴 것인가?"

"어 ……, 아니에요. 그런데 뭐라고 써 있죠?"

"오빠도 말할 줄 안다."

그리고 보면 나는 정말 나쁜 놈이다. 여동생이 나보다 잘하는 것이 하나라도 있도록 내버려 두지 않았으니 말이다.

알린의 상태가 매우 안 좋아지자 알린의 아버지께서 뉴욕에서 그
녀를 보러 오셨다. 전쟁 중이었으므로 그토록 먼 길을 여행한다는 것
은 쉽지 않았고 경비도 무척 많이 들었다. 하지만 마지막이라는 생각
에 그 먼 길을 오셨다. 어느 날 병원에 계시던 장인 어른이 로스앨러
모스에 있는 나에게 전화를 하셨다. "지금 바로 와야 되겠네." 하고
말씀하셨다.

나는 이미 이런 일이 생길 것에 대비하여 클라우스 푸크스라는 친
구에게 급한 일이 생기면 그의 자동차를 빌리겠다고 말을 해 놓았었
다. 그 차를 타고 나는 바로 앨버쿼키로 떠났다. 가는 도중에 길에서
차에 태워 달라고 하는 히치하이커를 두 명 태웠다. 혹시 도중에 차
에 고장이라도 나면 도움을 얻기 위해서였다.

정말로 차가 샌터페이[30]로 들어가는 길에서 타이어가 터졌다. 같
이 탄 사람들의 도움을 받아 스페어 타이어로 교환을 했다. 그런데
샌터페이를 통과하자마자 방금 갈아낀 스페어 타이어가 터졌다. 다
행히도 근처에 주유소가 있어서 그곳엘 갔는데 마침 다른 차를 수리
하고 있어서 우리는 기다려야 할 형편이었다. 나는 차마 나의 급한
상황을 설명하지 못하고 우물쭈물 기다리고 있었는데 같이 타고 가
던 히치하이커들이 나서서 나의 급한 상황을 설명했다. 그랬더니 그
들은 내 차 타이어를 먼저 수리해 주었다. 하지만 우리는 구멍난 스
페어 타이어까지 때우자면 시간이 더 걸릴 것이므로 스페어 타이어
는 때우지 않기로 했다.

앨버쿼키로 가는 길에 나는 주유소에서 내 차를 먼저 수리해 달라
고 부탁하지 않았던 행동이 어리석었다고 느꼈다. 시간이 가장 중요
한 때인데 말이다. 그런데 앨버쿼키까지 약 50킬로미터를 남겨 두고

또 타이어가 터졌다! 스페어 타이어가 없었으므로 우리는 차를 거기에 남겨두고 지나가는 다른 차를 얻어 탔다. 앨버쿼키에 도착한 후 견인차 회사에 전화하여 상황을 설명하고 그 차를 끌어오도록 했다.

병원에서 알린의 아버님을 먼저 만났다. 장인께서는 며칠 동안 병실에 계시면서 알린을 보살피셨는데, 나를 보시더니 "나는 더 이상 옆에서 보고 있을 수가 없네. 집으로 돌아가겠네."라고 말씀하시고는 매우 슬픔에 잠긴 채 뉴욕으로 돌아가셨다.

알린을 보니 매우 상태가 좋지 않았고 의식도 희미한 듯했다. 주위에서 무슨 일이 일어나는지도 알지 못하는 것 같았다. 대부분의 시간을 멍하니 앞만 쳐다보며 누워 있었고 가끔 주위를 둘러보는 정도였다. 점점 숨 쉬는 것마저 힘들어졌다. 때로는 숨이 멈추기도 했다. 그러다가 무엇을 삼키는 듯하는 소리를 내며 다시 숨을 몰아 쉬곤 했다. 이런 식으로 몇 시간이 흘렀다.

나는 잠시 밖에 나가서 주위를 걸어다녔다. 그런데 이러한 상황에서 흔히 사람들이 느껴야 한다고 생각하는 것을 내가 느끼고 있지 않다는 것을 깨닫고 매우 놀랐다. 어쩌면 나는 나 자신을 속이고 있었는지도 모르겠다. 물론 나는 즐겁지는 않았다. 하지만 엄청나게 슬프지 않았던 것이다. 어쩌면 우리는 너무도 오랫동안 이런 날이 오리라는 것을 잘 알고 있었기 때문인지도 모른다고 생각했다.

당시의 나의 심정을 말로 표현한다는 것이 쉽지 않지만, 예를 들어 화성인이 있다고 치고, 그들은 사고로 죽지 않는 한 절대 죽지 않는다고 상상해 보자. 그 화성인이 지구에 와서 칠팔십 년 정도 사는 인간을 만난다고 하자. 우리는 우리가 칠팔십 년 후에는 누구나 죽게 되어 있다는 것을 알고 있다. 자연적인 죽음이라는 것이 없는 화성인이 보기에는 잠시 동안 이 세상에서 살다 죽는 인간들은 엄청난 심리적인 문제를 안고 있을 것처럼 보일 것이다. 하지만 우리는 언젠가는 죽는다는 사실에도 불구하고 오늘을 열심히 살아가는 방법을 배운다. 죽음을 이미 기정사실로 받아들이고 있기 때문에 우리는 웃기도 하고 농담도 하며 살아가는 것이다.

나와 알린의 결혼 생활이 다른 사람들의 결혼 생활과 다른 점이 있다면 그것은 단지 다른 사람들이 50년을 함께 살 때 우리는 5년을 함께 살았다는 것이다. 양적인 차이가 있을 뿐이다. 죽음과 관련된 심리적인 문제는 결국 마찬가지이다. '다른 사람들은 50년씩이나 사니 우리보다 훨씬 낫다.' 라는 생각은 말도 안 되는 것이다. '어째서 우리는 이렇게 운이 없단 말인가? 신은 왜 우리를 이렇게 만드셨는가? 우리가 무엇을 잘못했기에 이렇게 되었는가?' 하고 말하는 것은 자신을 비참하게 만드는 어리석은 짓일 뿐이다. 우리가 인생을 통찰하고 진정 가슴 속으로 받아들이면 이런 것들은 해답이 없는, 그래서 질문의 대상이 되지도 않는 문제들이라는 것을 알게 된다. 우리가 현재 처한 상황은 단지 인생에서 일어나는 한 순간의 우연일 뿐인 것이다.

사실 알린과 나는 함께 사는 동안 얼마나 행복했는지 모른다.

나는 그녀의 병실로 돌아왔다. 나는 그녀의 몸에서 일어나고 있을 모든 생리적인 변화를 상상해 보았다. 그녀의 폐가 공기를 충분히 흡입하지 못하므로 뇌의 의식이 희미해질 것이다. 따라서 심장도 약해지고 그 결과 호흡이 더욱 힘들어질 것이다. 그리하여 산사태가 일어나듯이 갑자기 한쪽의 붕괴로 인하여 그 붕괴가 점점 더 걷잡을 수 없이 커지는 극적인 형태로 죽음이 그녀를 찾아올 것이라고 예상했다. 하지만 그런 일은 발생하지 않았다. 그녀의 의식은 서서히 희미해졌고 숨 쉬는 것도 조금씩 힘들어지는 것 같았다. 그러다가 그녀의 호흡이 멎기 시작했다. 숨이 끊어지기 직전 그녀의 마지막 호흡은 매우 가늘었다.

점검을 하러 온 당직 간호원이 그녀의 죽음을 확인하고 나갔다. 나는 혼자 있고 싶었다. 한동안 그녀 옆에 앉아 있다가 그녀에게 마지막 키스를 했다.

그때 그녀의 머리카락에서 나는 냄새가 그녀가 살아 있을 때의 냄새와 똑같다고 느끼고는 너무나도 놀랐다. 물론 정신을 가다듬고 생각해 보니 짧은 시간이 흘렀을 뿐이므로 그녀의 머리카락 냄새가 달라져야 할 이유가 없었다. 하지만 그래도 나에게는 큰 충격이었다. 왜냐하면 내 마음속에서는 지금 막 엄청난 일이 벌어졌는데 겉보기에는 아무런 일도 안 생긴 것 같으니 말이다.

그 다음 날 영안실을 찾아갔다. 장의사가 그녀의 손에서 빼낸 반지들을 나에게 돌려주며 물었다. "부인을 마지막으로 한 번 더 보시겠습니까?"

"아니, 무슨 말씀을 …… 아니, 아니요, 보고 싶지 않습니다. 됐습니다." 내가 대답했다. "방금 봤는데요."

"예, 하지만 저희가 화장도 깨끗하게 해 놨으니까 보시지 않겠느냐는 거죠."

이때만 해도 나에게는 장례식이 아주 낯설기만 했다. 아무것도 남아 있지 않은 시체의 얼굴에 화장을 한다는 것이 이상할 뿐이었다. 나는 다시 알린을 보고 싶지 않았다. 그것은 나를 더 슬프게 만들 뿐이었다.

장례를 끝내고, 나는 견인차 회사에 전화를 걸어 자동차를 가져오게 했다. 그리고 알린의 유품들을 차에 실었다. 길에서 또 히치하이커를 태우고 앨버퀴키를 막 빠져나오려 하고 있었다. 5, 6킬로미터도 채 못 가서 펑 하고 또 타이어가 터지는 것이 아닌가. 나는 화가나서 마구 욕을 했다.

옆에 탔던 사람이 내가 정신 이상자나 되는 것처럼 바라보며 말했다. "타이어 하나 터진 것을 갖고 왜 그러십니까?"

"네, 겨우 타이어 하나 터진 거죠. 그리고 또 하나. 그리고 또 하나. 그리고 또 터진 거예요!"

우리는 스페어 타이어를 갈아 끼고 터진 타이어는 때우지도 않고 아주 천천히 운전을 하여 로스앨러모스까지 돌아왔다.

나는 로스앨러모스에 있는 내 친구와 동료들을 어떻게 대해야 할지 몰랐다. 나는 다른 사람들이 슬픈 얼굴로 내게 다가와서 알린에 대하여 이야기하는 것이 싫었다. 누군가가 어떻게 되었냐고 물었다.

"죽었어. 그런데 우리 프로그램은 어떻게 되어 가고 있지?"

그들은 내가 그녀의 죽음으로 인하여 우울해 하기를 원치 않는다는 것을 즉시 알아차렸다. 오직 한 사람만이 유독 내게 와서 조의를 표하고 갔다. 알고 보니 그는 내가 로스앨러모스에 돌아왔을 때 마침 다른 곳에 가 있어서 로스앨러모스에 없었던 사람이었다.

하루는 자다가 꿈을 꾸었는데 알린이 나타났다. 나는 그녀를 보자마자 그녀에게 말했다. "아니야, 자기는 이 꿈속에 들어올 수 없어! 자기는 죽었단 말이야."

그리고 며칠 후 나는 또 꿈에서 알린을 보았다. 나는 또 "아니야, 자기는 이 꿈에 나타나면 안 돼!" 하고 말했다.

"아니야. 내 말을 들어 봐. 내가 자기를 속였던 거야. 실은 자기에게 싫증이 났어. 그래서 내가 가고 싶은 곳으로 마음대로 가기 위해서 이런 계략을 짰던 거라고. 그런데 이제 자기가 다시 좋아져서 돌아온 거야." 내 마음은 정말이지 이상하게 돌아가고 있었다. 죽은 그녀가 비록 꿈속이라 할지라도 어떻게 나타날 수 있는지 설명이 되어야만 했다!

나는 나 자신에게 심리적으로 어떤 강요를 했음에 틀림없다. 그 후 한 달이 지나서야 비로소 울음이 터져 나왔던 것이다. 그것은 내가 오크 리지[31]에 가서 백화점 옆을 지나다가 진열장에 전시된 예쁜 옷을 보았을 때였다. "알린이 저 옷을 참 좋아했을 텐데." 하는 생각이 들자 더 이상 참을 수가 없었다.

하나, 둘, 셋 ······ 을 세는 것처럼 쉽다

　내가 파라커웨이에서 자랐던 어린 시절, 버니 워커라는 친구가 있었다. 우리는 둘 다 집에 '실험실'을 차려 놓고 여러 가지 '실험'을 하곤 했다. 한번은 둘이서(당시 우리는 열한 살이나 열두 살 정도였다.) 이야기하다가 내가 이렇게 말했다.

　"하지만 생각한다는 것은 마음속으로 자기 자신에게 이야기를 하는 것에 지나지 않는 거라고."

　"그래? 너 자동차 속에 들어 있는 크랭크축의 모양이 얼마나 복잡한지 알지?"

　"그럼 알지. 그런데, 왜?"

　"네가 지금 생각한다는 것은 자신에게 이야기하는 것이라고 했으니까 크랭크축의 모양을 어떻게 자신에게 이야기했었는지 설명해 봐."

　그래서 나는 사고라는 것이 언어적일 뿐만 아니라 시각적일 수도 있다는 것을 버니에게서 배웠다.

　나는 나중에 대학에 가서 꿈에 대해 관심을 갖게 되었다. 눈을 감고 있는데도 빛이 망막을 자극하고 있는 것처럼 사물이 사실적으로 보일 수 있는 이유가 궁금했다. 어떤 다른 방법에 의해서(어쩌면 뇌 자체의 작용에 의해서) 망막의 신경 세포들이 실제로 자극을 받는 것일까, 아니면 뇌에 있는 '판단 부서' 가 실수하여 꿈이라는 것을 꾸는 것일까? 나는 뇌의 작용에 큰 관심을 갖게 되어 심리학에 대해서도 약간 공부를 해 보았으나 심리학은 그런 질문에 대하여 만족스러운 답을 주지 못했다. 그 대신 꿈에 대한 온갖 풀이만 들을 수 있었다.

　내가 프린스턴에서 대학원을 다니고 있었을 때 엉터리 같은 심리학 논문이 발표되어 많은 논란이 빚어졌다. 뇌의 '시간 감각' 을 조절하는 것은 철분이 포함된 화학 반응이라고 그 논문의 저자는 주장했다. "도대체 그는 어떻게 그것을 알아낼 수 있었을까?" 하고 나는 생각했다.

　그가 알아낸 방법은 바로 이러했다. 그의 아내에게는 만성적으로 열이 올랐다 내렸다 하는 증세가 있었는데 무슨 이유에선지 자기 아내의 시간 감각을 조사해 볼 생각을 하게 되었다. 그는 아내에게 (시계를 보지 않고) 초를 세게 하고는 60초까지 세는 데 시간이 얼마나 걸리는지 재 보았다. 그래서 그 불쌍한 아내는 하루 종일 초를 셌다. 그는 아내가 열이 올랐을 때는 빨리 세고 열이 내렸을 때는 천천히 센다는 것을 알아냈다. 그래서 그는 뇌에서 시간 감각을 조절하는 것은 열이 없을 때보다 열이 있을 때 더 빠르게 작동하는 것이 분명하다고 생각하게 되었다.

　이 심리학자는 얼마나 '과학적인' 사람이었던지, 화학 반응의 속도는 반응 물질 주위의 온도에 따라 다르고, 이때 다른 정도는 어떤 공식을 따르게 되어 있으며 또한 반응 에너지에 따라 다르다는 것을 알고 있었다. 그는 아내가 수를 세는 속도가 언제, 어떻게 변하는지를 조사하여 온도와 세는 속도와의 관계를 알아냈다. 그러고는 온도와 여러 가지 화학 반응의 속도와의 관계를 살펴보고 아내의 경우와 비슷한 관계를 보이는 화학 반응을 찾아냈다. 철분이 포함된 화학 반응이 아내의 경우와 가장 유사하다는 것을 알아냈고, 이로부터 그는 몸속에서 일어나는 철분이 포함된 어떤 화학 반응을 통해서 아내의 시간 감각이 조절된다는 결론을 얻기에 이르렀던 것이다.

내가 보기에는 말도 안 되는 이야기였다. 그의 긴 추론 과정에는 틀릴 수 있는 곳이 너무 많았다. 하지만 그가 제시한 '문제 자체'는 흥미로웠다. 시간 감각을 결정하는 것은 '도대체' 무엇일까? 일정한 속도로 수를 세려고 할 때 그 속도를 결정하는 것은 무엇인가? 그리고 그 속도에 영향을 주는 것은 무엇인가?

나는 실험을 해 보기로 작정했다. 우선(물론 시계를 보지 않고) 천천히 일정한 속도로 60까지 초를 세기 시작했다. 1, 2, 3, 4, 5, ……, 60까지 세는 데 48초밖에 안 걸렸다. 하지만 그건 상관없었다. 문제는 정확하게 1분을 세는 것이 아니라 일정한 속도로 세는 것이었다. 다시 60까지 세어 보니 49초가 걸렸다. 그 다음에는 48초, 47초, 48초, 49초, 48초, 48초, ……가 걸렸다. 그래서 나는 내가 꽤 일정한 속도로 60까지 셀 수 있다는 것을 알아냈다.

반면에 수를 세지 않고 그냥 자리에 앉아서 1분이 지났다고 생각될 때까지 기다렸다가 시간을 재 보면 아주 불규칙하고 다양한 결과가 나왔다. 그래서 완전히 추측만으로 1분이 될 때를 맞추는 것은 매우 어렵다는 것을 알게 되었다. 그러나 수를 세게 되면 매우 정확하게 1분이 되는 때를 맞출 수가 있었다.

이제 일정한 속도로 수를 셀 수 있다는 것을 알았기 때문에 다음 질문은 속도에 영향을 주는 것은 무엇인가 하는 것이었다.

어쩌면 심장 박동 속도와 관계가 있을지도 모른다. 그래서 나는 심장 박동이 빨라지도록 계단을 오르내리기 시작했다. 그러고 나서 방으로 뛰어 들어와 침대 위에 몸을 던지고 60까지 세어 보았다.

또한 계단을 오르내리는 동안에도 속으로 수를 세어 보았다. 친구들은 내가 계단을 오르내리는 것을 보고 웃으며 물었다. "뭐하는 거니?" 나는 대답을 할 수가 없어서(속으로 수를 세고 있는 동안에는 말을 할 수가 없다는 것을 깨달았다.) 벙어리 내지는 바보처럼 계속해서 계단을 뛰어 오르내렸다.(당시 대학원에 다니던 학생들은 바보처럼 보이는 내 행동에 이미 익숙해져 있었다. 한번은 이런 적이 있었다. 어느 날 한 친구가 내 방으로 들어와서(평소에 나는 '실험'을 하는 동안에는 방문을 잠그지만 그날은 깜빡 잊고 문을 잠그지 않았다.) 한겨울인데 방의 창문을 활짝 열어 놓고 두꺼운 양가죽 코트를 입고 창문 밖으로 몸을 내민 채 한 손에는 주전자를 들고 다른 한 손으로는 그 속을 휘저으며 의자에 앉아 있는 나를 보았다. "방해하지 마! 방해하지 마!" 하고 내가 말했다. 나는 젤리를 휘저으면서 그것을 자세히 관찰하고 있었다. 온도가 낮은 곳에서 젤리를 계속 저으면 젤리가 굳는지 안 굳는지 궁금했기 때문이었다.)

어쨌든 계단을 오르내리기도 하고 침대 위에 누워 있기도 하면서 여러 가지 방법으로 수를 세어 본 후에, 놀랍게도 심장 박동 속도는 수를 세는 속도에 아무런 영향도 미치지 않는다는 것을 알아냈다. 또한 계단을 뛰어 오르내리느라 몸이 굉장히 더워졌는데도 세는 속도는 변하지 않은 것으로 보아 온도와 세는 속도는 전혀 상관이 없다는 생각을 하게 되었다.(하지만 사실 운동을 했다고 해서 체온이 올라가지는 않으므로 이 생각은 잘못된 것이었다.) 결국, 나는 수를 세는 속도에 영향을 미치는 어떤 것도 발견할 수가 없었다.

계단을 뛰어 오르내리는 것이 더 이상 재미가 없어지자 나는 어차피 해야 할 일들을 하면서 수를 세기 시작했다. 예를 들어, 기숙사 세탁소에 세탁물을 맡길 때에는 남방이 몇 개이고 바지가 몇 개인가 하는 것을 접수증에 적어야 했다. 나는 수를 계속 세면서도 '바지'라는 글자 앞에는 '3'이라고 쓰고 '남방'이라는 글자 앞에는 '4'라고 쓸 수 있었다. 하지만 양말은 너무 많아서 셀 수가 없었다. 머릿속에 있는 '계산기'를 이미 수를 세는 데에 사용하고 있었기 때문이었다. 36, 37, 38, 여기 양말이 잔뜩 있는데, 39, 40, 41, ……어떻게 양말을 세지?

양말을 사각형 같은 기하학적인 모양으로 배열해 놓으면 하나하나 직접 세지 않아도 개수를 셀 수 있다는 생각이 들었다. 예를 들면 사각형의 네 귀퉁이에 양말을 한 켤레씩 놓아서 네 귀퉁이가 완성되면 모두 네 켤레(8개)임을 쉽게 셀 수 있었다.

나는 이런 식으로 모양을 만들면서 셈을 계속했다. 또한 신문기사가 몇 줄인지도 셀 수 있다는 것을 알게 되었다. 먼저, 3줄, 3줄, 3줄을 세고 여기에 1줄을 더해서 10줄을 만든다. 그 다음 10줄짜리를 다시 3개, 3개, 3개에 1개를 더해서 100개를 만드는 것이다. 이런 식으로 신문기사의 줄을 세어 내려갔다. 60까지, 즉 나의 1분을 세고 난 뒤에 어느 위치까지 와 있는가를 보고 '60까지 세었는데 신문의 줄은 모두 113줄이군.' 하는 식이었다. 60까지 세는 동안 심지어는 신문기사의 내용을 '읽을' 수도 있다는 것을 알게 되었다. 게다가 세는 속도에 아무 변화가 없었다! 사실 속으로 수를 세면서(물론 소리를 내서 말하는 것은 제외하고) 어떤 일이라도 할 수 있었던 것이다.

책을 보고 타자를 치면서도 수를 셀 수 있을까? 나는 그것도 할 수 있다는 것을 곧 알게 되었지만 여기에서는 세는 속도에 차이가 생겼다. 나는 신이 났다. 드디어 세는 속도에 영향을 주는 것을 발견한 것이다! 나는 그것을 좀 더 조사해 보았다.

쉬운 단어들은 다소 빠르게 타자를 치면서 속으로 수를 세어 나갔다. 19, 20, 21. 계속 타자를 치면서 27, 28, 29 하고 수를 세다가, '도대체 이게 무슨 단어지? 아, 그렇지.' 그러고는 30, 31, 32, …… 하고 계속 수를 세어 나갔다. 60까지 세었을 때 시간을 보니 평소보다 늦었다.

좀 더 생각하고 관찰해 본 뒤 다음과 같은 사실을 깨닫게 되었다. 글을 읽다가 어려운 단어가 나와서 '좀 더 두뇌를 많이 필요로' 하게 되면 세는 것을 중단하는 것이었다. 세는 속도 자체는 느려지지 않았지만 때때로 세는 동작을 일시적으로 멈추었던 것이다. 그런데 그동안 60까지 세는 것을 하도 많이 하여 이제는 완전히 자동적으로 이루어지고 있었기 때문에 세는 것을 멈추었다는 사실을 알아차리지도 못했던 것이다.

다음 날 아침, 아침 식사를 하면서 나는 식탁에 앉아 있던 친구들에게 내가 그동안 했던 모든 실험 결과를 발표했다. 나는 그들에게 속으로 수를 세면서 동시에 할 수 있었던 일들을 모두 말해 주었다. 그리고 할 수 없었던 한 가지는 말하는 것뿐이었다고 이야기했다.

이때 그 식탁에 앉아 있던 친구들 중 존 터키라는 친구가 말했다. "네가 수를 세면서 책을 읽을 수 있었다는 것을 못 믿겠고, 수를 세면서 왜 말을 할 수 없는지 이해할 수 없어. 나는 속으로 수를 세면서도 말을 할 수 있다고. 그리고 넌 수를 세면서 책을 읽을 수 없을 거야."

그래서 나는 시범을 보여 주었다. 친구들이 책을 줘서 나는 속으로 수를 세면서 한동안 책을 읽었다. 속으로 60까지 세었을 때 "됐다." 하고 말했다. 시간을 보니 나의 표준 시간인 48초가 걸렸다. 그러고 나서 나는 내가 읽은 내용을 말해 주었다.

터키는 깜짝 놀랐다. 이번에는 그의 차례였다. 몇 차례 반복해서 그의 표준 시간을 재고난 뒤에 그는 말을 하기 시작했다. "메리는 작은 염소 한 마리를 가지고 있었습니다. 나는 하고 싶은 말은 무엇이든 할 수 있다. 그건 수를 세는 데에 아무런 영향도 주지 않는다고. 네가 왜 이걸 못하겠다고 하는지 이해가 가지 않는다. …… 어쩌구, 저쩌구, 어쩌구 저쩌구." 마침내 "됐다!" 하고 그가 말했다. 시간을 재보니 정확하게 그의 표준 시간이었다. 나는 도저히 믿을 수가 없었다!

우리는 한동안 이 문제에 대해 이야기를 했고 새로운 사실을 하나 발견했다. 알고 보니 터키는 나와 다른 방식으로 수를 세는 것이었다. 그는 숫자가 쓰여진 테이프가 눈 앞을 지나가는 것을 상상함으로써 시간을 측정했다. "메리는 작은 염소 한 마리를 가지고 있었습니다."라고 말하면서 테이프의 숫자가 지나가는 것을 '보는' 것이었다. 자, 이제는 분명해졌다. 그는 테이프가 지나가는 것을 '보고' 있었기 때문에 동시에 책을 읽을 수가 없었고 나는 속으로 '말을 하고' 있었기 때문에 동시에 말할 수가 없었던 것이다!

여기까지 알아낸 후 나는 수를 세면서 소리 내어 책을 읽을 수 있는 방법(이것은 우리 둘 중 누구도 하지 못하는 일이었다.)을 찾아내려고 했다. 보고 말하면서 동시에 수를 세려면 뇌의 시각부나 언어부와 상관이 없는 다른 부분을 사용해야 한다는 생각이 들었다. 그래서 손가락을 사용하기로 했다. 왜냐하면 촉감을 관장하는 부분은 위의 두 부분과는 다를 것이라고 생각했기 때문이었다.

나는 얼마 연습하지 않아서 곧 손가락으로 수를 세면서 책을 소리 내어 읽을 수 있게 되었다. 하지만 나는 신체의 어떤 움직임도 사용하지 않고 모든 과정을 정신적으로만 하고 싶었다. 그래서 손가락이 움직이는 느낌을 상상하면서 책을 소리 내어 읽어 보려고 했다.

노력해 보았지만 이것은 할 수가 없었다. 나는 충분히 연습을 하지 않았기 때문이라고도 생각했지만 어쩌면 불가능한 것인지도 모른다. 그렇게 할 수 있는 사람을 한번도 만나본 적이 없기 때문이다.

그 실험을 통해 터키와 나는 사람들이 똑같은 일('하나, 둘, 셋, ⋯⋯ 을 세는 것'처럼 아주 간단하다고 생각되는 일)을 하고 있다고 생각할 때에도 실제로 머릿속에서 일어나고 있는 과정은 사람마다 다르다는 것을 발견했다. 또한 뇌가 어떻게 작동하는지를 외부에서 객관적으로 조사해 볼 수 있다는 것도 알아냈다. 즉 어떤 사람에게 수를 어떻게 세었는지를 물어볼 필요도 없다. 그는 자기 자신을 잘못 관찰할 수도 있기 때문이다. 그 대신 그가 수를 세는 동안 할 수 있는 것이 무엇이고 할 수 없는 것이 무엇인지를 관찰해 보면 된다. 이 검사 방법은 절대적으로 믿을 만하다. 어느 누구도 속일 수가 없다.

사람들은 어떤 생각을 다른 사람에게 전하고자 할 때 자신의 머릿속에 있는 것으로 설명을 한다. 그런데 하나의 개념은 또 다른 개념에 기초를 두고 있다. 이 개념은 저 개념을 통하여 이해되고 저 개념은 또 다른 개념을 통하여 이해된다. 그런데 이런 개념과 이해의 가장 근본이 되는 것은 수의 개념이 아닌가? 그리고 이 기본적인 수를 세는 방법이 사람마다 다른 것이다! 그러니 사람마다 어떤 것을 똑같이 이해한다고 생각하는 경우에도 실은 그 이해가 얼마나 다를 수 있겠는가 하는 말이다!

　나는 위와 같은 생각을 자주 하게 되는데, 특히 어느 때에 그런 생각이 드냐면, 베셀 함수[1]를 적분하는 것과 같은 복잡한 기술을 학생들에게 가르칠 때이다. 왠지 나는 베셀 방정식들을 볼 때마다 문자들이 천연색으로 보이는 것이다. 설명을 해 나감에 따라 얀케와 엠데가 쓴 책에서 본 베셀 함수들이 희미하게 떠오르며 밝은 황갈색의 j와 보라색의 n과 짙은 갈색의 x가 눈 앞에서 왔다갔다 한다.[2] 학생들의 눈에는 이것들이 도대체 어떻게 보일지 궁금하다.

출세하기

　1950년대의 어느 해에 배를 타고 브라질에서 미국으로 돌아오던 길에 '트리니다드'[1]에 배가 정박하게 되었다. 그래서 그 나라의 수도인 스페인항을 구경하기로 했다. 그 당시 나는 어느 도시에 가든지 그곳 서민들의 생활이 어떤지를 보기 위해서 가장 가난한 지역을 구경했다.

　언덕에 위치한 흑인들이 사는 산동네를 이리 저리 걸어다니며 얼마의 시간을 보냈다. 그리고 돌아오는 길이었는데, 택시가 한 대 와서 멈추더니 운전기사가 말을 걸어왔다.

　"이봐요, 아저씨, 시내 구경 하고 싶으세요? 5비위[2]면 됩니다."

　"그럽시다." 하고 대답하며 택시에 올랐다.

　택시 기사는 "멋있는 궁전들을 보여 드리지요." 하고 말하며 어떤 궁전이 있는 곳으로 떠나려 하였다.

그래서 내가 말했다. "고맙습니다만 그쪽이 아닙니다. 궁전은 어느 도시에 가나 다 비슷해요. 난 가난한 사람들이 사는 빈민촌을 보고 싶습니다. 이미 저쪽 언덕 위는 보았습니다."

"아, 그렇습니까!" 그는 놀라며 말했다. "기꺼이 구경시켜 드리죠. 그런데 구경을 다 하신 후에 질문을 하나 드릴 테니까 자세히 보십시오."

그러고 나서 그는 인도 사람들이 모여 사는 동네(그곳은 도시 계획에 따라 주택 사업이 이루어진 곳이었다.)로 가더니 시멘트 벽돌로 지은 집 앞에 차를 세웠다. 그 집에는 가구가 거의 없었다. 한 남자가 문 앞 계단에 앉아 있었다. 택시 기사가 말하길, "저 사람 보이시죠? 저 사람 아들이 메릴랜드 주립 대학교에서 의학 공부를 하고 있습니다."라고 했다.

그리고 그는 내가 그 마을 사람들이 어떻게 생겼는지를 잘 볼 수 있도록 어떤 사람을 불렀다. 여자였는데 치아가 모두 썩어 있었다.

조금 더 가다가 다시 멈춰 서서 그는 자신이 존경하는 두 여자를 내게 소개해 주었다. "저 부인들은 함께 돈을 모아서 재봉틀을 샀다고요. 그래서 요즘에는 마을 사람들을 상대로 바느질을 하고 옷을 만들고 있지요."라고 자랑스럽게 말했다. 그들에게 나를 소개하면서 이렇게 말했다. "이 분은 교수님이신데, 글쎄 우리 동네를 구경하고 싶다고 하시잖아요."

우리는 많은 것을 보았다. 그리고 마지막으로 그 택시 기사는 내게 말했다. "자, 교수님, 제가 하고 싶은 질문은 이겁니다. 보신 바와 같이 인도 사람들은 흑인들만큼이나, 때로는 흑인들보다도 더 가난합니다. 하지만 그 사람들은 그래도 발전하고 있습니다. 아까 그 남자는 자기 아들을 대학교에 보냈고, 또 그 아주머니들은 재봉 일을 하고 있습니다. 그러나 우리 흑인들은 전혀 발전이 없습니다. 도대체 왜 그렇습니까?" 처음에는 나도 모르겠다고 대답했지만(그것은 평소 거의 모든 질문에 대한 나의 즉각적인 대답이다.) 그는 교수가 모르겠다고 대답하는 것을 이해하지 못했다. 그래서 나는 그럴듯한 답을 생각해 내려고 해 보았다. "인도라는 나라는 오랜 세월 동안 긴 전통을 지켜 온 나라입니다. 수천 년 동안 전통적으로 인도 사람들은 종교와 철학이 깃든 생활을 해 왔습니다. 그리고 여기에 살고 있는 인도 사람들은 비록 현재 인도에 살고 있지는 않지만, 미래를 건설하고 자식들을 뒷받침하려 애쓰며, 수 세기 동안 이어진 전통적인 인생관과 가치관을 그대로 고수하고 있는 것입니다." 하고 나는 말했다.

나는 계속 말했다. "제가 생각하기에는 기사님의 민족은 불행히도 그런 전통을 발전시킬 기회를 갖지 못했거나, 또는 그런 전통을 발전시켰더라도 정복되고 노예화되는 과정에서 잃어버렸을 것입니다." 내 생각이 맞는지 안 맞는지는 모르겠지만 그것은 내가 생각해 낼 수 있는 가장 그럴듯한 대답이었다.

그 기사는 내 말이 맞다고 생각했고 자신도 미래를 건설하기 위한 계획을 세우고 있다고 말했다. 그는 경마에 돈을 좀 걸었는데 만약 그가 돈을 따면 개인 택시를 살 것이고 그렇게 되면 '정말로' 잘살게 될 거라는 것이었다.

그 말을 듣고 나는 그가 정말 안됐다는 생각이 들었다. 그래서 그에게 경마로 돈을 벌고자 하는 것은 좋은 생각이 아니라고 말해 주었다. 그러나 그는 그것이 돈을 벌 수 있는 유일한 방법이라고 고집을 부렸다. 그의 의도는 좋았지만 그의 방법은 운에 달려 있는 것이었다.

나는 계속 철학 강의를 할 생각이 없었으며, 그는 스틸밴드[3]가 칼

립소 음악⁴을 연주하는 곳으로 나를 데려다 주었다. 나는 그곳에서
즐거운 오후 시간을 보냈다.⁵

시티 호텔

학술 발표회 참석차 스위스의 제네바에 머물고 있을 때였다. 산책을 하던 중 우연히 유엔 사무소가 있는 건물 앞을 지나가게 되었다. '야! 이거 어디 한번 들어가서 구경이나 하고 갈까?' 하는 생각이 들었다. 나는 그런 곳에 들어가기에 걸맞은 옷차림을 하고 있지 않았다. 지저분한 바지와 낡은 외투를 입고 있었다. 그러나 안내원의 인솔로 유엔 건물을 구경할 수 있는 단체 관광 코스가 있었다.

그 관광은 매우 흥미로웠는데 그중에서도 가장 인상적인 것은 거대한 강당이었다. 국제적인 인물들이 모이는 중요한 곳은 대개 모든 것들이 지나칠 정도로 호화스러운 법이다. 보통 강당은 강단이 단층으로 되어 있지만 그곳의 강단은 여러 개의 층으로 꾸며져 있었다. 그래서 여러 계단을 올라가야 대형 스크린을 뒤로 하고 있는 거대한 원목 연단 앞에 이를 수 있었다. 연단에 서서 앞쪽을 바라보면 좌석이 놓여 있고 강당 바닥에는 고급스런 융단이 깔려 있었다. 멀리 강당으로 들어오는 입구 쪽에는 황동으로 된 손잡이가 달린 커다랗고 멋있는 문이 있었다. 고개를 들어 위를 쳐다보면 양옆에 유리로 된 작은 방이 있는데 이 방안에서는 각국의 언어를 동시통역하는 통역사들이 일을 하도록 되어 있었다. 그 대강당은 정말 멋진 곳이어서 나는 줄곧 속으로 '야, 이런 곳에서 발표를 한다면 그 느낌이 어떨까?' 하고 생각했다.

그곳을 구경하고 나서 대강당 바로 옆 복도를 따라 걸어가고 있을 때 안내원이 유리창 바깥을 가리키며 말했다. "저기 창 밖을 보시기 바랍니다. 지금 짓고 있는 건물이 보이시지요? 저 건물들은 약 6주 후에 있을 원자력 평화 회의에 처음으로 사용될 것입니다."

그 말을 들으니 머리 겔만과 내가 그 회의에서 고에너지 물리학의 현황에 관해 발표를 하게 되어 있다는 것이 갑자기 생각났다. 나는 총회에서 발표를 하게 되어 있었기에 안내원에게 물어보았다. "저, 선생님, 그 회의의 총회 발표는 어디에서 하게 되어 있습니까?"

"우리가 방금 지나온 방에서 하게 되어 있습니다."

"아, 그래요? 그렇다면 내가 그 방에서 발표를 하게 되겠군요!" 나는 기쁜 나머지 그렇게 말했다.

안내원은 나의 더러운 바지와 허름한 남방 차림을 위아래로 훑어보았다. 그러고 보니 내가 한 말이 그에게는 얼마나 바보같이 들렸을까 하는 것을 깨달았다. 하지만 나로서는 놀랍고 신나는 일이었다.

우리 일행이 좀 더 걸어가던 중 그 안내원이 말했다. "이곳은 여러 대표들이 모여서 비공식적인 회의를 가질 수 있도록 마련된 방입니다." 그 방문에는 작은 사각형 모양의 유리창이 있어서 안을 들여다

볼 수 있었다. 관광객들이 너도나도 안을 들여다보았다. 몇 사람이 방안에 앉아서 대화를 나누고 있는 것이 보였다.

나도 창문 안을 들여다보았는데 내가 잘 아는 러시아 물리학자인 이고르 탐²이 있는 것이 아닌가! "아! 저 사람 내가 아는 사람인데!" 나는 그 문을 열고 들어가려 했다.

안내원은 거의 비명을 지르다시피 말했다. "안 돼요, 안 돼! 거기에 들어가지 마세요!" 그제서야 안내원은 일행 중에 미치광이가 있다는 것을 확실히 알게 되었다. 그러나 그 자신은 그 방안에 들어갈 수 없도록 되어 있었기 때문에 나를 쫓아 들어오지 못했다.

탐은 나를 알아보았고, 우리는 반갑게 인사하며 잠시 이야기를 나누었다. 안내원은 우리가 아는 사이인 것을 보고는 안심했고 나를 남겨둔 채 나머지 관광을 계속했다. 잠시 후 나는 뛰다시피 해서 그들을 다시 쫓아갔다.

발표회에서 친한 친구인 밥 배커를 만났는데, 그가 말했다. "여보게, 한 달 반 후 원자력 평화 회의가 열릴 때 방을 얻으려면 매우 어려울 거야. 아직 예약을 하지 않았다면 국무성에 얘기해서 자네 방을 하나 구해 놓으라고 하는 것이 낫지 않겠는가?"

"무슨! 국무성이 나를 위해 그런 일까지 하게 하고 싶지는 않아! 내가 직접 구하면 되지."

내가 묵고 있던 호텔에 와서 예약 담당자에게 내가 일주일 후에 떠났다가 여름이 다갈 무렵에 다시 돌아올 것이라고 말했다.

"그때를 위해서 지금 미리 예약을 할 수 있을까요?"

"그럼요! 언제 돌아오실 겁니까?"

"9월 둘째 주……"

"아, 대단히 죄송합니다. 파인만 교수님. 그 기간 동안에는 방이 모두 예약이 되어 있습니다."

그래서 나는 이 호텔, 저 호텔로 돌아다니며 빈방을 찾아보았으나 6주나 남았는데도 모든 호텔의 방이 그 기간 동안에는 완전히 예약이 되어 있었다.

그때, 나는 오래전 일이 생각났다. 조용하면서 품위 있는 영국인 물리학자 친구[3]와 함께 겪었던 일이다. 당시 우리는 자동차로 미국 대륙을 횡단하고 있었다. 막 오클라호마 주의 툴사라는 마을을 지났을 때였는데, 거기에서 조금 떨어진 곳에 마침 큰 비가 내려 홍수가 났다. 우리는 어떤 작은 마을로 들어갔는데 그 마을의 길에는 온통 차들이 주차되어 있었다. 주차된 차 안에서는 사람들이 잠을 자려는 준비를 하고 있었다. 그중에는 온 가족이 차 안에서 잠을 자는 경우도 있었다. "우리도 그만 가는 것이 좋겠네. 더 이상 갈 수 없는 게 분명해." 하고 그 친구가 말했다.

"괜찮아! 누가 알아? 갈 수 있는지 없는지 한번 가서 보자고. 우리가 그곳에 도착할 때쯤 되어서는 물이 빠질지도 모르잖아."

"우린 지금 시간 낭비할 때가 아닌 것 같은데. 지금이라도 여기서 빈방을 구해 보면 방이 있을지도 모르잖아."

"걱정 말라고! 계속 가자고!"

그래서 그 마을을 벗어나 15 내지 20킬로미터 정도 더 갔을 때였다. 개울이 하나 나타났는데 내가 보기에도 물이 너무 많았다. 더 이상 생각할 필요도 없었다. 그 개울을 건너려고 시도한다는 것은 누가 보더라도 무모한 짓이었다.

우리는 그 자리에서 차를 돌렸고, 그 친구는 지금 돌아가서 어떻게 호텔 방을 구하겠냐고 투덜거렸지만 나는 걱정 말라고 큰소리를 쳤다.

그 작은 마을로 되돌아가 보니, 길에는 온통 차들이 주차되어 있어 차가 다니기도 어려울 지경이었고 차 안에서는 사람들이 잠을 자고 있었다. 어느 호텔에 가도 빈방이 없을 것이 분명했다. 그런데 어느 집 문 위에 작은 간판이 걸려 있고, 그 간판에는 호텔이라고 씌어 있는 것이 눈에 띄었다. 내가 로스앨러모스에서 일하던 시절에, 병원에 입원해 있던 아내를 면회하려고 앨버쿼키에 가서 면회 시간을 기다리며 마을 구경을 할 때 흔히 보던 종류의 호텔로, 입구에는 계단만 있고 그 계단을 따라 한 층을 올라가야 호텔 사무실이 나오게 되어 있었다.

우리는 계단을 올라가서 사무실에 있는 지배인에게 물었다. "빈방 있습니까?"

"물론이죠, 선생님. 3층에 침대가 두 개 있는 방이 하나 있습니다."

물론 그 친구는 매우 놀랐다. 마을은 완전히 주차장이 되었고 사람들은 차 안에서 자고 있는데 이 호텔에는 빈방이 있다니!

그러나 방이 있는 곳으로 서서히 올라가면서 그 친구는 이유를 알기 시작했다. 그 방에는 문이 없고 그 대신 문지방에 천이 하나 드리워져 있을 뿐이었다. 하지만 방은 비교적 깨끗했고 세면대도 하나 있어서 그리 나쁜 편은 아니었다. 우리는 잘 준비를 했다.

그때 친구가 말했다. "화장실에 가야겠는데."

"화장실은 복도 저쪽 끝에 있어."

복도에서는 젊은 여자들이 왔다갔다하며 키득키득 웃고 있었고 그 친구는 밖으로 나가지 못하고 있었다.

"괜찮으니까 세면대에다 일을 봐." 하고 내가 말했다.

"그건 비위생적이잖아."

"아냐, 괜찮아. 물 틀면 돼."

"세면대에서는 못하겠어."

우리는 둘 다 피곤해서 자리에 누웠다. 날씨가 너무 더워서 아무것도 덮지 않은 채 잠을 청했다. 복도에서 나는 시끄러운 소리 때문에 그 친구는 잠을 이루지 못했다. 나는 잠이 막 들려던 참이었다.

잠시 후 마루바닥이 삐걱거리는 소리가 나기에 한쪽 눈을 반쯤 떠보았다. 어둠 속에서 그가 조용히 세면대 쪽으로 걸어가고 있었다.

이때의 경험을 살려서 나는 그런 종류의 작은 호텔을 찾았다. 제네바 시내에서 본 시티 호텔이라는 이름의 작은 호텔이 생각났다. 그 호텔은 앞에서 얘기한 호텔처럼 길가 쪽으로는 입구만 있고 입구에 있는 계단을 올라가야 사무실이 나오는 호텔이었다. 이런 호텔은 대개 방이 몇 개 정도는 비어 있을 것이며 아무도 예약 따위는 하지 않을 것이 분명했다.

계단을 올라가서 사무실에 있는 사람에게 6주 후에 내가 제네바로 돌아올 텐데 그때 이 호텔에서 묵고 싶다고 말했다. "예약을 할 수 있을까요?"

"그럼요, 선생님! 물론이죠!"

그 사람은 종이쪽지에 내 이름을 적고는 잃어버리지 않도록 그 쪽지를 꽂아 둘 곳을 찾았다.(거기에는 예약 장부 같은 것도 없었다.) 이렇게 해서 나는 '예약'을 마쳤고 이로써 숙박 문제는 해결되었다.

나는 6주 후에 제네바로 돌아와서 시티 호텔을 찾아갔다. 내 방은 예약한 대로 준비되어 있었다. 맨 꼭대기 층이었다. 비록 싸구려 호텔이었지만 그래도 깨끗했다.(스위스가 아닌가! 스위스에서는 더러운 구석을 찾아볼 수가 없다!) 비록 이불에 구멍이 몇 개 나 있을지언정 깨끗이 빨아 놓았다. 아침에는 내 방으로 유럽식 아침 식사가 배달되었다. 호텔 측은 자그만치 6주 전에 미리 예약을 하는 이 보기 드문 손님을 맞이하여 신이 난 것처럼 보였다.

식사 후 나는 원자력 평화 회의의 첫날 모임에 참석하기 위해 유엔 본부로 갔다. 접수 테이블에는 등록하려는 사람들이 길게 줄을 서 있었다. 접수 테이블에서 일을 보던 여자가 전달 사항이 있을 경우를 대비하여 모든 참가자들의 주소와 전화번호를 받아 적고 있었다.

"숙소가 어디신가요, 파인만 교수님?"

"시티 호텔입니다."

"아, '시테' 호텔 말씀이시죠?"

"아뇨, '시티' 입니다. '시이, 아이, 티이, 와이' 입니다."(사실 그렇지 않겠는가? 미국에서라면 시테라고 프랑스 어로 이름을 지어야 이국적으로 들리듯이, 제네바에서는 시티라고 영어로 이름을 지어야 오히려 이국적으로 들릴 터이니 말이다.)

"하지만 그런 호텔은 저희가 갖고 있는 호텔 목록에는 없는데요. '시티' 가 확실한가요?"

"전화번호부를 찾아보세요. 있을 겁니다."

전화번호부를 찾아본 후 그녀가 말했다. "아! 그렇군요. 저희 목록에 빠진 호텔이 있었네요. 아직도 방을 구하지 못하신 분들이 있는데 그분들께 시티 호텔을 권해 봐야겠어요."

나중에 그녀는 누군가로부터 시티 호텔에 대한 이야기를 들은 모양이었다. 왜냐하면 그 학회에 참석한 사람들 중 나 외에는 아무도 그 호텔에 묵지 않았으니까 말이다. 때때로 유엔 본부로부터 내게 전화가 걸려 오면 시티 호텔 종업원들은 사무실에서부터 두 개의 층을 단번에 뛰어올라와 경이와 흥분에 찬 표정으로 내게 전화 받으러 내려오라고 알려 주곤 했다.

시티 호텔에서 본 재미있는 장면이 하나 기억난다. 어느 날 밤 나는 창문 너머로 호텔 마당을 내려다보고 있었다. 그때 마당 건너편 건물에서 무엇인가가 나의 시선을 끌었다. 처음에는 창틀에 그릇이 엎어져 있는 것처럼 보였다. 그것이 조금 움직이는 것 같아서 궁금한 마음에 한동안 바라보았지만 그 후에는 조금도 움직이지 않았다. 그런데 잠시 후에 그것이 다시 한쪽으로 약간 움직이는 것이었다. 나는 그것이 무엇인지 알 수가 없었다.

며칠이 지나서야 나는 그것의 정체를 알아냈다. 어떤 남자가 쌍안경을 창틀에 받쳐 놓고는 마당을 가로질러 내 방 바로 아래층을 보고 있는 것이었다!

시티 호텔에서 보았던 또 한 가지 장면이 있다. 그 장면은 잊혀지지 않을 뿐 아니라 언젠가는 그 광경을 그림으로 그릴 수 있으면 좋겠다는 생각이 들 정도이다. 학회가 끝난 후 밤에 호텔로 돌아와서 계단이 시작되는 호텔 입구의 문을 막 여는 참이었다. 거기에는 호텔 주인이 한 손에는 담배를 들고 다른 한 손으로는 무엇인가를 계단 위로 밀어올리면서 태연하게 서 있었다. 몇 계단 위에서는 내게 아침 식사를 가져다주던 여종업원이 호텔 주인이 밀고 있던 무거운 물체를 양손으로 잡아당기고 있었다. 그리고 계단 맨 위에는 가슴이 깊게 파인 옷을 입고 가짜 모피 코트를 걸친 여자가 허리춤에 손을 걸친 채 거만하게 서서 기다리고 있는 것이었다. 그녀의 손님이 술에 취해 계단을 걸어 올라갈 수 없었던 것이다. 어떤 일이 벌어지고 있었는지를 내가 눈치챘음을 호텔 주인이 알았는지는 알 수 없다. 나는 그냥 모르는 척하며 이 모든 것을 지나쳐 걸어 올라갔다. 호텔 주인은 자기 호텔에 대해서 창피하게 느꼈겠지만 내겐 재미있는 장면이었다.

허먼이 도대체 누구야?

하루는 로스앨러모스에 있는 옛날 친구로부터 장거리 전화가 걸려 왔다. 그녀는 매우 슬픈 목소리로 말했다. "리처드, 슬픈 소식이 있어요. 허먼이 세상을 떠났어요."

나는 평소에 사람들의 이름을 잘 기억하지 못해서 이럴 때면 항상 당황하게 된다. 또한 평소에 내가 사람들에게 별로 관심을 기울이지 않는 것 같아서 나의 이런 면을 좋지 않게 생각하고 있다. 그래서 나는 말했다. "저런, 어떻게 ……?" 침묵을 지키면서 겉으로는 슬픈 태도를 보이는 한편, 전화한 그 친구로부터 좀 더 정보를 얻어 보려 했다. 그러면서 마음속으로는 '그런데 도대체 '허먼'이 누구지?' 하고 생각했다.

그녀는 계속 말했다. "허먼과 그의 어머니가 로스앤젤레스 근방에서 자동차 사고로 함께 죽었대요. 그곳이 그의 어머니 고향이기 때문에 장례식은 로스앤젤레스에 있는 로즈 힐즈 장례식장에서 5월 3일 3시에 하기로 했다는군요. 당신이 그의 관을 메어 준다면 그도 매우 기뻐할 것 같은데요."

나는 여전히 그가 누구인지 기억나지 않았지만 우선 "아, 그럼요. 물론 그래야죠." 하고 대답했다.(그럼으로써 적어도 허먼이 누구인지는 알아낼 수 있을 것이 아닌가?)

전화를 끊고 나서 생각하니 방법이 떠올랐다. 장례식장에 전화를 하는 것이다. "5월 3일 3시에 장례식이 있죠? ······"

"어느 장례식 말씀이신가요? 골드스미드 씨 장례식인가요 아니면 파넬 씨 장례식인가요?"

"글쎄요, 저, 잘 모르겠는데요." 성을 들어 봐도 여전히 생각이 나지 않았다. 둘 다 모르는 이름인 것 같았다. 결국 나는 이렇게 말했다. "복상일지도 모르겠습니다. 고인의 어머니께서도 함께 돌아가셨으니까요."

"아, 그렇다면 골드스미드 씨 장례식입니다."

"허먼 골드스미드?"

"맞습니다. 허먼 골드스미드와 그의 어머니 골드스미드 부인입니다."

그래서 이름은 알아냈다. 허먼 골드스미드이다. 하지만 나는 여전히 허먼 골드스미드라는 사람을 기억할 수 없었다. 그녀의 말투로 봐서는 허먼이라는 사람과 내가 절친했던 것 같은데 도대체 기억이 나지 않았다.

마지막으로 남은 방법은 장례식에 가서 직접 그의 얼굴을 보는 것뿐이었다.

장례식에 갔다. 모든 일을 도맡아 하던 그녀가 검은 상복을 입고 내게 다가와서는 매우 슬픈 목소리로 "와 주셔서 정말 고마워요. 허먼도 매우 기뻐할 거예요." 등의 심각한 이야기를 했다. 모든 사람들이 허먼을 추모하며 슬퍼했지만 나는 여전히 허먼이 누구인지 몰랐다. 나도 허먼이 누구인지 알았다면 그의 죽음을 매우 슬퍼했을 것이 분명하지만!

장례식이 진행되며 모든 사람들이 차례로 관 앞으로 가서 마지막 예를 갖출 순서가 되었다. 나도 관 앞으로 나아갔다. 첫 번째 관을 들여다보니 허먼의 어머니가 있었다. 두 번째 관을 들여다보니 거기에는 허먼이라는 사람이 있었는데 나는 맹세코 그를 본 적이 없었다!

관을 장지로 옮길 순서가 되어 나는 다른 상여꾼들과 함께 관을 메었다. 허먼이 알았더라면 고맙게 생각했을 것이므로 나는 매우 조심스럽게 그의 관을 무덤 속에 내려놓았다. 그러나 나는 지금까지도 허먼이 누구인지 모르고 있다.

그로부터 몇 년 후 나는 그 친구에게 용기를 내어 그 일에 관해 이야기했다. "한 10년 전에 내가 참석했던 장례식 말이에요, 하워드였던가 …… ?"

"허먼 말이죠?"

"아, 그래요, 허먼 말이에요. 그런데 말이죠, 난 그때 허먼이 누구인지 잘 모르겠던데요. 관을 들여다봐도 얼굴이 잘 기억나지 않았고 ……."

"하지만, 리처드, 당신하고 허먼은 제2차 세계 대전 직후에 로스앨러모스에서 서로 친하게 지냈잖아요. 당신들은 둘 다 나하고 친해서 우린 함께 자주 이야기도 했었는데요."

"글쎄, 그래도 기억이 나지 않는데요."

그로부터 며칠 후 그녀가 내게 전화를 걸어 왔다. 어쩌면 내가 로스앨러모스를 떠난 직후에 그녀가 허먼을 만났을 수도 있고, 그렇다면 자기가 혼동한 것 같다고 했다. 하지만 자기는 나하고도 친했고 허먼하고도 친했기 때문에 우리도 서로 잘 아는 사이였을 것이라고 생각했다는 것이다. 그래서 실수를 한 장본인은 (대개의 경우에는 나지만) 내가 아니고 자기라고 했다. 아니면 그녀는 단지 예의상 그렇게 이야기를 했던 것일까?

비열한
성차별주의자 파인만!

내가 캘리포니아 공과 대학에서 1학년 학생들에게 물리학 강의를 하고 난 후 몇 년 뒤에(그 강의 내용은 『파인만 물리학 강의(*Feynman Lectures on Physics*)』라는 책으로 출판되었다.) 여권 운동가 협회로부터 장문의 편지를 받았다. 그 책에 실린 두 가지 이야기 때문에 그들은 나를 반여성적인 인물로 비난했다. 첫 번째 이야기는 속도의 개념에 관한 이야기이다. 경찰관이 한 여성 운전자를 속도위반으로 붙잡고 그 여자가 얼마나 빠르게 운전하고 있었는지를 지적하면서 속도의 개념에 대해 말하자 그녀가 타당성 있게 이의를 제기하는 이야기이다. 여권 운동가들은 내가 그 여자를 바보처럼 보이게 만들었다고 주장하는 편지를 보내왔다.

여권 운동가들이 비난한 또 하나의 이야기는 위대한 천문학자인 아서 에딩턴[1]의 이야기이다. 별이 빛을 내는 에너지는 수소가 타면서 헬륨이 되는 핵반응에 의한 것이라는 것을 그가 밝혀냈을 때의 일이다. 그는 이 사실을 발견한 날 밤에 여자 친구와 함께 벤치에 앉아 있었던 일을 회상했다. "별이 얼마나 아름답게 빛나는지 봐!" 하고 그의 여자 친구가 말했다. 그러자 그는 이렇게 대답했다. "그래. 그리고 지금 이 순간 저 별들이 '어떻게' 빛을 내는지를 아는 사람은 이 세상에 나 혼자뿐이야." 그는 여자 친구가 그것을 모르고 있음을 지적하려 한 것이 아니라 최초로 어떤 발견을 했을 때 느끼게 되는 일종의 기분 좋은 외로움에 대해서 말하고 있었다.

그런데 그 편지에서 그들은 내가 여자는 핵반응을 이해할 능력이 없다고 말했다고 주장했다.

나는 그들의 비난에 대해 자세히 대답할 필요마저 없다고 생각하여 다음과 같이 짧게 편지를 써서 보냈다. "여보쇼, 귀찮게 하지 마시오!"

말할 필요도 없이 나의 답장은 전혀 효과가 없었다. 그들은 또 하나의 편지를 보냈다. "9월 29일자 우리 편지에 대한 귀하의 답장은 만족스럽지 못한 것이었습니다 ……." 등의 내용이었다. 그들은 내가 출판사 측으로 하여금 자기들이 지적하는 부분을 고치도록 하지 않으면 나중에 곤란할 거라고 경고했다.

나는 그 편지를 무시했으며 그 후 이 일에 대해서 잊고 있었다.

1년 정도 지난 후 나는 그 책을 쓴 덕분에 미국 물리 교사 협회에서 주는 상을 받았다. 그리고 샌프란시스코에서 열리는 모임에 참석하여 연설을 해 달라는 부탁도 받았다. 내 여동생 존이 그곳에서 한 시간 걸리는 파울로 알토에서 살고 있었기 때문에 나는 동생 집에서 하룻밤을 자고 동생과 함께 그 모임에 갔다.

강당으로 가는 길에 어떤 사람들이 입장하는 사람들에게 전단을 나누어 주고 있는 것이 보였다. 나와 동생도 하나씩 받아 보았다. 맨 위에는 "항의문"이라고 씌어 있었고 그들이 내게 보냈던 편지의 일부와 나의 답장(전문)이 실려 있었다. 그리고 끝에는 커다란 글씨로 "비열한 성차별주의자 파인만!"이라고 씌어 있었다.

존이 갑자기 걸음을 멈추더니 뒤로 뛰어 가서 데모 군중들에게 이렇게 말했다. "이거 재미있는데요. 좀 더 가져가도 돼요?"

동생이 나를 따라오면서 말했다. "맙소사, 오빠, 어떻게 된 거예요?"

나는 강당으로 걸어가면서 그동안 있었던 일에 대해서 이야기해 주었다.

강당 앞 무대 근처에는 미국 물리 교사 협회 소속의 유명한 여자 두 명이 서 있었다. 한 명은 협회에서 여성 문제를 담당하는 사람이었고 또 한 명은 나와 아는 사이이며 멀리 펜실베이니아 주에서 온 페이 아젠버그 교수였다. 그들은 어떤 여자가 한 뭉치의 전단을 들고 나를 따라와 말을 걸며 무대 쪽으로 함께 걸어오는 것을 보았다. 페이 아젠버그 교수가 내 옆에 있던 동생에게 말했다. "파인만 교수님께서는 여동생이 물리학을 전공하도록 격려해 주셨고 그 결과 그 여동생은 결국 물리학 박사 학위까지 받았다는 사실을 알기나 하십니까?"

"그럼요. 제가 바로 그 여동생인데요!" 하고 존이 대답했다.

아젠버그 교수와 또 다른 여자는 그날 데모하러 온 사람들이 버클리에서도 항상 협회의 모임을 방해하던 사람들이라고 내게 설명해 주었다.(묘하게도 데모 군중의 우두머리는 남자였다.) 그리고 아젠버그 교수가 다음과 같이 말했다. "저희가 교수님을 지지한다는 것을 보여 주기 위해서 교수님의 양옆에 앉겠습니다. 그리고 교수님께서 연설을 하시기 전에 제가 먼저 일어나서 데모대가 잠잠해지도록 한마디 하겠습니다."

내 앞에 다른 사람이 연설을 하도록 되어 있었기 때문에 나는 할 말을 생각해 볼 수 있는 시간적 여유가 있었다. 그래서 나는 아젠버그 교수에게 고맙지만 괜찮다고 말했다.

드디어 내 차례가 되어 연설을 하려고 자리에서 일어나자마자 데모자들 대여섯 명이 강당 앞쪽으로 줄을 지어 오더니 단상 바로 밑에서 피켓을 높이 들고 "비열한 성차별주의자 파인만! 돼지 같은 성차별주의자 파인만!"이라고 외치며 시위를 하는 것이었다.

나는 데모자들을 향하여 다음과 같이 이야기하며 연설을 시작했다. "제가 여러분의 편지에 짧게 답변을 했기 때문에 여러분께서 불필요하게 여기까지 오시게 되어 죄송스럽게 생각합니다. 제가 쓴 교과서의 어떤 부분이, 여러분의 말씀을 빌리자면, 잘못되었는데, 그런 사소한 문제보다는 물리학 분야에서 여성의 지위 향상을 위해 노력해야 할 더 중요한 것들이 있습니다. 하지만 어쩌면 여러분께서 여기까지 오신 것이 잘된 일인지도 모르겠습니다. 왜냐하면 물리학 분야에서 여성들은 진실로 편견과 차별을 당하고 있는데 여러분께서 오늘 여기에 오심으로써 저희들은 그러한 문제점들과 그것들을 시정해야 할 필요성을 다시금 생각하게 되었기 때문입니다."

내가 이렇게 말하자 데모자들은 서로를 쳐다보더니 마치 바람이 잦아들 때 돛이 내려가듯 피켓을 천천히 내리기 시작하는 것이었다.

나는 계속해서 말했다. "비록 미국 물리 교사 협회에서 저에게 교육상을 주기는 했지만 저는 교육에 대해 아는 바가 없음을 이 자리에서 고백합니다. 따라서 교육에 대해서는 말씀 드릴 것이 별로 없습니다. 대신 청중 여러분 중 여성분들께서 특히 관심이 있어 하실 것에 대해 말씀드리고 싶습니다. 그것은 양성자의 구조에 대한 것입니다."

데모대는 피켓을 내리고는 걸어 나갔다. 나를 초대했던 사람들이 말한 바에 따르면 그 데모대들이 그렇게 맥없이 물러나는 것을 일찍이 본 적이 없었다고 한다.(최근에 나는 그 당시의 내 연설문 사본을 발견하여 다시 읽어 보았다. 연설 앞부분에서 내가 했던 말이 내 기억으로는 꽤 극적이었는데 다시 읽어 보니 그렇게 극적인 부분은 아무데도 없는 것 같았다. 내가 기억하고 있는 말이 내가 실제로 했던 말보다 훨씬 더 멋있었던 것이다!)

연설이 끝난 후에 몇몇 데모자들이 여성 운전자 이야기를 가지고 또 트집을 잡으려고 내게 다가왔다. "왜 하필이면 그 운전자가 여자였지요? 여자들은 모두 운전을 잘 못한다는 것을 암시하는 것 아닌가요?"

"하지만 그 여자 때문에 경찰이 나쁜 사람으로 보이게 되었는데, 왜 그 경찰에 대해서는 관심을 안 가지시는 겁니까?"

"경찰들은 원래 다 그렇잖아요! 원래 나쁜 사람들인데 어때요!" 하고 데모자 중 한 명이 말했다.

"하지만 그 경찰관에게도 신경을 좀 쓰셔야 할 겁니다. 그 이야기에서 빠트린 것이 있는데 그 경찰관이 여자였다는 겁니다!"

방금 그 사람하고 내가 악수를 했다고, 믿을 수 있겠어?

지난 수년 동안 교토 대학교는 매년 나를 일본으로 초청했다. 하지만 내가 초청을 받아들여 일본에 가려 할 때마다 건강이 좋지 않아 갈 수 없게 되곤 했다.

1986년 여름에 교토에서 학회가 있을 예정이었고 교토 대학교는 또다시 나를 초청했다. 나는 일본을 좋아해서 굉장히 가고 싶었지만 발표할 논문이 없었기 때문에 난처해 하고 있었다. 그러자 교토 대학교에서는 내가 학회 폐회 전에 학회에 대한 총평을 맡아 주면 좋겠다고 했다. 하지만 나는 그렇게 하고 싶지는 않다고 말했다. 그랬더니 이번에는 학회의 한 분과(分科)에서 의장직을 맡아 준다면 그들로서는 영광이겠노라고 했다. 그것이 내가 해야 할 일의 전부였다. 그래서 결국 그 초청에 응했다.

이번에는 운 좋게도 아프지 않았다.†

그리하여 궤네스[1]와 나는 교토로 갔고 한 분과의 의장직을 맡았다.

학회에서 의장이 하는 일이란 다음 차례의 발표자에게 충분한 시간이 돌아갈 수 있도록 각 발표자들이 주어진 시간을 지키게 하는 것이다. 이 의장직이라는 것이 어찌나 명예스럽고 높은 자리였는지 의장을 돕는 부의장이 두 명씩이나 있었다. 게다가 나를 도와주도록 되어 있는 부의장들이 내게 말하길 발표 시간을 조정하는 것뿐만 아니라 발표자를 소개하는 일까지도 자신들이 하겠노라고 하는 것이었다.

모든 발표가 순조롭게 진행되고 있었는데, 한 발표자(그는 일본인이었다.)가 시간이 다 되어도 끝낼 생각을 않는 것이었다. 시계를 보니 발표를 끝내야 할 시간이었으므로 부의장들을 쳐다보고 약간의 손짓을 했다.

그들이 와서 하는 말이, "그대로 놔 두십시오. 저희가 알아서 하겠습니다. 그는 지금 유카와[2]에 대해서 이야기하고 있습니다. 괜찮습니다."라고 했다.

겨우 한 분과의 명예 의장직을 맡고 있을 뿐인데 그 일조차도 제대로 하지 못했다는 느낌이 들었다. 그런데도 불구하고 교토 대학교는 내게 일본까지 오는 여비를 제공하고 내 여행을 돌봐 주는 등 매우 정중하게 대접해 주었다.

어느 날 오후 우리의 여행을 돌봐 주던 담당자와 이야기를 하고

[1] 파인만은 당시 복부암을 앓고 있었다. 그는 이미 1978년과 1981년에 수술을 받았고 일본 여행에서 돌아온 후 1986년 10월 1987년 10월에 또 수술을 받았다.
[2] 성이 유카와이고 이름이 히데키인 저명한 일본 물리학자. 1949년도 노벨 물리학상 수상자.

있는데 그가 문득 우리에게 철도 지도를 보여 주었다. 궤네스가 그 지도에서 이즈 반도의 중간쯤에 역이 잔뜩 있는 구불구불한 기찻길을 발견했다. 그곳은 바다나 호수 근처도 아니었고 유명한 관광지 근처도 아니었다. 아내는 기찻길이 끝나는 곳을 손가락으로 가리키며 말했다. "저기에 가 보고 싶은데요."

그는 위치를 확인하면서 말했다. "아! 가시고 싶으신 곳이 …… 이세오키쓰란 말씀이신가요?"

"예."

"하지만 이세오키쓰에는 '아무것도' 없는데요." 그는 마치 내 아내가 정신 나간 사람이 아닌가 하는 듯이 나를 쳐다보며 말했다. 그녀가 지금 제정신이 아니니까 내가 정신을 좀 차리게 해 주기를 바라는 듯한 눈빛이었다.

그래서 나는 말했다. "예, 그렇습니다. 저희는 이세오키쓰에 가고 싶습니다."

궤네스가 그곳에 가고 싶다고 내게 미리 말했던 것은 아니다. 하지만 나는 그녀가 무슨 생각을 하고 있었는지 알고 있었다. 우리는 이름도 없고, 들어 본 적도 없는, 아무것도 없는 곳을 여행하는 것을 좋아했다. 그 일본 사람은 기분이 다소 상한 듯이 보였다. 그는 이세오키쓰에 있는 호텔을 예약해 본 적도 없으며, 거기에 여관이 있는지조차 몰랐다.

그는 우리를 위해 이세오키쓰에 전화를 걸어 주었다. 이세오키쓰에는 숙박 시설이 없다는 대답이었다. 하지만 기찻길이 끝나는 종착역으로부터 약 7킬로미터 정도 더 들어간 곳에 마을이 하나 있고 그곳에는 일본식 여관이 하나 있다는 것을 알아냈다.

"좋습니다! 일본식 여관이야말로 바로 우리가 원하는 것입니다."
우리의 대답을 듣고 그는 그 여관의 전화번호를 받아 적었고 그 여관
으로 전화를 걸었다.

여관 주인은 매우 주저하는 듯했다. "우리 여관은 아주 작은 여관
입니다. 종업원도 따로 없이 가족들이 운영하는 곳입니다."

"이분들께서 원하시는 곳이 바로 그런 여관입니다."라고 말하며
그가 여관 주인을 안심시켰다.

"좋다고 합니까?" 하고 내가 물었다.

좀 더 말을 주고받은 후에 그 여행 담당자가 말했다. "그렇게 하겠
다고 합니다."

그러나 다음 날 아침 그 여관으로부터 전화가 왔다. 지난밤에 가
족회의를 했는데 자기네 여관은 외국인을 받을 수 있는 처지가 못 된
다는 결정을 내렸다는 것이다.

"무엇이 문제랍니까?" 하고 내가 물었다.

여행 담당자는 여관으로 다시 전화를 해서 무엇 때문에 그러는지
물어보았다. "화장실 때문에 그렇답니다. 그 여관에는 수세식 화장
실이 없답니다."

"얼마 전 미국에서 아내와 내가 여행을 했을 때에는 작은 삽과 화
장지를 가지고 다니며 땅에 구멍을 팠다고 말해 주시오. 그리고 우리
가 삽을 가져가면 되겠는지 물어봐 주시오."

그는 여관 주인에게 내 말을 전화로 전했다. 결국 "좋습니다. 우리
여관에서 하룻밤 묵으실 수 있습니다. 삽은 안 가져오셔도 됩니다."
하는 대답이었다.

그 여관 주인은 이세오키쓰 역까지 마중나와 우리를 여관으로 데려갔다. 우리 방 밖에는 아름다운 정원이 있었다. 반짝이는 에메랄드 빛의 초록색 개구리가 빨랫줄과 연결된 금속 난간을 기어올라가고 있었고 우리 방의 엔가와(툇마루) 앞에 있는 관목 속에는 작은 노란색 뱀이 보였다. 과연 이세오키쓰에는 '아무것도' 없었다. 그러나 우리에게는 모든 것이 아름답고 흥미로웠다.

그런데 그곳에서 약 1.5킬로미터 정도 떨어진 곳에 신사(神社)가 하나 있음을 알게 되었다. 이 마을에 작은 여관이 있는 이유도 바로 그 때문이었다. 그래서 우리는 걸어서 그 신사로 가 보았다. 돌아오는 길에 비가 오기 시작했는데, 그때 어떤 남자가 차를 타고 우리 옆을 지나쳐 가다가 차를 되돌려 우리가 있는 쪽으로 다시 왔다. 그리고 우리에게 일본어로 물었다. "어디 가십니까?" "여관으로요." 하고 대답하자 그는 우리를 여관으로 데려다 주었다.

여관 방으로 돌아왔을 때 궤네스는 필름 한 통을 잃어버렸다는 것을 알게 되었다. 아내는 어쩌면 그 남자의 차 안에서 잃어버렸는지 모르겠다고 했다. 그래서 나는 사전을 꺼내서 '필름'과 '잃어 버리다'라는 단어를 찾은 다음 여관 주인에게 우리 사정을 설명했다. 여관 주인이 어떻게 했는지는 모르겠지만 어쨌든 그는 우리를 태워다 준 남자를 찾아냈고 그의 차 안에서 필름을 찾을 수 있었다.

일본식 욕실은 우리에게 매우 신기한 것이었다. 우선 다른 방을 통해야 욕실로 들어갈 수 있다. 욕조는 나무로 되어 있었고 주위에는 작은 배 등 오만 가지 작은 장난감들이 있었다. 미키 마우스 그림이 있는 수건도 있었다.

여관 주인과 그의 아내에게는 두 살 난 어린 딸과 갓난아이가 있었다. 그 부부는 딸 아이에게 기모노를 입혀서 우리 방으로 데리고 왔다. 아이 엄마는 딸에게 '오리가미'[2]를 만들어 주었다. 그 아이에게 그림을 그려 주며 우리는 아이와 함께 놀았다.

길 건너편에 사는 한 부인이 우리에게 자신이 만든 비단 공을 선물로 주었다. 모든 사람들이 친절했고 모든 것이 아주 좋았다.

원래 우리 계획은 다음 날 아침에 떠나는 것이었다. 온천이 있는 어느 유명한 휴양지에 가서 묵기로 호텔 예약까지 되어 있었다. 나는 다시 사전을 뒤적였다. 그리고 여관 주인에게 내려가서 그에게 그 큰 휴양지 호텔(그 호텔 이름은 '그랜드 뷰'인가 뭐가 하는 것이었다.)에서 준 예약서를 보여 주며 말했다. "우리는 내일 밤 이 큰 호텔에 묵고 싶지 않아요. 우린 내일 밤에도 '여기에서' 묵고 싶어요. 여기에 있는 것이 즐거워요. 전화를 걸어서 이 예약을 취소해 주세요."

"예! 알겠습니다!" 여관 주인은 이 외국인들이 자기네 작은 여관에서 또 하룻밤을 묵기 위하여 그 크고 멋진 호텔 예약을 취소하고자 하는 것을 무척이나 좋아했다.

교토로 돌아온 후 우리는 가나자와 대학교로 갔다. 몇몇 교수들이 가까운 노토 반도의 해안을 따라 우리에게 드라이브를 시켜 주려는 계획을 세웠다. 아름다운 어촌을 몇 개 지나 어느 시골에 있는 탑을 구경하게 되었다.

그 후 우리는 신사를 한 곳 방문했는데 그 신사 뒷편에는 특별 허가 없이는 들어갈 수 없는 장소가 있었다. 그곳에 있는 신관(神官)이 큰 호의를 베풀어 우리를 자기 방으로 초대하여 차를 대접했으며 우리에게 붓글씨를 써 주었다.

우리를 안내하던 사람들은 해안을 따라 좀 더 먼 곳으로 우리를 데리고 갔다. 거기에서 그들은 가나자와로 되돌아가야 했고 궤네스와 나는 토끼라는 곳에서 이삼 일 정도 더 머물 작정이었다. 우리는 일본식 여관에 묵었는데 그 여관의 여주인은 매우 친절했다. 그녀는 남동생에게 부탁하여 우리를 해안가에 있는 마을로 데려다 주도록 했다. 돌아올 때에는 버스를 타고 올 수 있었다.

다음 날 아침 여관 주인은 그 날 마을에서 중요한 행사가 있다고 말해 주었다. 오래된 신사의 개축을 기념하는 봉헌식이 있다는 것이다.

그곳에 도착하자 사람들이 우리에게 벤치에 앉도록 자리를 내주고 차까지 대접했다. 얼마 후 많은 사람들이 몰려들었고 이윽고 신사 뒤편으로부터 행렬이 나타났다. 그런데 그 행렬을 인도하는 사람이 바로 우리가 며칠 전에 만났던 그 신관이었다. 우리는 괜히 반가운 생각이 들었다. 그는 커다란 예복을 입고 있었으며 모든 일을 책임지고 있는 듯이 보였다.

잠시 후에 의식이 시작되었다. 우리는 신성한 장소에 함부로 들어가고 싶지 않았기 때문에 신사에서 뒤로 물러나 있었다. 그런데 아이들이 계단을 뛰어 오르내리면서 장난을 치고 떠드는 것을 보고 그 의식이 그렇게 엄숙한 것은 아니라는 생각이 들었다. 그래서 안을 들여다볼 수 있도록 가까이 가서 계단 위에 올라섰다.

의식은 훌륭했다. 나뭇가지와 잎사귀들이 붙어 있는 의식용 잔이 있었고 특별한 옷을 맞춰 입은 한 무리의 여자 아이들이 있었으며 전통 무용수들도 있었다. 매우 정성스러운 의식이었다.

이 모든 것을 보고 있는데 누군가가 우리 어깨를 툭 쳤다. 바로 그 신관이었다! 그는 우리에게 따라오라는 손짓을 했다.

우리는 옆으로 돌아서 신사로 들어갔다. 신관은 우리를 마을의 시장과 기타 그 지역 유명인사들에게 소개하고 앉기를 청했다. '노'[3] 배우가 춤을 추었고 수많은 멋진 공연들이 진행되었다.

그러고 나서 연설이 있었다. 첫 번째로 시장이 연설을 한 다음 신관이 연설을 하러 일어섰다. "우나노, 우치니 군타나 가나오. 운타나오 우니 가나오. 우니요 조이마스 도이 진티 파인만상 또 우나카노 가네 고자이마스 ⋯⋯" 하며 그는 '파인만상'을 가리키는 것이 아닌가. 그리고는 내게 한마디 하라고 하는 것이었다!

내 일본어 실력은 아주 형편없었으므로 나는 영어로 말했다. "저는 일본을 사랑합니다. 특히 일본의 기술이 엄청난 속도로 빠르게 발전하는 것에 깊은 감명을 받았습니다. 하지만 동시에 오늘 이 신사의 봉헌식에서 볼 수 있듯이 일본의 전통은 여전히 중요한 의미를 지니고 있다는 것을 발견했습니다." 나는 내가 일본에서 본, 변화는 있으되 전통에 대한 존중을 잃지 않는, 전통과 변화의 조화를 설명하려고 했다. 즉 변화하되 전통에 대한 가치를 잃지 않는다는 것이다.

내 연설이 끝나고 나서 신관은 일본어로 내 말을 통역하는 듯했는데, (확실히는 모르겠지만) 내가 말한 대로 말하는 것 같지는 않았다. 왜냐하면 그는 그전까지 내가 하는 영어를 한마디도 알아듣지 못했기 때문이었다! 그러나 그는 내 말을 '정확히' 이해한 것처럼 '행동하며' 자신만만하게 거기 모인 모든 사람들에게 '통역'하는 것이었다. 그런 면에서 그는 나와 똑같았다.

어쨌든 사람들은 그의 말이 무슨 말이었건 간에 내가 한 말이라 믿으며 공손히 듣고 있었다. 그러고 나서 또 다른 신관이 일어나서 연설을 했다. 그는 신관의 제자인 젊은이였는데 바지통이 매우 넓은 멋있는 옷과 커다란 모자를 쓰고 있었다. 그는 정말로 근사하고 멋있어 보였다.

그 후에 우리는 다른 유명인사들과 함께 점심을 먹으러 갔다. 우리는 그 자리에 끼게 되어 매우 영광스럽게 생각했다.

봉헌식이 끝나고 나서 궤네스와 나는 신관에게 감사 인사를 하고 식당을 나와 한동안 마을 주위를 걸어 다녔다. 잠시 후 어떤 사람들이 길거리에서 위패를 실은 커다란 수레를 끌고 있는 것이 보였다. 그들은 모두 등에 그림이 그려져 있는 옷을 입고서 "에이오! 에이오!" 하고 노래를 부르고 있었다.

우리는 그 행사를 즐기며 행렬을 따라갔다. 그때 무전기를 든 경찰관이 우리에게로 다가오더니 하얀 장갑을 벗고서 손을 내미는 것이었다. 그래서 나는 그의 손을 잡고 악수를 했다.

우리가 그 경찰관을 뒤로 하고 다시 행렬을 따라가기 시작했을 때 뒤에서 크고 높은 목소리로 매우 빠르게 이야기하는 소리가 들렸다. 뒤돌아보니 그 경찰관이 무전기를 꽉 잡고 매우 흥분된 목소리로 말하고 있었다. "오 가노 화나 미요 가누 파인만상이요 가노 무리 도노 무로토 갈라 ……." 나는 그가 무전기 반대편에 있는 사람에게 다음과 같이 말하는 모습을 상상할 수 있었다. "자네 아까 신사 봉헌식에서 연설을 했던 파인만 씨를 기억하나? 방금 그 사람하고 내가 악수를 했다고. 믿을 수 있겠어?"

그 신관이 내 연설 내용을 기막히게 잘 '통역' 했던 모양이었다.

편지, 사진 그리고 그림

✉ 사랑하는 아내에게.

머리와 나는 둘 다 더 이상 참을 수 없을 때까지 논쟁하다가 잠에 들었소. 잠에서 깨 보니 비행기는 그린란드 상공을 날고 있었소. 이 번에는 그린란드 바로 위로 지나갔기 때문에 지난번에 우리가 보았던 경치보다도 훨씬 더 좋았다오. 우린 런던에서 다른 물리학자들과 합류하여 함께 브뤼셀로 왔소. 그중 한 사람은 자기가 갖고 있는 관광 안내 책자에는 아미고라는 이름의 호텔이 나와 있지도 않다며 걱정을 하고 있었고, 다른 사람은 가장 최근에 나온 안내서를 보니까 아미고 호텔은 별 다섯 개짜리 호텔인 데다가 소문에 따르면 유럽에서 제일 좋은 호텔이라는 것이었소!

실제로 가 보니 정말로 대단히 좋은 호텔이었소. 가구들은 모두

윤이 반질반질 나는 짙은 붉은 색 나무로 만든 것이었고 흠 하나 없었소. 욕실도 으리으리하오. 당신이 지난번 학회가 아닌 이번 학회에 같이 왔어야 하는 건데 하는 생각이 자꾸 드오.

다음 날 학회는 예정보다 좀 늦게 시작되었고 내 발표는 오후에 있었기 때문에 발표할 시간이 충분치 못했소. 왜냐하면 그날 밤에 있을 리셉션 때문에 우리는 4시에 발표를 끝내야 했던 것이오. 하지만 어쨌든 내 발표는 그런대로 괜찮았다고 생각하오. 말로 다 설명하지 못한 부분은 어차피 학회지에 논문으로 실릴 테니 별 문제없소.

그날 저녁 우리는 왕과 왕비를 만나러 궁에 갔소. 길고 검은 색의 택시들이 호텔 앞에서 우리를 기다리고 있었소. 우리는 5시에 호텔에서 출발했고 궁에 도착하니 정문 양옆에는 근위병들이 서 있었소. 우리는 그 문을 지나 아치 모양의 문을 지나갔소. 빨간 외투를 입고, 까만 띠가 있는 긴 흰색 양말을 신고, 양 무릎 밑에는 금색 술을 단 남자들이 아치 모양의 문을 열어 주었소. 궁의 입구에서부터 복도를 지나 계단을 따라서 무도장 같은 곳에 이르기까지 많은 근위병들이 서 있었소. 이 근위병들은 턱끈이 달린 짙은 회색의 러시아식 모자를 쓰고, 짙은 색 외투와 흰색 바지를 입고 있었으며, 광이 나는 검은 색 가죽 장화를 신고 부동자세로 서 있었소. 그리고 모두 칼을 위로 똑바로 세워 들고 있었소.

무도장에서 우리는 20분 정도 기다려야 했소. 그 무도장의 마룻바닥은 사각형 무늬목으로 되어 있었고 그 사각형 무늬목에는 (레오폴드를 의미하는) L자가 새겨져 있었소. (현재 왕의 이름은 '보두인'인가 뭔가 하는 것이오.) 금박을 입힌 벽은 18세기 양식이었고 천장에는 나신의 여인들이 구름 속을 헤치며 전차를 몰고 있는 그림이 그려져 있었소.

그 큰 방의 벽에는 거울이 수없이 걸려 있었고, 방 전체를 빙 둘러서 빨간 쿠션이 있는 고급 의자들이 놓여 있었소. 대체로 우리가 유럽에서 흔히 보았던 다른 궁전의 방과 비슷한 모양이오. 하지만 한 가지 다른 점은 이 방은 박물관의 일부가 아니라 현재 사람이 살고 있는 진짜 궁전이고, 모든 것이 깨끗하고 번쩍거리도록 완벽하게 손질이 되어 있다는 것이오. 여러 명의 궁전 내신들이 우리들 사이를 바삐 왔다갔다하고 있었소. 그중 한 명이 우리 명단을 가지고 다니면서 우리가 어느 위치에 서 있어야 하는지를 가르쳐 주었는데 나는 제 위치에 서 있지 못하여 나중에 열 밖으로 삐져나오게 되었소.

복도 끝에 있는 문이 열리더니 근위병과 함께 왕과 왕비가 나타났소. 우리는 모두 천천히 방으로 들어가서 국왕 내외에게 한 사람씩 소개되었소. 왕은 젊고 약간 멍해 보였는데 악수하는 손의 힘은 매우 세었소. 왕비는 매우 아름다웠소.(왕비 이름은 파브리올라로 기억하는데 결혼 전에는 스페인 백작이었다오.) 개인 소개가 끝나면서 우리는 왼쪽에 있는 다른 방으로 들어갔는데 그 방에는 극장에서처럼 많은 의자들이 놓여 있었고 맨 앞줄에는 왕과 왕비를 위해 두 개의 의자가 역시 앞쪽을 향해서 놓여져 있었소. 그 앞에 놓여 있는 긴 테이블에는 여섯 사람이 앉을 자리가 준비되어 있었는데, 거기는 닐스 보어[1], J. 페렝 (프랑스 인), J. R. 오펜하이머 등의 유명한 물리학자들을 위한 것이었소. 그림을 보시오.[2]

나중에 알고 보니 과학자들이 무엇을 하는지에 대하여 왕이 알고 싶어하셨다는 거요. 그래서 앞 테이블에 앉은 노인네들이 농담 한마디 없이 재미없는 여섯 개의 강의를 (모두 매우 엄숙하게) 하였오. 나는 전날 비행기 안에서 잠을 잔 탓에 등이 매우 뻣뻣하고 불편하여 그

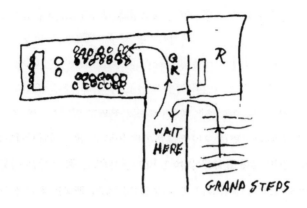

자리에 앉아 있는 것만 해도 매우 힘들었소.

강의가 끝나자 왕과 왕비는 자리에서 일어나 처음에 우리를 소개받았던 방을 다시 지나서 오른편에 있는(R이라고 표시해 놓은) 방으로 들어갔소. (이 궁전에 있는 모든 방들은 어마어마하게 크고 금박 장식이 되어 있으며 빅토리아식으로 화려하게 꾸며져 있는 등 이루 말로 설명하기가 어렵다오.) R이라고 표시된 방에는 여러 가지 다른 제복을 입은 사람들이 있었소. 문에는 빨간 외투를 입은 근위병들이 있었고 하얀 외투를 입은 (음료수와 전채 요리를 나르는) 웨이터들이 있었으며 카키색 군복에 훈장을 단 사람들과 검은색(장의사 옷같이) 옷을 입은 사람들(궁전의 관리들)이 있었소.

왼쪽 방에서 나와 R이라고 표시된 오른쪽 방으로 가는 동안 등이 아파서 천천히 걷다 보니 맨 마지막으로 나가게 되었소. 그러다 보니 나는 궁전의 관리 한 명(이야기를 좀 해 보니 그는 친절한 사람이었소.)과 말을 하게 되었소. 그는 루뱅 대학교에서 시간 강사로 수학을 가르치고 있었지만 본업은 왕비의 비서라고 했소. 그는 또한 왕이 어렸을 때

왕의 가정교사 노릇도 했으며 지금까지 23년 동안 궁에서 봉직해 왔다고 하오. 이제 적어도 나는 이야기할 상대가 생긴 것이라오.

거기에 있던 모든 사람들은 서서 이야기를 하고 있었고, 몇 사람은 왕이나 왕비와 이야기를 하고 있었소. 얼마 후 이 학회의 조직 위원장을 맡고 있던 브래그 교수[3]가 나를 붙잡더니 왕께서 나와 이야기하고 싶어하신다고 하는 것이었소. '폐하, 이 사람이 파인만입니다.' 하고 브래그 교수가 나를 소개했소. 나는 왕과 악수를 또 하려고 손을 내밀었는데 그것이 첫 번째 실수였소. 실수임에 분명한 것이 저쪽에서 손이 나오지 않았던 것이오. 잠시 당혹스러운 상황이 연출되었으나 왕이 손을 내밀어 악수를 받아줌으로써 체면이 유지되었소. 왕은 정중하게 우리가 모두 얼마나 똑똑한 사람들이며 사고한다는 것이 얼마나 힘든 일인가 하는 말을 했소. 나는 농담조로 대답을 했는데, 사실은 브래그 교수가 그렇게 하라고 시켜서 그랬던 것이오. 도대체 그가 뭘 안다고 나한테 그런 말을 했는지 모르겠소. 왜냐하면 왕에게 농담을 꺼낸 것은 분명히 두 번째 실수였기 때문이오. 그러던 중 브래그 교수가 다른 교수(하이젠베르크[4]였던 것 같소.)를 데려오는 바람에 어색한 순간을 모면하게 되었소. 왕이 내게서 주의를 돌리자 나는 그 자리를 빠져나와 왕비의 비서와 다시 대화를 나누었소.

한참 시간이 흐른 뒤에, 여러 잔의 오렌지 주스와 매우 훌륭한 전채 요리가 많이 나오고 나서, 훈장을 단 군복 차림의 사람이 내게 와서 말하길, "왕비와 대화를 하시오!" 하는 것이었소. 이보다 더 내가 하고 싶은 일이 어디 있겠소.(예쁜 여자와 이야기하는 것 말이오. 하지만 걱정 말아요. 유부녀니까.) 왕비는 사람들에게 둘러싸여 탁자에 앉아 있었는데 탁자 주위에 있던 세 개의 의자에는 모두 사람들이 앉아 있어서 내가 앉을 자리가 없었소. 어디선가 여러 차례 낮은 기침 소리가 나더니 잠시 어색한 분위기가 연출되는 듯했고, 그 순간, 한 사람이 마지못한 듯 의자에서 일어나면서 내게 자리가 생겼소. 다른 두 개의 의자에는 어떤 숙녀와 격식을 갖춘 정장을 한 르메트르라는 이름의 신부(그도 물리학자요.)가 앉아 있었소.

우리는 꽤 오랫동안 대화를 나누었소.(나는 주의를 기울였으나 기침 소리는 나지 않았고 따라서 자리에서 쫓겨나지도 않았소.) 15분 정도는 이야기한 것 같소. 대화 중의 일부를 옮겨 보겠소.

왕비 : 그렇게 어려운 문제들을 생각하시느라 굉장히 힘이 드시겠습니다 …….

파인만 : 아닙니다. 저흰 그냥 재미로 하는 겁니다.

왕비 : 자신의 생각을 완전히 바꾼다는 것은 어려운 일이라고 생각이 되는데요.(이것은 앞에서 있었던 여섯 사람의 강의에서 그녀가 배운 내용이오.)

파인만 : 그렇지도 않습니다. 좀 전에 강의를 했던 사람들은 모두 나이든 노인네들입니다. 그런 모든 변화들은 1926년도에 있었던 일인데 그때 저는 겨우 여덟 살에 불과했습니다. 그래서 제가 물리를 배울 때는 새로운 것들을 배워야 했습니다. 오늘날 중요한 문제는 그때 나왔던 새로운 생각들을 또다시 바꾸어야 하는가 하는 것이랍니다.

왕비 : 그처럼 평화를 위해서 일하시니 보람도 많이 느끼시겠습니다.

파인만 : 아닙니다. 평화를 위해서 하는 것인지 아닌지는 평소에는 전혀 생각해 보지도 않습니다. 사실 그건 알 수도 없는 일이죠.

왕비 : 세상은 분명 빠르게 변화하고 있는 것 같아요. 지난 수백 년 동

안 많은 것들이 변했잖아요.

파인만 : 하지만 이 궁전 안은 변한 것이 없습니다.(나는 이렇게 말하고
싶었지만 참았소.)

그 대신 '그렇습니다.' 라고 대답했고, 1861년에 사람들이 알고 있
었던 것과 그 후에 발견한 것들에 대해서 강의를 하기 시작했소. 마
지막에는 웃으면서 이렇게 덧붙였소. "강의를 안 하려고 해도 어쩔
수가 없군요. 아시다시피 저는 교수가 아닙니까? 하하하."

왕비는 구원을 요청하듯 옆에 앉아 있던 숙녀 쪽으로 몸을 돌려
대화를 하기 시작했소.

잠시 후에 왕이 다가와서 왕비에게 무슨 말인가를 속삭이자 왕비
는 일어났고 국왕 내외는 방에서 나갔소. 나는 여왕의 비서에게로 돌
아갔고 그는 친히 나를 안내하여 근위병들이 서 있는 곳을 지나 궁전
밖까지 데려다 주었다오.

당신이 이 기회를 놓친 것이 정말 안타깝구려. 당신이 왕을 만날
수 있는 기회가 언제 다시 올지 모르겠소.†

오늘 아침에 다른 사람들과 함께 호텔을 막 나서려고 하는데 내게
전화가 걸려왔다고 해서 전화를 받으러 갔소. 돌아와서 다른 사람들
에게 이렇게 말했지. "신사 여러분, 왕비의 비서가 지금 제게 전화를
했기 때문에 전 먼저 실례를 해야겠습니다." 이 말을 듣고 모두가 놀
란 것은 말할 것도 없소. 왜냐하면 내가 그 전날에 왕비와 지나치다
싶을 정도로 오랫동안 열심히 이야기했던 것을 다른 사람들도 보았

---

† 이로부터 4년 후 궤네스는 파인만의 노벨상 수상식에서 스웨덴 왕을 만난다.

고 어떻게 된 일인가 의아했던 것이오. 그들에게 설명하지 않았는데 사실은 왕비의 비서가 내게 전화를 한 것은 그와 했던 약속 때문이었소. 나는 왕비의 비서에게 다음에 미국에 올 일이 있으면 파사데나에 들려 우리 집에 오시라고 초청했던 것인데 이 말을 듣고 그가 자기 아내와 (네 딸 중의) 두 딸을 만나 보고 자기 집도 볼 겸 나를 자기 집으로 초대했던 것이오.

그의 아내와 딸들은 매우 친절했고 그의 집은 정말 아름다웠소. 당신이 그의 집에 가 보았더라면 왕궁에 가 보는 것 이상으로 훨씬 더 좋아했을 것이오. 그는 자기 집을 옛날 농가를 본떠서 벨기에 식으로 손수 설계해 지었다고 하는데 매우 근사한 집이었소. 집안에는 골동품 같은 오래된 진열장과 탁자들이 있었는데 바로 옆에 놓인 현대적인 가구들과 조화를 잘 이루고 있었소. 벨기에에는 오래된 농가들이 많으므로 이런 고가구를 구하기가 로스앤젤레스에서보다는 훨씬 쉽다오. 집 자체는 우리 집보다 약간 크고 마당은 우리 집 마당보다 훨씬 더 넓어 보였소. 마당은 채소밭을 제외하고는 아직 조경이 되어 있지 않았소. 그는 채소밭에 벤치를 하나 갖다 놓았는데 그 벤치는 나무 그늘에 가려 밖에서는 잘 보이지 않았고 거기에 앉아 있으면 주위의 전원 풍경이 매우 잘 보이게 되어 있었소. 그는 워싱턴에서 온 개를 한 마리 갖고 있었는데 누군가가 왕에게 선물한 것을 왕이 그에게 준 것이라고 했소. 그 개는 키위[†]와 성격이 비슷하다고 느꼈는데 그 개도 우리 키위만큼이나 사랑을 많이 받고 자랐기 때문이라고 생각되오.

[†] 파인만이 집에서 키우던 개의 이름.

나는 내게도 파사데나에 있는 작은 성에 왕비가 있는데 그 왕비를 그가 만나 볼 수 있는 기회가 생기면 좋겠다고 그에게 말했고 그 역시 미국을 방문해서 우리를 만나 보고 싶다고 했소. 그는 왕비가 다시 미국을 방문하게 되면 함께 올 수 있을 것이라고 했소.

내가 갖고 다니다가 잃어버리지 않도록 그의 집을 찍은 사진과 명함을 동봉하오.

이번에 집에 혼자 남아 있게 되어서 당신이 매우 섭섭하리라는 것을 알고 있소. 하지만 내 언젠가는 갚으리다. 그러나 당신을 매우 사랑하며 현재의 우리 가족과 또한 미래의 우리 가족[†]에 대해서 자랑스럽게 생각하고 있음을 잊지 마시오. 왕비의 비서와 그의 아내가 당신과 우리의 앞날에 행운을 빌어 주었다오.

당신이 여기에 있든지 내가 지금 그곳에 있다면 좋겠소. 스놀크[††]에게 키스를 전해 주고 어머니께 나의 모험 이야기를 전해 주도록 하시오. 당신이 예상하는 것보다 빨리 집으로 돌아가겠소.

당신의 남편은 당신을 사랑하고 있소.

1961년 10월 11일

브뤼셀의 아미고 호텔에서

남편으로부터

[†] 궤네스는 당시 칼을 곧 출산할 예정이었다.
[††] 키위의 다른 이름.

✉ 사랑하는 궤네스에게.

우선, 당신을 사랑하오.

그리고 당신과 아기[†], 그리고 키위가 보고 싶구려. 지금 내가 집에 있다면 좋겠소.

나는 지금 그랜드 호텔에 있는 식당에 앉아서 이 편지를 쓰고 있소. 사람들이 이 식당에서는 음식이 매우 천천히 나온다고 말해서 테이블에 앉았다가 다시 방으로 돌아가서 내일 있을 발표 준비나 하려고 종이와 펜을 가져왔소. 하지만 당신에게 편지를 쓰는 것보다 더 좋은 일이 어디 있겠소?

폴란드에 와 보니 가장 인상적인 것은, 그리고 그것은 나를 무척 놀라게 한 것이기도 한데, (한 가지만을 제외하고는) 겉으로 보이는 모습뿐만 아니라 국민들, 그리고 그들의 정서, 정부에 대한 그들의 생각 등에 있어서 모든 것이 내가 상상했던 바와 거의 똑같다는 것이오. 이로 보아 우리가 미국에서 보고 듣는 정보들이 비교적 올바른 것 같소. 《타임》이나 《아틀라스》 같은 잡지들이 그리 엉터리는 아닌 모양이오. 한 가지 내가 생각 못했던 것은 바르샤바가 전쟁 중에 얼마나 철저하게 파괴되었는가 하는 것이오. 몇몇 건물들을 제외하고는 모든 건물이 전후에 세워진 것들이라오. 전쟁 전부터 있었던 건물들은 건물 전체에 총탄 자국이 수없이 남아 있기 때문에 쉽게 구분할 수 있소. 사실 바르샤바는 대단히 큰 도시라오. 수많은 건물들이 전후에 새로 지어졌소. 완전히 새로 지어진 거대한 도시라오.

† 이 편지는 1963년에 쓴 것으로 아기는 칼을 지칭함.

이곳의 건축가들은 낡은 건물을 지을 줄 아는 놀라운 재주가 있는 듯하오. 벽이 낡은(겉에 바른 시멘트가 군데군데 떨어져 그 속의 낡은 벽돌이 들여다보이는 벽) 건물이 있는가 하면, 녹물이 흘러내려 건물 벽면에 녹물 자국이 남아 있고 녹슨 창틀이 있는 건물도 있소. 게다가 건축 양식도 구식이어서(1927년경의 양식이라고 생각되지만 그보다 더 우중충한 장식이 붙어 있다오.) 대체적으로 (한 건물만을 제외하고는) 별로 볼 만한 건물이 없소.

호텔 방은 매우 협소하고 싸구려 가구들이 놓여 있으며, 천장은 아주 높고(4.5미터 정도) 벽에는 오래된 빗물 자국 같은 것들이 있소. 게다가 침대와 벽이 닿은 곳은 벽의 석회가 벗겨져 있소. 침대 바닥은 울퉁불퉁하고 그 위에 덮여 있는 빛 바랜 이불보 등이 마치 뉴욕에 있는 낡은 그랜드 호텔을 연상시킨다오. 하지만 욕실의 금속 제품들(수도꼭지 등)은 반짝거리는 새것들이라오. 호텔 자체는 오래되어 보이는데 이런 것들은 새것처럼 보이니 한동안 의아한 생각이 들었소. 알고 보니 이 호텔은 겨우 3년밖에 안 되었다는 것이오. 폴란드 사람들은 건물을 낡아 보이게 만드는 재주가 있다는 사실을 내가 깜박 잊어버렸소.

아직까지도 웨이터가 주문을 받으러 오지 않고 있소. 나는 더 이상 참을 수가 없어서 지나가는 웨이터를 붙잡고 주문을 받으라고 했소. 그는 어리둥절한 표정으로 나를 쳐다보더니 저쪽에 있는 다른 웨이터를 이쪽으로 부르는 것이었소. 결국 내가 앉아 있는 테이블에서는 식사가 안 되기 때문에 다른 테이블로 옮겨 앉아 달라는 것이오. 나는 화가 나서 약간 소리를 질러댔소. 그 결과 나는 결국 다른 테이블로 옮겨 앉았고 메뉴를 받았으며 15초 내에 음식을 골라 주문을 해야 했소. 그들이 '츨니셀 포 비덴스쿠'라고 부르는 비너 쉬니첼[5]을 주문했소.

호텔 방에 도청 장치가 되어 있는가 하는 질문에 대해 답하자면, (우리 집 샤워실 천장에 있는 것과 비슷한) 낡은 소켓 뚜껑들이 다섯 개가 있었는데 모두 천장 근처(약 4.5미터 높이)에 있었소. 사다리 없이는 손이 닿지 않으므로 그것들은 살펴보지 않기로 했소. 그런데 방 한 구석의 전화기 옆에도 비슷한 모양의 네모난 판이 있었소. 약간 당겨 보니(나사가 하나 풀려 있어서 당길 수 있었소.) 그 안에는 수많은 전선들이 엉켜 있어서 마치 라디오 기판 뒷면 같았소. 왜 이렇게 많은 전선이 여기 나와 있는 것일까 하는 생각이 들었으나 소리를 탐지할 수 있는 마이크는 보이지 않았고 전선의 끝은 사용하지 않는 듯 테이프로 붙여 놓았소. 마이크가 테이프 속에 숨겨져 있을 가능성은 있으나 아무튼 드라이버가 없으니 판을 떼어 조사해 볼 수가 없다오. 결론적으로 간단히 말하면 이 방에 도청 장치가 되어 있지 않다면 여기 사람들은 전선을 꽤나 낭비하고 있는 것이오.

폴란드 사람들은 친절하고 가난하며 그들이 입는 옷은 (드디어 스프가 도착!) 중간 정도의 스타일은 되는 편이오. 썩 괜찮은 밴드가 반주를 하고 사람들이 춤출 수 있는 장소가 있는 등, 사람들이 모스크바에 대해서 말하는 것에 비하면 바르샤바는 암울하거나 재미없는 곳은 아니오. 반면에 어느 나라에서나 볼 수 있는 멍청하고 어리석은 정부 행정의 후진성을 여기서도 발견하게 되오. 전에 당신이 로스앤젤레스 시내에 있는 미국 이민국에 가서 카드[6]를 갱신하려고 했을 때 20달러짜리 지폐를 내었더니 잔돈이 없다고 거스름돈을 주지 않았던 것과 같은 일들 말이오. 여기서 겪은 일을 말해 보겠소.

여기 와서 연필을 잃어버렸기 때문에 호텔에 있는 매점에서 연필 한 자루를 사고자 했소. 점원이 말하기를, "펜 한 자루에 1달러 10센트입니다."

"아뇨, 연필을 사고 싶은데요. 흑연이 든 나무 연필 말입니다."

"연필은 없고, 1달러 10센트짜리 펜만 있습니다."

"네, 그러면 즐로티⁷로는 얼마입니까?"

"즐로티는 받을 수가 없습니다. 1달러 10센트를 내셔야만 합니다." (왜냐고? 낸들 어떻게 알겠소.)

그래서 나는 달러를 가지러 내 방으로 올라가야 했소. 점원에게 1달러 25센트를 주었소.

매점의 점원이 자기들은 잔돈을 줄 수 없게 되어 있다며 호텔 계산대로 가서 거스름돈을 가져왔소. 펜 하나 사는 데 영수증은 사본까지 포함하여 모두 네 장이오. 한 장은 점원이 갖고 한 장은 호텔 계산대에서 보관하고 나머지 두 장은 내가 가졌소. 내가 이걸 두 장씩 가져다 어디다 쓰나 하고 영수증 뒷면을 보았소. 뒷면에 써 있기를 미국에 돌아갈 때 세관에서 세금을 물지 않도록 이 사본들을 보관하고 있으라는 것이오. 미국의 페이퍼 메이트 회사가 만든 볼펜 하나 가지고 말이오. (웨이터가 스프 그릇을 치웠소.)

계획 경제와 시장 경제 중 어느 것이 더 효과적인가 하는 문제는 지나치게 철학적이고 추상적인 면에서 논의되고 있소. 이론적으로는 관이 주도하는 계획적인 방법이 좋을지 모르나, 정부는 왜 이렇게 일을 바보같이 하는가 하는 이유를 밝혀낸 사람이 아직 아무도 없는 이상 그 이유와 함께 치유책이 발견되기 전까지는 모든 이상적인 계획들은 물거품이 될 뿐이오.

학회가 열리는 왕궁에 대한 나의 예상은 빗나가고 말았소. 16세기 경의 오래되고 으리으리한 방일 거라고 생각했는데 폴란드가 전쟁 중에 완전히 폐허가 되었다는 사실을 또 잊었기 때문이었소. 왕궁은 갓 지어진 것이었소. 우리는 둥그런 방에서 발표를 했는데 벽은 희게 칠해져 있었고 발코니에는 금박을 입힌 장식이 있었으며 천장에는 푸른 하늘과 구름이 그려져 있었다오. (드디어 음식이 나왔소. 맛을 보니 아주 훌륭한 요리요. 후식으로는 파인애플 페이스트리 125그램을 주문했소. 참, 여기 메뉴판은 매우 정확하오. '125그램'이라 써 있는 것은 무게가 125그램이라는 뜻이오. 예를 들면 '청어 요리 144그램' 등으로 적혀 있소. 무게를 속이는지 저울을 가지고 확인해 보는 사람은 아무도 없었소. 나도 내가 먹은 쉬니첼이 적혀 있는 대로 100그램인지 확인해 보지 않았다오.)

이번 학회에서는 얻은 것이 아무것도 없소. 정말 아무것도 배운 것이 없단 말이오. 이 분야에서는 실험이 되는 것이 없기 때문에 연구 활동이 활발하지 못하고 따라서 훌륭한 과학자들은 이 분야에서 일을 하고 있지 않소. 그 결과 이곳에는 많은 멍청한 사람들(126명)이 와 있으며 그 때문에 나는 혈압만 올라가오. 말도 안 되는 내용들이 발표되고 또 그것들이 진지하게 토의되고 있소. 정규 분과 회의 이외의 시간에(예를 들면 점심 시간에) 사람들이 나에게 와서 질문을 하거나 자기들의 '연구'라고 하는 것에 대해서 이야기하기 시작할 때마다 나는 참을 수가 없어서 그들과 논쟁을 하게 된다오. 그 소위 '연구' 란 것이 항상, (1)전혀 이해할 수 없는 것이거나, (2)의미가 분명치 않고 애매모호한 것이거나, (3)분명하고 자명한 사실이지만 괜히 길고 어려운 방법으로 풀어서 마치 중요한 발견이나 한 것처럼 발표한다거나, (4)수 년 동안 인정되고 확인되어 정설로 되다시피 한 사실들을 자신의 엉뚱한 생각에 근거해서 틀리다고 주장하는 것이거나,(이것이 최악의 경우요. 왜냐하면 바보를 납득시킬 방법은 세상에 없기 때문이오.) (5)아마도 불가능하며 쓸모가 없는 것이 분명하고 결국에 가서는 실패로 끝나게 될 일을 하려고 시도하는 것이거나,(후식이 왔고 먹었소.) (6)또는 잘못된 것을 옳다고 주장하는 따위요. 요즘에는 '이 분야의 연구 활동'이 활발히 진행 중이라고 하지만 그 '연구 활동'이라는 것은 주로 전에 다른 사람들이 했던 '연구 활동'이 잘못된 것이라든지 전혀 소용이 없는 것이라든지 아니면 앞으로 가능성이 있다든지 하는 것들을 보여 주는 것뿐이라오. 이런 것을 보면 마치 수많은 벌레들이 병 밖으로 빠져나오려고 서로 밟으며 기어 다니는 것 같은 생각이 드오. 문제 자체가 어려운 것이 아니라 능력 있는 사람들이 다른 분야의 일을 하느라고 이 분야의 일을 안 하고 있기 때문이오. 내가 다음에 또다시 중력 이론에 관한 학회에 참가하려고 하거든 제발 말려 주기 바라오!

어느 날 저녁 어떤 폴란드 교수(젊은 교수였고 아내도 매우 젊은 여자였소.)의 집에 갔었소. 폴란드에서는 아파트 면적이 1인당 7평방야드[8]로 제한되어 있는데 그와 그의 아내는 운이 좋아서 거실, 부엌, 욕실을 합쳐서 21평방야드 넓이의 아파트에 살고 있었소. 그는 손님들(나와 휠러 교수[9] 내외 그리고 또 한 사람) 때문에 약간 긴장해 있었고 아파트가 너무 좁아서 미안해 하는 것 같았소. (웨이터에게 계산서를 달라고 했소. 그동안 내내 이 식당에는 내가 앉은 테이블을 포함해서 두세 개의 테이블에만 손님이 있었을 뿐이오.) 하지만 그의 아내는 매우 여유가 있었고 당신이 키위에게 뽀뽀를 하듯이 샴 고양이인 '부부쉬'에게 뽀뽀를 하는 것이오. 그녀는 손님 접대를 아주 잘했소. 우리는 부엌에 있던 식탁을 거실로 옮겨 와야 했는데 그러기 위해서는 욕실 문짝을 떼어내는 기술이 필요했소. (지금 식당 전체에서 네 개의 테이블에만 손님이 있는데 웨이터는 네 명이나 있소.) 그녀의 음식 솜씨는 매우 훌륭했고 우리는 맛있는 저녁 식사를 했소.

참, 바르샤바에 볼 만한 건물이 하나 있소. 폴란드에서 제일 큰 건물로 소련이 선물로 지어 준 '문화 과학 궁전'이라는 것이오. 소련 건축가가 설계한 것인데, 정말 믿을 수가 없을 정도라오. 어떻게 생겼는지 말하고 싶지도 않소. 지상에 있는 것 중에서 가장 괴상하고 거대한 것이오! (다른 웨이터가 계산서를 가져 왔소. 이제는 거스름돈을 기다리고 있소.)

이만 편지를 끝내야겠소. 거스름돈을 너무 오래 기다리지 않았으면 좋겠구려. 너무 오래 걸릴까 봐 커피는 주문하지 않았소. 일요일에 그랜드 호텔에서 저녁 식사를 하면서 내가 얼마나 긴 편지를 쓸 수 있었나 보시오.

다시 한번, 당신을 사랑하오. 당신이 여기에 있다면 좋겠구려. 아니면 내가 거기에 있다면 더욱 좋겠소. 집처럼 좋은 데는 없소.(거스름돈이 왔소. 계산이 약간(0.55즐로티=15센트 정도) 틀렸지만 그냥 두기로 했소.)

그럼 오늘은 이만.

바르샤바의 그랜드 호텔에서

리처드

⊠ 사랑하는 궤네스와 미셸 †에게 .(그리고 칼에게도 ?)

오늘은 아테네에서 보내는 세 번째 날이오.

나는 지금 호텔 수영장 옆에서 편지를 쓰고 있는데 탁자는 너무 높고 의자는 너무 낮아서 종이를 무릎 위에 놓고 쓰고 있다오.

비행기가 예정대로 시간을 잘 지키고 한번도 연착을 하지 않았는데도, 뉴욕에서 아테네로 오는 비행기가 승객들로 꽉 차 있었기 때문에 불편하기 그지없었소. 공항에는 일리아폴로스 교수와 학생 한 명, 그리고 칼 나이 또래의 그의 조카가 마중을 나왔소.

이곳에 와 보니 날씨가 파사데나와 매우 흡사하여 놀라웠소. 화씨로 5도 정도[10] 기온이 오히려 낮은 것 외에는 자라는 식물도 매우 비슷하고 산에 나무가 없어 사막처럼 보이는 것도 똑같다오. 초목과 선인장들도 똑같고, 습도가 낮고 밤에는 서늘한 것마저도 똑같소. 하지만 비슷한 점은 거기서 끝이오. 아테네는 볼품없이 뻗어 있는 혼잡한 거리로 가득 찬 도시오. 이곳의 자동차들은 파란불이 켜지면 토끼처럼 뛰어나가고 빨간불이 켜지면 끽 소리를 내며 급정거를 하고 노란불이 들어오면 경적을 시끄럽게 울려대며 신경질적으로 운전하기 때문에 이 도시는 소음과 매연으로 가득하오. 사람들이 가난해 보이지 않는다는 것을 빼고는 멕시코 시티와 매우 흡사하오. 거리에서 거지를 보는 경우는 드물다오. 가게들(모두 작은 가게들인데)이 너무나 많기 때문에 당신이 왔더라면 무척 좋아했을 것이오. 만약 칼이 왔더라면, 특히 이 도시의 오래된 지역에 있는 토끼 사육장같이 꼬불꼬불하고

---

† 이 편지는 1980년 또는 1981년에 씌어졌고 딸 미셸은 열한 살 정도였다.

재미있는 것들이 가득한 아케이드에서 걸어 다니는 것을 무척 좋아했을 것이오.

어제 아침에는 고고학 박물관에 갔소. 고대 그리스 인들이 만든 말 동상들은 미셸이 보았더라면 무척 좋아했을 것이오. 특히 어린 소년이 질주하는 커다란 말을 타고 있는 청동상은 훌륭한 작품이었소. 많은 전시품들을 구경하고 다니다 보니 다리가 아프기 시작했소. 게다가 전시품들이 제대로 정돈되어 있지 않았기 때문에 혼동이 되기도 했소. 한편 그런 것들을 이미 너무나도 많이 보았기 때문에 약간 지겹기도 했소. 그러나 그중 한 가지 예외적인 것이 있었소. 모든 예술 작품들 중에서 그것 하나만은 너무나 다르고 이상해서 거의 불가능하다는 생각이 들 정도였다오. 그것은 1900년에 바다 속에서 건져낸 것인데 톱니바퀴들이 연결되어 있는 일종의 기계로서 마치 태엽을 감는 요즘의 자명종 시계 내부와 흡사하게 생긴 것이었소. 톱니들은 매우 규칙적으로 만들어져 있었고 여러 개의 바퀴들이 서로 촘촘히 붙어 있었소. 그리고 눈금이 새겨진 원이 여러 개 있었으며 그리스 어가 새겨져 있었다오. 나는 그것이 가짜가 아닐까 하는 의심이 들었으나, 거기에는 1959년도판 《사이언티픽 아메리칸》에 실린 그 기계에 관한 기사가 같이 있었소.

어제 오후에는 아크로폴리스에 갔었소. 아크로폴리스는 아테네 시 한가운데에 있는 돌로 된 고원으로서 파르테논 신전을 비롯한 여러 신전과 사원들이 있다오. 파르테논 신전은 매우 훌륭해 보이지만 당신과 내가 시실리에서 본 세게스타 사원도 대단히 인상적이었다오. 왜냐하면 세게스타 사원은 걸어 들어가서 내부를 구경할 수 있도록 되어 있기 때문이오. 파르테논 신전은 가까이 올라갈 수도 없고 기둥 주위를 걸어다닐 수도 없게 되어 있소. 일리아폴로스 교수의 여동생이 우리와 동행했는데 고고학자인 그녀는 노트까지 가지고 와서 여러 가지 자세한 사실과 시기 그리고 플루타르크의 책에서 따온 인용문 등을 이야기해 주며 우리를 안내했소.

그리스 인들은 자신들의 과거를 대단히 중요시하는 것 같소. 그들은 초등학교에서 6년 동안 매주 10시간씩 고대 그리스 고고학에 대해서 배운다오. 그들은 고대 그리스 인들이 얼마나 훌륭했는지를 항상 강조하는데 그것은 일종의 조상 숭배라오. 만약 어떤 사람이 고대 그리스 시대의 철학과 비교하여 현대인들이 실험 과학이나 수학, 혹은 르네상스 인들이 예술을 얼마나 발전시켰나 하는 의미로 "그렇지만, 현대인들도 고대 그리스 인들의 업적 이상으로 많은 발전을 이루지 않았나요?" 하고 대꾸한다면 그들은 당장에 "무슨 말씀이세요? 고대 그리스 인들이 뭐가 어쨌다는 거죠." 하고 대답한다오. 그들은 언제나 현재 자기들이 살고 있는 시대는 별 볼일 없고 옛날이 굉장하다고 생각하기 때문에 현재의 좋은 점을 지적한다는 것은 마치 그들의 찬란했던 과거 역사를 인정하지 않는 것으로 여기는 것이오.

유럽 수학사에서 가장 중요한 업적은 타르탈리아[11]가 3차 방정식을 푸는 것이 가능하다는 것을 보인 것이라고 내가 말하자 그리스 인들은 매우 화를 내었소. 그 업적은 그 자체로서는 과히 중요한 것은 아니나 고대 그리스 인들이 하지 못한 것을 현대인들이 할 수 있다는 것을 보여 주었기 때문에 심리적인 면에서 대단한 것이었소. 그것은 르네상스 시대 사람들에게 영향을 미치어 고대 그리스 인들에 대한 두려움으로부터 인간을 해방시키는 데 공헌했던 것이오. 그런데도 현대 그리스 인들이 학교에서 배우는 것이라고는 그들이 자신의 위대한 조상들에 비하여 얼마나 뒤떨어져 있는가 하는 것뿐이오.

나는 그 고고학자 숙녀에게 내가 박물관에서 본 기계에 대해서(그와 비슷한 다른 기계가 발견된 적이 있는지, 또는 그보다 먼저 만들어졌거나 나중에 만들어진 보다 단순한 형태의 기계가 발견된 적이 있는지) 물어보았지만 그녀는 그에 대해 한번도 들어본 적이 없다고 했소. 그래서 나는 그녀와 칼 나이 또래의 그녀의 아들을 (그 아들은 마침 물리학을 공부하고 있었기 때문에 나를 마치 고대 그리스의 영웅이나 되는 것처럼 바라보았소.) 박물관에서 만나 그녀에게 그 기계를 보여 주었소. 그랬더니 그녀는 내게 어째서 그 기계가 흥미롭고 놀라운 것인지 설명해 달라고 하는 것이오. 그녀는 "에라토스테네스가 지구에서 태양까지의 거리를 측정했는데 그런 측정을 하기 위해서는 이처럼 정교한 과학 기구가 필요했던 것이 아니냐?"라고 반문하는 것이오. 고전을 공부한 사람들은 과학에 대해서는 어찌 그리도 무지한지 모르겠소. 그러니 그들이 현재 살고 있는 시대가 어떤 시대인지를 모르는 것도 전혀 놀라운 일이 아니오. 그들은 이 시대에 속해 있지도 않고 이 시대를 이해하지도 못하고 있소. 그러나 잠시 후 그녀는 어쩌면 그 기계가 놀라운 것일지도 모른다고 생각했는지 나를 박물관 뒷방으로 데리고 갔소. 분명 그와 비슷한 기계들이 있을 것이니 모든 관계 자료 목록들을 얻어다 주겠다고 했소. 그러나 비슷한 기계는 없었고 관계 자료 목록들이라는 것은 세 개의 논문뿐이었는데(그중 하나는 앞서 이야기한 《사이언티픽 아메리칸》에 실린 것이었고) 그 세 개의 논문은 모두 예일 대학교 출신의 미국인이 쓴 것이었소!

멋진 조각품들과 아름다운 신화나 신과 여신들에 대한 이야기를 그린 그림 등 구경할 것이 이토록 많은데 기계 따위에만 관심을 가지는 것을 보니 미국인들은 멍청하고 따분한 사람들이라고 생각하는 것 같소.(사실 미국인 교수가 15087번 품목에 대해서 좀 더 알고 싶어한다는 말을 전했을 때 박물관 여직원은 이렇게 말했다고 하오. "이 박물관에는 아름다운 것들이 많은데 왜 그분은 하필 그 품목에 대해서 알고 싶어하시죠? 그 품목의 어디가 그렇게 특별한가요?")

이곳 날씨는 파사데나의 날씨와 매우 비슷하고 오히려 화씨로 평균 5도 정도 더 시원한데도 이곳 사람들은 덥다고 불평을 하면서 더위를 견딜 수 있을지 걱정을 하고 있소. 그래서 모든 가게와 사무실은 오후 1시 반 정도부터 5시 반 정도까지 (더위 때문에) 문을 닫는다오. 알고 보니 이러한 생활 습관이 오히려 좋다는 생각이 들었소. 모든 사람들이 낮에는 낮잠을 자고 저녁 식사를 9시 반에서 10시쯤 시원할 때 하고 밤늦게까지 활동을 하는 것이오. 요즘 이곳 사람들은 새로운 법에 대해서 심하게 불평하고 있는데 그 법이란 에너지를 절약하기 위해서 모든 식당과 술집이 새벽 2시에 문을 닫아야 한다는 것이오. 그들 말에 따르면 이 법은 아테네 사람들의 생활을 망쳐 놓을 것이라고 하오.

지금은 오후 1시 반에서 5시 반 사이의 '야밤중'인데 나는 이 시간을 이용해서 당신에게 편지를 쓰고 있소. 당신이 보고 싶고 지금 집에 있다면 정말이지 더없이 행복하겠소. 나는 이제 정말 여행에 대해 흥미를 잃어 가고 있는 것 같소. 아직도 하루와 반나절은 여기에 더 있어야 하오. 사람들이 여기저기에 있는 아름다운 (조약돌이 있는) 해변과 (지금은 완전히 폐허가 된) 주요 고대 유적지 등에 대한 여러 가지 안내 책자들을 주었소. 하지만 나는 아무 데도 안 갈 생각이오. 왜냐하면 어느 곳이든지 관광버스로 편도 두 시간 내지 네 시간씩 가야 하기 때문이오. 차라리 여기 그냥 있으면서 크레타에서 할 발표 준비를 하겠소.(내 강의를 들으러 크레타까지 약 스무 명의 그리스 대학생들이 오게 되어 있는데 특별 강의를 세 차례 더 해 달라고 사람들이 갑자기 내게 부탁했소.뉴질랜드 강의†를 할 생각인데 노트가 하나도 없지 뭐요! 그래서 모든 것을 처음부터 다시 다 계산해야 하는 것이오.)

모두 보고 싶소. 특히 밤에 잠자리에 들 때면 더욱 그렇소. 쓰다듬어 주고 잘 자라고 말해 줄 개가 없으니!

6월 29일(?) 토요일 오후 3시

로열 올림픽 호텔의 수영장에서

당신을 사랑하는

리처드

추신 : 위에 쓴 내 글씨를 못 알아보겠다면 신경 쓰지 마시오. 두서없이 쓴 중요하지 않은 이야기들이니까. 나는 아테네에 있으며 잘 지내고 있소.

---

† 1979년에 했던 '뉴질랜드 강의'는 『일반인을 위한 파인만의 QED 강의(*QED: The Strange Theory of Light and Matter*)』(Princeton University Press, 1985)라는 책으로 출판되었다.

✉ 사랑하는 가족들에게.†

잠시 후 로체스터로 떠나기 전에 간단히 편지를 씁니다. 우리는 평소 수요일마다 각자의 연구 분야에 대해 발표하고 토론하는 세미나를 갖고 있는데, 때로는 로체스터 대학교의 물리학자들과 함께 세미나를 갖기도 합니다. 오늘은 이번 학기 들어 처음으로 로체스터에 가서 세미나를 갖는 날입니다.

날씨가 화창해서 가는 길이 아주 즐거울 것 같습니다. 로체스터는 북서쪽에 위치한 온타리오 호의 호반에 있으며 그곳에 가려면 들과 숲을 지나야 합니다. 나는 파인만의 차를 타고 가게 되었는데 살아남기만 한다면 대단히 즐거운 여행이 될 것입니다. 파인만은 가까이서 잘 알게 될수록 더 경탄과 존경심이 가는 사람입니다. 그는 내가 처음 만난 미국 토종 과학자라는 희귀종입니다.[12] 그는 양자 이론에 대한 자기 자신의 이론을 나름대로 확립했는데 그의 이론은 일반적으로 훌륭한 업적이라고 인정되고 있으며 어떤 특별한 문제를 푸는 경우에는 종래의 전통적인 양자 이론보다 더 편리하게 사용되기도 합니다. 그는 언제나 새로운 아이디어들을 내놓고 있는데 그의 아이디어들은 좋다는 표현보다는 눈부시다는 표현이 더 적절할 것입니다. 그리고 그는 자신이 내놓은 새로운 아이디어가 발전되어 자리를 잡기도 전에 더 새로운 또 하나의 아이디어를 내놓습니다. 그러나 물리

---

† 다음 두 편의 편지는 프리먼 다이슨이 기고한 것이다. 이 편지들은 다이슨이 쓴 편지 중에서 파인만이 언급되어 있는 첫번째와 마지막 편지이다. 다른 편지들은 다이슨이 쓴 책 『몽상의 물리학자 프리먼 다이슨, 20세기를 말하다』에 실려 있다.

학에 대한 그의 업적 중 가장 중요한 것은 그가 물리를 하는 모든 사람들을 신이 나게 만들어 준다는 점입니다. 그가 새로운 아이디어를 가지고 문을 왈칵 열며 방 안으로 들어와서 온갖 음향 효과를 내며 양팔을 휘두르고 자신의 새로운 아이디어를 설명할 때면 적어도 우리의 인생은 결코 따분하지 않습니다.

로체스터 대학교의 이론 물리학 주임 교수인 바이스코프[13] 역시 재미있고 유능한 사람입니다. 하지만 그는 전형적인 유럽 사람입니다. 그는 뮌헨 출신으로 학교 다닐 때부터 베테[14]와 친구 사이였습니다.

지난주에는 파이얼즈[15]가 이곳을 방문했는데 그는 베테의 집에서 이틀 밤을 묵고 돌아갔습니다. 월요일 밤에 베테는 방문을 마치고 돌아가는 파이얼즈를 환송하는 파티를 열면서 많은 젊은 이론 물리학자들을 초대했습니다. 베테의 집에 가니 이제 다섯 살 난 그의 아들 헨리 베테가 있었는데 그 아이는 다른 사람들에게는 전혀 관심이 없었습니다. 그 아이는 "딕을 오라고 해요! 딕이 온다고 했잖아요!"라는 말만 계속할 뿐이었습니다. 그런데 결국 딕이 나타나지 않았기 때문에 그 아이는 잠잘 시간이 되어 침실로 가야 했습니다.

한 30분쯤 지나자 파인만이 문을 박차고 들어오면서 "늦어서 대단히 죄송합니다. 오는 길에 굉장한 아이디어가 떠올라서요."라는 말만 겨우 남기고 헨리를 달래기 위해서 2층으로 뛰어올라가는 것이었습니다. 곧이어, 때로는 이중창으로 때로는 타악기 독주 연주 형태로 2층에서 둘이 노는 즐거운 소리를 듣느라고 우리의 대화는 중단되어야 했습니다.

사랑을 전하며.

1947년 11월 19일

뉴욕 주 이타카 시

코넬 대학교 맥퍼딘 빌딩에서

프리먼

✉ 친애하는 새러 † 에게.

　나는 딕 파인만과 함께 매우 즐겁게 지난 사흘을 보냈소. 당신도 이곳에서 우리와 함께 있으면서 파인만을 만나 보았더라면 좋았을 것이오. 60대의 나이와 암으로 인한 대수술에도 불구하고 파인만은 여전했소. 아직도 우리가 옛날 코넬에서 알던 파인만 그대로라오.

　우리는 텍사스 대학교의 존 휠러 교수가 마련한 소규모 물리학회에 함께 참석했다오. 어떤 이유에서인지 휠러 교수는 유전으로 떼돈을 번 텍사스 백만장자들이 놀러오는 컨트리 클럽 중의 하나인 테니스 세계라는 호화롭고 괴상한 장소에서 이 학회를 열기로 작정했소. 가 보니 모든 것이 엄청나게 비쌌고 눈살을 찌푸리게 할 정도로 방이 사치스러워 모두가 불평을 했다오. 하지만 달리 갈 곳이 없었소. 아니 적어도 우리는 그렇게 생각했소. 그러나 딕의 생각은 달랐던 모양이오. "제기랄. 나는 여기에서 못 자겠어." 하고 말하더니 옷 가방을 들고 혼자 숲 속으로 걸어 들어가는 것이었소.

　별빛 아래서 밤을 보낸 그는 아침에 멀쩡한 모습으로 나타났소.

† 프리먼의 친척.

간밤에 잠을 많이 자지는 못했지만 그래도 호텔 안에서 자는 것보다는 나았다고 하더군.

우리는 옛날에도 자주 그랬듯이 과학과 역사에 대해서 많은 대화를 나누었소. 하지만 그에게는 이제 새로운 화젯거리가 생겼는데 그것은 자기 아이들에 대한 이야기였소. "나는 내 아이들에게 내가 원하는 길을 가도록 강요하지 않았기 때문에, 그런 의미에서 특별히 좋은 아버지라고 늘 생각했지. 아이들이 원하지 않는다면 과학자나 지식인이 되도록 강요하지 않으려 했어. 예를 들어, 트럭 운전수나 기타 연주자가 되겠다고 하면 얼마든지 지지해 줄 생각이었어. 사실 나는 아이들이 나처럼 대학 교수가 되지 말고 세상에 나가서 무엇인가 현실적인 일을 하기를 은근히 바라기도 했고. 하지만 우리 아이들은 언제나 내 뒤통수를 치는 일을 한단 말이야. 예컨대 우리 아들놈 칼을 봐. 지금 MIT 2학년생인데 그 녀석이 원하는 것은 망할 놈의 철학자가 되는 것이야!"†

학회에서 돌아오는 길에 우리는 공항 대합실에 함께 앉아 비행기를 기다리고 있었는데, 딕이 종이와 연필을 꺼내더니 대합실에 앉아 있는 사람들의 얼굴을 그리기 시작하는 것이었소. 그의 솜씨는 정말 놀라웠소. 내게는 그렇게 그림을 그릴 수 있는 재능이 없어서 유감이라고 말했더니 그의 대답은, "나 역시 나에게는 그림 그릴 재능 같은 것은 없다고 항상 생각했었네. 하지만 알고 보니 이런 거 하는 데는 아무런 재능도 필요 없더군 …… ."

† 그러나 이제 파인만은 크게 실망하지 않아도 될 것 같다. 왜냐하면 칼은 싱킹 머신 회사에 다니며 엔지니어로 일했고 딸 미셸은 상업적인 사진작가가 되었기 때문이다.

그럼, 안녕히.

1981년 4월 9일

일리노이 주 어바나 시에서

프리먼

✉ 친애하는 파인만 여사께.†

　자주 만나 뵌 적이 없어서 여사께서 저를 기억하실지 잘 모르겠습니다. 따라서 혹시 제가 이렇게 편지를 올리는 것이 부적절한 것이라면 용서해 주시기 바랍니다. 그럼에도 불구하고 제가 이렇게 편지를 쓰게 된 것은 리처드 아저씨의 부음을 듣고 그냥 지나칠 수가 없었고 또한 저의 깊은 애도의 뜻을 여사께 전하고 싶었기 때문입니다.

　딕 아저씨는 제가 어린 시절에 따랐던 '아저씨'들 중에서도 가장 훌륭하고 가장 좋아했던 분입니다. 코넬에 계시던 시절, 아저씨는 저희 집에 자주 오셨고 저희 집 식구들은 언제나 아저씨를 환영했습니다. 아저씨는 저의 부모님이나 다른 어른들과 대화하는 시간 중의 일부를 언제나 어린아이들에게 할애해 주시던 자상한 분이셨습니다. 우리와 여러 가지 놀이를 함께 하셨을 뿐 아니라 우리가 주위의 세상에 대한 눈을 뜨도록 가르쳐 주셨습니다.

　가장 기억에 남는 것은 제가 여덟 살인가 아홉 살이었을 때 유명

---

† 이 편지는 헨리 베테가 기고한 것이다.

한 동물행동학자인 콘라트 로렌츠[16]의 강연을 들으러 갔을 때의 일입니다. 저는 딕 아저씨와 저희 어머니 사이에 앉아서 강연이 시작되기를 기다리고 있었는데 어린아이들이 흔히 그렇듯이 좀이 쑤셔서 가만히 앉아 있을 수가 없었습니다. 그때 딕 아저씨께서 제게 말을 거셨습니다.

"세상에는 모든 숫자들의 두 배되는 숫자가 있다는 것을 알고 있니?"

"아니야, 안 그래요!" 지식이 짧은 어린아이들이 흔히 그러하듯이 저는 방어적인 자세로 반박을 했습니다.

"사실이야, 가르쳐 줄게. 숫자를 하나 말해 보렴."

"100만." 저는 제가 아는 가장 큰 숫자를 하나 댔습니다.

"200만."

"27."

"54."

한 열 번 정도는 숫자를 더 댔던 것 같은데 그럴 때마다 딕 아저씨는 그 숫자의 두 배되는 숫자를 대는 것이었습니다. 그러다 보니 저는 점차 저절로 깨닫는 바가 있었습니다.

"알겠다. 그러니까 세상에는 모든 숫자들의 세 배되는 숫자들이 있다고 해도 되겠는데요."

"증명해 봐라." 하고 딕 아저씨는 숫자를 하나 대셨습니다. 저는 그 숫자의 세 배되는 숫자를 댔습니다. 아저씨는 계속 숫자를 대셨고 저는 계속 대답을 했습니다.

그런데 아저씨께서 제 머리로 계산하기엔 너무 복잡한 숫자를 대시는 바람에 저는 "그 숫자의 세 배요." 하고 대답했습니다.

"그렇다면 이 세상에 제일 큰 숫자란 것이 있는 걸까?" 하고 아저씨께서 물으셨습니다.

"아뇨, 왜냐하면 어떤 숫자든지 그 숫자의 두 배 또는 세 배되는 숫자가 있기 때문이에요. 심지어는 100만 배가 되는 숫자도 있을 수 있어요."라고 저는 대답했습니다.

"맞았어. 그렇게 끝없이 숫자가 계속 커져서 가장 큰 숫자란 존재하지 않는다는 개념을 '무한대' 라고 부른단다."

그때 로렌츠 교수가 강연을 하러 들어왔기 때문에 우리는 이야기를 멈췄습니다.

아저씨가 코넬을 떠난 이후로 저는 그분을 자주 뵙지 못했습니다. 그러나 아저씨는 제게 즐거운 기억들과 무한대의 개념과 세상을 깨우치는 새로운 방법을 남겨 주셨습니다. 저는 그 분을 진심으로 사랑했습니다.

그럼, 안녕히 계십시오.

1988년 2월 17일

영국 런던에서

헨리 베테 올림

애틀랜틱 시티에서 산책 중인 파인만과 알린

파인만과 알린이 결혼하던 날

병원에 있는 알린의 모습

캘리포니아 공과 대학의 위넷 학생회관에서 학생들과 차를 함께하며, 1964년

캘리포니아 공과 대학 동창회에서 강연하는 모습, 1978년

캘리포니아 공과 대학에서
있었던 「피오렐로」의 공연
참석 모습, 1978년

「남태평양」이라는 연극에서 발리 하이의 추장
역을 하고 있는 모습, 1982년

파인만 도표를 설명하고 있는 모습, 1984년

랠프 레이턴과 봉고 소리를 조율하고 있는 모습, 1984년

영국의 요크셔에서 당시 10살의 아들 칼과 3살의 딸 미셸과 함께

파인만이 노벨상을 수상한 날 아들 칼과
함께, 1965년

아내 궤네스와 은혼식 날에, 1985년

리처드 파인만은 44세의 나이에 미술 지도를 받기 시작하여 그 후 남은 생애 동안 그림을 그렸다. 여기에 실은 스케치는 전문 모델의 초상, 그의 친구였던 밥 새들러의 초상, 그리고 그의 딸(14살 때)의 초상들이다. 파인만은 자신이 그린 그림에 서명을 할 때 다른 사람들이 자기 이름을 알아보지 못하도록 오페이(OFEY)라는 이름으로 서명했다.

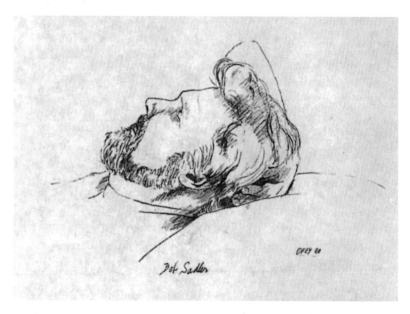

Bob Sadler

제2부

파인만 씨,
워싱턴에 가다

들어가면서

이 글에서 나는 나사[1]에 대한 이야기를 많이 할 텐데 내가 "나사가 이렇게 했다." 또는 "나사가 저렇게 했다."라고 말할 때 나사 전체가 그렇게 했다는 뜻이 아니라 단지 우주 왕복선[2]과 관계된 나사의 일부가 그렇다는 뜻이다.

우주 왕복선의 구조에 대해 이야기하자면 중심부에는 연료를 보관하는 커다란 연료 탱크가 있는데 탱크의 맨 위에는 액체 산소가 보관되어 있으며 나머지 대부분의 공간에는 액체 수소가 채워져 있다. 이 연료를 사용하는 엔진들은 비행선 뒤쪽에 위치해 있다. 우주 비행사들은 비행선 앞부분에 앉게 되고 그 뒤에는 화물칸이 있다.

이륙 시 비행선에 부착된 두 개의 고체 연료 로켓 부스터가 몇 분

---

† 미국 국립 항공 우주국(The National Aeronautics and Space Administration).

그림 1 우주 왕복선 챌린저 호. 가운데 위치한 큰 탱크가 연료 탱크이고 연료 탱크 좌우에 있는 두 개의 로켓이 고체 연료 로켓 부스터이다. 이들은 앞에 보이는 비행기 모양의 비행선과 연결되어 있고 비행선의 주엔진들은 액체 수소와 액체 산소를 연료로 태운다.

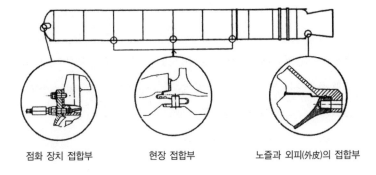

| 점화 장치 접합부 | 현장 접합부 | 노즐과 외피(外皮)의 접합부 |

그림 2 보조 로켓의 현장 접합 부위와 각 접합 부위를 확대한 그림.

동안 우주 왕복선을 급속히 상승시키고 나서 우주 왕복선으로부터 분리되어 바다로 떨어진다. 그로부터 몇 분 후(지상으로부터 상당히 높이 올라간 후)에 중심부의 연료 탱크가 비행선으로부터 분리되어 지구로 떨어지게 되며 대기 속에서 작은 조각으로 분해된다.

고체 연료 로켓 부스터는 여러 부분으로 되어 있는데 각 부분은 두 가지 유형의 접합 방식으로 연결되어 있다. 영구적인 '공장 접합 방식'은 유타 주에 있는 모튼 티오콜 공장에서 접합되어 나오는 것이고 임시적인 '현장 접합 방식'은 플로리다 주에 있는 케네디 우주 센터에서, 즉 '현장'에서 비행하기 전에 실시되는 것이다.

자살 행위

많은 독자들이 이미 아다시피 우주 왕복선 챌린저 호는 1986년 1월 28일 화요일에 사고를 당했다. 나는 텔레비전에서 폭발 장면을 보았지만 일곱 사람의 목숨을 앗아갔다는 비극적인 면을 제외하고는 그 사건에 대해 별다른 관심이 없었다.

평소 신문에서 나는 항상 우주 왕복선이 뜨고 내린다는 기사를 읽곤 했지만, 그토록 중요하다고 떠들어대는 우주 왕복선과 관련한 어떤 실험 결과도 과학 전문 학술지에 실린 것을 본 적이 없었기 때문에 나는 우주 왕복선에 대해서 평소에 다소 회의적인 견해를 갖고 있었다. 따라서 우주 왕복선에 대해서 그다지 관심이 없었던 것도 당연하다.

그런데 사고가 난 후 며칠 뒤에 나사의 책임자인 윌리엄 그레이엄이 내게 전화를 했다. 우주 왕복선에 어떤 문제점이 있었는지를 밝혀 내는 조사 위원회의 위원으로 위촉한다는 것이었다! 그레이엄 박사는 캘리포니아 공과 대학에서 공부할 때 내 학생이었으며 또 한때는 내가 매주 수요일 오후에 강의를 하던 휴즈 항공 회사에서 일한 적도 있다고 했다.

나는 그 말을 듣고도 그가 누구인지 기억하지 못했다.

워싱턴에서 조사를 할 것이라는 이야기를 듣자마자 나는 그 일을 맡고 싶은 생각이 전혀 없었다. 나는 워싱턴이라면 근처에도 가지 않을 것이며 정부와는 어떠한 일도 함께 하지 않는다는 원칙을 갖고 있었기 때문에 어떻게 하면 이 상황에서 벗어날 수 있을까 하는 궁리를 하기 시작했다.

나는 앨 힙스와 딕 데이비스 등 여러 친구들에게 전화를 걸어 보았다. 하지만 그들은 오히려 챌린저 호 사고를 조사하는 것은 국가를 위해서 매우 중요한 일이며 따라서 내가 그 일에 반드시 참여해야 한다고 말하는 것이었다.

마지막 남은 기회는 아내를 설득하여 나를 지지하게 하는 것이었다. "여보, 그런 일이라면 누구든지 할 수 있지 않겠소. 나 대신 다른 사람을 구할 수 있을 것이오." 하고 나는 말했다.

그러자 아내가 이렇게 말했다. "그렇지 않아요. 당신이 그 일을 하지 않는다면 그 조사 위원회에 있는 열두 사람은 모두 떼를 지어 이곳저곳으로 몰려다닐 거예요. 하지만 만약 당신이 그 일에 참여한다면 열한 사람이 모두 떼를 지어 이리저리 돌아다니는 동안 열두 번째 사람은 혼자 뛰어다니며 구석구석을 파헤쳐서 이상한 것들을 모조리 조사할 거예요."

겸손하지 못하게도 나는 아내의 말을 믿었다.

그런데 우주 왕복선의 어디가 잘못되었는지를 조사하고 나면 그 다음에는 그런 결과를 초래한 나사 조직의 문제점이 무엇인지를 밝혀내는 일이 따르게 될 것이다. 그 후에는 '앞으로도 계속 우주 왕복선을 사용해야 하는가, 아니면 한번 쓰고 버리는 일회용 로켓을 사용하는 것이 차라리 더 나은가?' 하는 문제들이 있게 된다. 그러고 나면 다음과 같은 더 큰 문제들이 제기된다. '앞으로 우리는 어떤 방향으로 나아가야 하는가?' '장래 우주 정책의 목표는 어떤 것이어야 하는가?' 그래서 우주 왕복선의 문제점이 무엇인지를 밝혀내려고 일을 시작한 조사 위원회가 마침내는 국가 정책을 결정하는 위원회가 될지도 모른다는 식의 상상을 해 볼 수 있었다!

그런 생각을 하게 되자 나는 매우 걱정되었고 무슨 일이 있더라도 6개월 뒤에는 조사 위원회에서 빠져나오기로 마음먹었다.

하지만 일단 이 사고를 조사하는 일을 시작하면 그 기간 중에는 어떤 다른 일도 하지 않기로 결심했다. 당시 나는 몇 가지 물리 문제들을 연구하고 있었으며 캘리포니아 공과 대학에서는 다른 교수와 함께 컴퓨터 강의를 하고 있었다.(결국 함께 강의를 하고 있던 교수가 그 강의를 모두 맡아 주기로 했다.) 그리고 보스턴에 있는 싱킹 머신 회사에 가서 자문을 해 주는 일이 있었다.(그 일도 역시 조사가 끝날 때까지 회사 측에서 기다려 주겠다고 했다.) 이렇게 되니 나도 나 자신의 물리학 연구를 뒤로 미룰 수밖에.

일요일이 되었다. 나는 아내에게 "그러면 6개월 동안 자살하는 걸로 하겠소."라고 말하면서 전화 수화기를 들었다.

냉엄한 사실들

그레이엄에게 전화를 걸어 조사 위원 일을 맡겠다고 하자, 그는 아직은 그 위원회가 어떠한 임무를 수행하게 될 것인지, 누가 위원장이 될 것인지, 그리고 심지어는 비록 그가 나를 위원으로 추천은 했지만 과연 내가 위원으로 임명될 것인지는 미지수라고 대답했다.(아직 희망이 있다고 할 수 있었다!)

하지만 그 다음 날인 월요일 오후 4시에 "파인만 씨께서 위원으로 임명되셨습니다."라는 전화를 받았다. 아울러 그 위원회는 대통령 특별 위원회이며 윌리엄 로저스 씨가 위원장이라는 내용을 전해 들었다.

나는 로저스 씨가 국무 장관이었을 당시 그가 좀 안되었다는 생각을 했던 기억이 났다. 왜냐하면 당시 닉슨 대통령이 국가 안보 수석 보좌관이었던 키신저 씨에게 점점 더 많은 일을 맡기고 있었고 국무 장관에게는 아무 일도 맡기지 않는 것 같았기 때문이었다.

어쨌든 첫 번째 회의가 수요일로 예정되었고, 나는 화요일에 미리 워싱턴에 가 있어도 할 일이 없었으므로 화요일 오전 비행기를 타고 워싱턴에 가서 하룻밤을 자는 것보다 화요일 밤에 비행기로 떠나서 수요일 아침에 워싱턴에 도착하는 것이 낫겠다고 생각했다. 나는 앨 힙스에게 전화를 하여 제트 추진 연구소(JPL)[†]에 있는 우주 왕복선 전문가들을 몇몇 모아서 내게 브리핑을 해 주도록 부탁했다.

화요일 아침에 나는 마음의 준비를 단단히 하고 제트 추진 연구소로 달려갔다. 앨이 나를 자리에 앉히자 제트 추진 연구소의 기술자들이 들어와서 우주 왕복선의 각 부분에 대한 설명을 시작했다. 어떻게 배웠는지는 모르겠지만 그들은 우주 왕복선의 모든 것에 대해서 알고 있었다. 나는 빠른 속도로 깊이 있고 밀도 있는 브리핑을 받았다. 내가 열심히 배우려고 했던 것만큼 제트 추진 연구소의 기술자들도 열심히 설명해 주어서 단 시간에 많은 것을 배울 수 있는 좋은 기회였다.

이제 와서 그 당시의 내 노트를 다시 보면 그때 기술자들이 우주 왕복선의 문제점이 어디에 있을 수 있는가 하는 것에 대한 힌트를 이미 내게 주었다는 것을 알 수 있다. 내 노트의 첫 줄에는 다음과 같이 적혀 있다. '타지 않도록. 라이너.' (즉 두 개의 로켓 부스터의 금속 벽이 고온이 되어 내부 연료가 타버리는 것을 방지하기 위하여 금속 벽과 연료 사이에 라이너가 있는데, 이 라이너가 제대로 작동되지 않고 있었다는 뜻이다.) 내 노트의 두 번째 줄에는 '클레비스'를 조사해 보니 O링이 탄 흔적이 있었다.'

---

† 나사의 부속 연구소이지만 운영은 캘리포니아 공과 대학이 하며 패서디나에 있다.

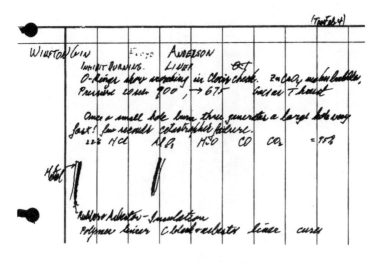

그림 3 파인만이 제트 추진 연구소에서 브리핑을 받으며 작성한 노트의 맨 첫 부분.

라고 되어 있다. 이것은 뜨거워진 가스가 로켓 부스터의 현장 조립부의 O링을 태우면서 지나갔음을 보여 주는 것이었다.

같은 줄에 'ZnCrO₄가 기포를 만듦'이라고 쓰어 있다. (뜨거운 열이 O링에 전달되지 않게 단열제 역할을 하도록 O링의 뒷부분에 발라 놓은 '크롬산아연($ZnCrO_4$)' 성분의 봉합제[2]를 통해서 뜨거운 가스가 지나가는 경우 기포가 발생하여 매우 빠른 속도로 커지면서 결과적으로 O링을 부식시킨다는 뜻.)

기술자들은 고체 연료 로켓 부스터의 내부 압력이 비행 중에 어떻게 변하는지, 고체 연료는 무엇으로 만들어졌으며 어떻게 성형을 했으며 어떤 온도에서 굳는지, 라이너를 구성하는 석면과 고분자 화합물 등의 비율은 어떻게 되어 있는지, 그리고 이밖의 여러 가지 사항에 대해서 설명했다. 우주 왕복선의 엔진이 갖고 있는 추진력과 힘에 대해서도 배웠는데, 인간이 만든 엔진 중에서 가장 강력한 것이었다.

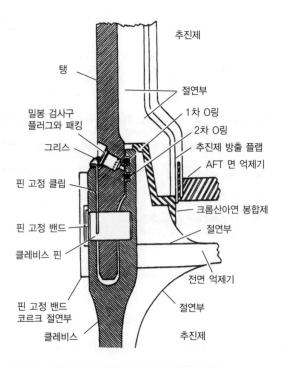

추진제

탱

절연부

밀봉 검사구
플러그와 패킹

1차 O링

2차 O링

그리스

추진제 방출 플랩

AFT 면 억제기

핀 고정 클립

크롬산아연 봉합제

핀 고정 밴드

절연부

클레비스 핀

전면 억제기

핀 고정 밴드
코르크 절연부

절연부

클레비스

추진제

그림 4 고체 연료 로켓 부스터의 현장 조립 부분에 대한 세밀도.

엔진 자체에도 많은 문제들이 있었다. 특히 터빈 날개의 균열이 문제
였다. 그 문제들은 기술자들도 알고 있었다. 그들은 내게 엔진의 제
작에 관련된 사람들은 매 비행 때마다 가슴을 졸였으며, 우주 왕복선
이 폭발하는 것을 본 순간 엔진이 잘못된 것이라고 확신할 정도였다
고 말했다.

　기술자들은 자기가 모르는 부분에 대한 이야기가 나오면 "아, 그
문제는 라이퍼가 알고 있습니다. 라이퍼를 오라고 하시죠."라고 말하
고, 그러면 앨이 라이퍼에게 전화를 하고 그는 당장 달려오는 식이었

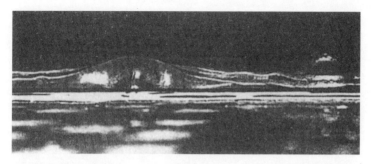

그림 5 크롬산아연 봉합제에 생긴 기포의 사진. 이 기포로 인하여 O링이 부식될 수 있다.

다. 나는 그보다 더 훌륭한 브리핑을 받을 수는 없었다고 생각한다.

사실, 말이 브리핑이지 짧은 회의가 아니었다. 이 브리핑은 매우 밀도 있고 빠른 속도의 완벽한 것이었다. 내가 알기에는 이러한 방식이 기술적인 세세한 정보나 지식을 짧은 시간 안에 얻을 수 있는 유일한 방법이다. 다시 말해서 듣는 사람은 그저 가만히 앉아 있고 발표하는 사람이 중요하고 흥미로울 것이라고 생각하는 바를 일방적으로 이야기하는 것이 아니고, 듣는 사람은 계속 많은 질문을 하고 그 자리에서 바로 답을 듣는 방식으로 하다 보면 얼마 안 되는 짧은 시간에 상황이 이해되고 그 다음 단계를 이해하기 위한 정보를 배우게 되는 것이다. 이런 방식으로 나는 그날 엄청난 양의 교육을 받았고 그 모든 정보를 스폰지처럼 빨아들였다.

그날 밤 나는 워싱턴으로 가는 밤 비행기를 타고 워싱턴에 그 다음 날인 수요일 아침에 도착했다.(그러나 비행기 안에서 숙면을 취하지 못한 관계로 수요일 아침에 너무 피곤하여 다시는 밤 비행기를 타지 않았다.)

워싱턴 중심가에 있는 홀리데이 인 호텔에 숙소를 정하고 위원회의 첫 모임에 가려고 택시를 잡았다.

"어디로 가십니까?" 운전 기사가 물었다.

내가 갖고 있는 것이라고는 '8가 1415번지' 라고 씌어 있는 쪽지뿐이었다.

택시가 움직이기 시작했고, 워싱턴에는 처음 와 보는 내가 보기에도 정부 청사는 이쪽에, 워싱턴 기념탑은 저쪽에 보이는 등 중요한 건물들은 모두 가까이 있는데, 택시는 점점 그곳에서 멀어져 가며 개발이 덜 된 지역으로 가는 것이었다. 건물들은 작고 쓰러질 것 같았다. 8가에 도착했고 쪽지에 적힌 번지를 찾아가 보니 건물이 없는 지역이었다. 결국 앞 뒤 번호를 헤아려 목적지를 찾고 보니 그곳은 두 건물 사이의 공터가 아닌가.

그제서야 나는 뭔가가 완전히 잘못되었다는 것을 깨달았다. 집합 장소에 대해서 내가 아는 것이라고는 이 종이쪽지에 적힌 주소뿐이었으므로 나는 어떻게 해야 할지 몰랐다.

그래서 기사에게 말했다. "제가 지금 가려고 하는 회의는 나사와 관련된 일이오. 그러니 나를 나사에 데려가 줄 수 있겠소?"

"그러죠. 그런데 나사가 어디에 있는지 모르세요? 손님께서 택시를 탄 곳인데요!"

사실이었다. 나사는 홀리데이 인 호텔 바로 길 건너에 있었고 걸어갈 수도 있었던 것이다! 건물 문앞에 있는 경비를 지나 안으로 들어가서 어디로 가야 하나 하고 서성거렸다.

결국 그레이엄의 사무실을 찾아 가서 우주 왕복선에 대한 회의가 어디에서 있는지를 물었다.

누군가가 "제가 알고 있습니다. 절 따라오시죠."라고 했다.

그래서 어느 방으로 안내되어 가 보니, 예상했던 대로 이미 사람들이 잔뜩 모여 있고 회의는 한창 진행 중이었다. 앞에서는 조명이 비치고 카메라로 녹화를 하고 있었다. 나는 겨우 방의 뒷편으로 사람들 사이를 비집고 들어갈 수 있었다. "이 방에는 문이 하나뿐인데, 여기서 앞자리까지 어떻게 간단 말인가?" 하고 생각했다.

그런데 멀리서 하는 이야기가 잘 들리지는 않았지만 유심히 들어 보니 다른 문제에 대해서 이야기를 하고 있었다.

그래서 그레이엄의 사무실로 다시 가서 그의 비서를 찾았다. 비서는 여기 저기에 전화를 걸어 보더니 위원회 장소를 알아냈다. 그녀는 전화에 대고 "저도 어떻게 된 건지 모르겠어요. 그냥 이곳으로 들어오시던데요." 하는 것이었다. 모이는 장소는 로저스 씨의 법률 사무소였다. 그곳의 주소는 H가 1415번지였다. 그런데 내가 갖고 있던 종이쪽지에는 8가 1415번지라고 되어 있었다.(주소를 전화로 받았던 것이다.)

마침내 로저스 씨의 사무실에 도착하고 보니 늦게 온 사람은 나 혼자였다. 로저스 씨가 다른 위원들에게 나를 소개했는데 위원장인 로저스 씨 외에 이름을 들어 본 사람이라고는 부위원장직을 맡게 된, 달에 갔다 온 우주 비행사 닐 암스트롱뿐이었다.(샐리 라이드[†]도 위원이었는데 나는 그녀가 누구인지를 나중에서야 알았다.)

군복을 입은 아주 멋있는 사람이 한 명 있었는데 그는 커티나 장

[†] 샐리 라이드는 우주 비행을 한 최초의 미국 여성이다.

군이라고 했다. 다른 위원들은 모두 평상복을 입은 반면에 그만 혼자 군복을 입고 있어서 그로부터 일종의 위압감이 느껴지기도 했다.

첫 번째 모임은 위원들이 서로 낯을 익히는 정도의 가벼운 모임이었다. 전날 있었던 제트 추진 연구소에서의 밀도 높은 브리핑으로 인하여 용수철처럼 일에 뛰어들 준비가 되어 있었던 나로서는 김빠지는 일이었다.

로저스 씨는 몇 가지 점에 대해 이야기를 하고 위원회의 목적과 역할에 대한 대통령령을 읽어 내려갔다.

위원회는

1. 우주 왕복선 챌린저 호 사고의 정황을 분석 검토하고 사고를 유발시켰을 만한 모든 원인들을 모색하며,
2. 위원회의 조사 결과와 그에 따른 결정에 근거하여 수정을 요하는 사항 또는 그외 다른 사항에 대하여 추천하도록 한다.

로저스 씨는 우리의 조사가 120일 이내에 끝나기로 되어 있다고 덧붙였다.

이 이야기를 듣고 나는 다소 안심이 되었다. 왜냐하면, 이 위원회의 일은 사고를 조사하는 선에서 끝나는 것이며 그런 경우 우리의 조사는 내가 자살을 하기 전에 끝날 수도 있기 때문이었다.

로저스 씨는 각 위원들에게 얼마만큼의 시간을 이 조사 활동에 할애할 수 있는가를 물었다. 위원들 중 일부는 이미 은퇴한 사람이었고, 그렇지 않은 경우에도 거의 모든 사람들이 이 조사위원회의 일을

위하여 그들의 다른 계획을 변경했다고 대답했다. "저는 100퍼센트 이 일에 전념할 준비가 되어 있습니다. 지금 당장부터 일을 할 수 있습니다!"라고 나는 대답했다.

로저스 씨가 물었다. "보고서를 쓰는 일은 어느 분께서 맡으시겠습니까?"《주간 항공》의 편집인인 호츠라는 위원이 보고서 작성 일을 맡겠다고 자청했다. 그리고 나서 로저스 씨는 말했다. "워싱턴에 오랫동안 있어 본 저의 경험에 따르면 여러분께서 아셔야 할 것이 한 가지 있습니다. 우리가 아무리 조심을 한다 해도 언제나 언론에 정보가 새어 나가게 됩니다. 그래서 이런 것을 최소화하는 방법으로 공개회의를 하려 합니다. 물론 비공개회의도 있겠습니다만 중요한 사항을 발견하게 되면 즉시 그때마다 공개회의를 할 것입니다. 그럼으로써 언론과 국민들에게 우리의 조사가 어떻게 진척이 되고 있는가 하는 것을 알리는 것입니다."

그는 계속 말했다. "이러한 뜻에서 첫 번째 공식적인 위원회 회의는 공개회의로 하며 내일 아침 10시에 하겠습니다."

첫 모임이 끝나고 각자 헤어지려는데 커티나 장군이 "여기서 제일 가까운 전철역이 어디에 있습니까?" 하고 묻는 것이 들렸다.

그래서 나는 생각했다. "이 사람하고는 앞으로 괜찮게 지내겠는데. 복장과 외모는 번쩍거리지만 속은 제대로 된 사람이구먼. 국방성으로 돌아가는데 전철로 가는 것을 보니 자기 운전기사와 전용차를 찾는 부류의 장군들과는 다르겠는데." 그 즉시 나는 그 사람에게 호감이 갔으며, 조사 활동을 해 가면서 이러한 나의 판단이 옳았다는 것을 깨달았다.

다음 날 아침 리무진이 나를 기다리고 있었다. 누군가가 우리로 하여금 이 첫 번째 공식 위원회 회의에 리무진을 타고 오도록 준비해 놓았던 것이다. 나는 운전석 옆자리에 앉았다.

회의장으로 가는 길에 운전기사가 내게 말했다.

"제가 듣기로는 이 위원회에 유명한 분들이 많다고 하던데요 ……."

"아, 뭐, 좀 그렇죠 ……."

"저 ……. 저는 유명인사들의 사인을 수집하는데요. 부탁 좀 드려도 되겠습니까?"

"그럼요."

주머니 속의 펜으로 내 손이 가고 있는데 그가 말했다. "우리가 목적지에 도착할 때에 누가 닐 암스트롱인지 좀 가르쳐 주시겠습니까? 암스트롱의 사인을 받고 싶어서요 ……."

회의가 시작되기 전에 우리는 먼저 선서를 했고, 회의 준비를 하는 사람들이 왔다갔다 했다. 비서 한 명이 우리에게 사진이 부착된 신분증을 하나씩 나누어 주었다. 이 신분증을 보이면 우리는 나사의 어느 곳에나 갈 수 있다는 것이었다. 조사 기간 동안에 우리가 지출하게 될 비용을 나중에 되돌려 받을 수 있도록 이런저런 것들에 동의한다는 내용의 문서에 서명도 했다.

선서를 한 후 나는 그레이엄을 만났다. 막상 그의 얼굴을 보니 오래전의 기억이 되살아나 알아볼 수 있었다. 그가 훌륭한 학생이었던 것도 기억이 났다.

이 첫 번째 공개회의는 무어 씨, 앨드리히 씨, 러빙굿 씨 같은 나사의 고위 간부들이 나와서 일반적인 내용의 브리핑과 발표를 하는 방식으로 진행될 예정이었다. 우리는 앞자리의 연단 위에 놓인 커다란 가죽 의자에 앉아 있었고, 밝은 조명이 우리를 비추는 가운데 콧잔등을 긁을 때마다 카메라가 우리를 잡았다.

나는 우연히 커티나 장군 옆에 앉게 되었는데, 회의가 시작되기 직전에 장군은 내쪽으로 몸을 비스듬히 기울여 말했다. "조종사께 부조종사가 말씀드립니다. 머리를 빗으십시오."

"조종사가 부조종사에게 말한다. 빗 좀 빌릴 수 있을까요?" 내가 대답했다.

우리가 먼저 배워야 했던 것은 나사가 사용하는 오만 가지 약자들이었다. 예를 들어 SRM은 solid rocket motor(고체 연료 로켓 모터)를 뜻하는데 이것이 SRB(solid rocket booster, 고체 연료 로켓 부스터)의 대부분을 이룬다. SSME는 space shuttle main engine(우주 왕복선의 주엔진)을 뜻하는데 이 엔진은 LH(liquid hydrogen, 액체 수소)와 LOX(liquid oxygen, 액체 산소)를 태우고, 이 액체 상태의 수소와 산소는 ET(external tank, 외부 탱크)에 저장된다. 이런 식으로 모든 것이 약자로 되어 있었다.

큰 장비에만 약자가 붙어 있는 것이 아니었다. 거의 모든 밸브에도 약자가 있었다. 이에 대해 불평을 했더니 "약자 사전을 드리겠습니다. 알고 보면 아주 쉽게 만들어졌습니다."라고 하는 것이었다. 간단하다고 하더니 사전이 얼마나 크고 두껍던지. 이 사전을 갖고 다니면서 HPFTP(high-pressure fuel turbopump, 고압 연료 터보 펌프)나 HPOTP(high-pressure oxygen turbopump, 고압 산소 터보 펌프) 같은 단어들이 나올 때마다 찾아봐야 했다.

그리고 또 '총알'이라는 것이 있었는데 여러 항목들을 요약하는 문구 앞에 찍은 까만 점을 그렇게 불렀다. 브리핑용 책자에도 슬라이

<u>STS 51-L CARGO ELEMENTS</u>

- TRACKING AND DATA RELAY SATELLITE-B/INERTIAL UPPER STAGE

- SPARTAN-HALLEY/MISSION PECULIAR SUPPORT STRUCTURE

- CREW COMPARTMENT
    - TISP - TEACHER IN SPACE PROGRAM
    - CHAMP - COMET HALLEY ACTIVE MONITORING PROGRAM
    - FDE - FLUID DYNAMICS EXPERIMENT
    - STUDENT EXPERIMENTS
    - RME - RADIATION MONITORING EXPERIMENT
    - PPE - PHASE PARTITIONING EXPERIMENT

그림 6 총알의 예. 문장 앞의 검은색 점이 바로 총알이다.

드에도 이 총알이 사용되었다.

알고 보니 변호사인 로저스 씨와 에치슨 씨 그리고 편집인인 호츠 씨를 제외한 나머지 모든 사람들은 전공이 자연 과학 계통이었다. 커티나 장군은 MIT 출신이었고 암스트롱 씨, 코버트 씨, 러멜 씨, 서터 씨는 항공 공학을 전공했고, 라이드 여사, 워커 씨, 휠런 씨와 나는 물리학을 전공했다. 대부분의 위원들은 이미 조사를 위한 준비를 나름대로 한 듯 나사의 고위 관리들이 미처 예상하여 준비하지 못한 내용들에 대해 날카롭게 질문을 했다.

그래서 답변에 나선 관리가 위원들의 질문에 대답을 하지 못하는 경우가 생겼고 그때마다 로저스 씨는 관리들을 안심시키려는 듯 이렇게까지 자세한 질문이 나오리라고는 예상치 못했을 테니 오늘은 우선

"나중에 답변해 드리겠습니다."라는 대답에 만족한다고 언급했다.

이 회의에서 내가 배운 중요한 사실 한 가지는 이러한 공개 청문회가 얼마나 비효율적인가 하는 것이다. 다른 사람들이 질문하는 것 중에 나는 이미 답을 알고 있거나 내가 보기에는 별로 중요하지 않다고 생각되는 점이 많았고, 그러다 보면 정신 집중이 잘 안 되어서 실제로 중요한 내용이 전달되고 있는 순간에도 미처 정신 집중을 하지 못하고 있다가 지나쳐 버리는 것이었다.

제트 추진 연구소에서 내가 원하는 온갖 정보들이 마구 쏟아지듯이 채워졌던 것과는 참으로 대조적이었다. 수요일에는 로저스 씨의 사무실에서 상견례 수준의 모임이 있었고 이 두 시간짜리 모임이 끝난 후에는 할 일이 아무것도 없었다. 물론 저녁에도 할 일이 아무것도 없었다. 다음 날엔 또 공개 위원회를 가졌는데 우리가 듣는 대답이라고는 '거기에 대해서는 나중에 답변을 드리겠습니다.' 뿐이었고 나중에 드리는 답변이란 실제로 없었다. 겉으로 보기에는 우리가 워싱턴에서 매일 무슨 일인가 하고 있는 것처럼 보였지만 실제로 우리는 그저 앉아서 아무것도 안 하고 있었다.

그래서 그날 밤 나는 자신에게 할 일을 부여했다. 나는 이 위원회가 조사 활동을 하는 동안 집고 넘어가야 할 사항과 질문들을 나름대로 생각해서 적어 보았고 또한 우리가 어떤 전문적인 내용들에 대해서 연구해야 할지를 나열해 보았다. 다른 위원들은 어떤 일을 하고 싶어하는지를 알아내어 이러한 일들을 서로에게 알맞게 분배함으로써 조직적으로 일해 나가야겠다는 생각에서였다.

그 다음 날인 금요일에 가서야 우리는 진짜 위원회다운 모임을 가졌다고 할 수 있다. 그리고 우리에게 사무실도 주어졌다. 그날 모임은 옛 정부 청사에서 있었는데, 우리가 하는 말을 모두 하나하나 받아 적는 속기사까지 있었다.

마침 어떤 급한 일로 로저스 씨가 늦게 오게 되었다. 그가 오기를 기다리는 동안 커티나 장군이 사고 조사라는 작업이 어떠한 일인가에 대해서 이야기해 보겠다고 제안했다. 우리는 경험자의 이야기를 들어 보는 것이 좋겠다고 생각하여 그의 경험담을 들었다. 장군은 우리에게 무인 타이탄 로켓에 사고가 났을 때 공군이 어떠한 방법으로 조사를 했는지에 대하여 설명했다.

그가 설명한 조사 방법 체계, 즉 우선 어떠한 질문들을 제기할 것인가, 그 다음에는 어떠한 방법으로 이에 대한 해답들을 찾아나갈 것인가 하는 것들이 내가 전날 밤에 짜 보았던 내용들과 매우 흡사하다는 것을 발견했다. 하지만 그가 설명한 조사 방법 체계는 내가 상상했던 것보다도 훨씬 더 방법론적이었다. 커티나 장군은 때로 사고의 원인을 찾았다고 생각되는 경우에도 더 깊이 조사해 보면 그러한 생각을 바꿔야 하는 때가 있으므로 주의해야 한다고 말했다. 타이탄 사고의 경우에 공군 조사팀은 몇 가지 되지 않는 실마리를 가지고 그들의 생각과 조사 방향을 세 차례 변경하면서 원인을 규명할 수 있었다고 했다.

바로 이런 것이로구나 하는 생각이 들게 하는 발표였다. 나는 우리 위원회의 조사 방법도 그와 같이 되어야 한다는 생각이 들었고 따라서 누가 어떤 일을 맡는가를 정하기만 하면 되리라 생각하고 있었다.

그런데 커티나 장군의 발표 중간에 들어온 로저스 씨는 "좋습니다. 장군의 조사는 매우 성공적인 것이었습니다. 하지만 지금 우리는 그와 같은 방법을 사용하지는 못할 것 같습니다. 왜냐하면, 우리가 갖고 있는 사고에 대한 정보는 타이탄 사고 때 갖고 있던 정보만큼 자세하지 않기 때문입니다."라고 말하는 것이었다.

아마도 기술적인 것들에 대한 전문 지식이 많지 않았던 로저스 씨로서는 자신의 말이 얼마나 잘못된 것인지를 몰랐겠지만, 무인 로켓이었던 타이탄은 수많은 점검 장치가 달려 있었던 우주 왕복선에 비할 바가 아니었다. 우주 왕복선의 경우에는 심지어 폭발이 일어나기 몇 초 전에 로켓 부스터의 옆에서 불길이 새어 나오는 것이 녹화되어 있었던데 반해, 타이탄의 경우에는 하늘에 나타난 조그만 점같이 보이는 불꽃을 찍은 사진이 전부였다. 그럼에도 불구하고 장군은 사고의 원인을 규명할 수 있었던 것이다.

그러고 나서 로저스 씨는 "다음 주 목요일에 우리 모두 플로리다로 가도록 계획을 세워 놓았습니다. 그곳에 가서 나사의 직원들로부터 브리핑을 받고 케네디 우주 센터를 시찰할 것입니다."라고 말했다.

나는 잠시 러시아 황후[3]가 포템킨[4]의 마을을 시찰하는 장면을 연상했다. 즉 모든 것이 준비된 각본대로 움직이는 것이다. 나사 직원들은 우리에게 로켓이 어떻게 생겼으며 어떻게 만들어졌는지를 보여 주게 될 것이다. 하지만 그런 방법으로는 사물을 '제대로' 이해할 수가 없다.

그런데 이번에는 암스트롱 씨가 말했다. "우리는 커티나 장군이 한 것과 같은 기술적인 조사는 할 수 없으리라고 생각됩니다." 나는 이 말이 듣기에 좀 거슬렸다. 왜냐하면 내가 할 수 있는 유일한 일이라고는 기술적인 일뿐이었기 때문이다. 그가 정확히 어떤 의미로 그런 발언을 했는지 알 수가 없었다. 어쩌면 그는 모든 기술적인 실험실 작업들은 나사가 할 것이라는 뜻이었는지 모르겠다.

그래서 나는 내가 할 수 있다고 생각했던 일들에 대해서 이야기를 꺼냈다.

내가 적어 온 일들에 대해서 이야기를 하고 있는데 비서 한 명이 서류 하나를 갖고 로저스 씨에게 결재를 받으러 왔다. 그래서 나는 잠시 말하던 것을 멈추고 결재가 끝나기를 기다렸고 그러는 동안에 다른 위원들이 나와 함께 일하겠다고 제의를 해 왔다. 그런데 잠시 후 로저스 씨가 다시 회의를 진행하면서 다른 사람을 지명하는 것이 었다. 마치 그는 순간적으로 정신이 없어서 내가 발언을 하고 있던 중에 잠시 회의가 중단되었음을 잊어버리기라도 한 듯이 다른 사람 에게 말을 시키는 것이었다. 그래서 나는 다시 발언권을 찾아 가지고 말을 하고 있는데, 곧 또다시 전과 같은 '사고'가 일어나 비서가 들 어오고 나의 발언은 중단되었다.

그러더니 그 다음에는 내가 아직 이야기를 하는 중인데 로저스 씨 가 회의를 끝내는 것이었다! 그는 우리가 사고의 원인을 밝힐 수 있 을지 모르겠다는 회의적인 말만 되풀이했다.

그의 이러한 발언은 전혀 고무적이 아니었다. 그리고 사고가 난 지 2년이 지난 지금도 아직 나사가 우주 왕복선을 띄우지 못하고 있 다는 것이 나로서는 이해하기 어려운 일이다. 그 당시 나의 생각으로 는 사고 원인을 규명하고 문제점들을 바로잡는 데에는 단 며칠이면 될 것 같았기 때문이다.

회의가 끝난 후 나는 로저스 씨에게 말했다. "다음 주 목요일에 플 로리다로 간다고 하셨죠. 그렇다면 그 사이 닷새 동안에는 할 일이 없 다는 이야기가 되는데, 나는 그 닷새 동안에 무엇을 하란 말입니까?"

"위원회 일이 없었다면 무슨 일을 하셨겠습니까?"

"보스턴에 가서 자문할 일이 있었지만 이 일에 100퍼센트 전념하기 위해서 취소했습니다."

"그러면, 5일 동안 보스턴에 가시면 어떻겠습니까?"

그럴 수는 없었다. 나는 속으로 '나는 이 일을 위해서 이미 죽은 목숨인데 이런 식으로 해서 조사가 제대로 되겠나?' 하고 생각했다. 절망감 속에 호텔로 돌아갔다.

그때 빌 그레이엄이 생각나서 그에게 전화를 걸었다. "빌, 자네가 나를 이 문제에 끌어들였으니 이제 나를 좀 살려 줘야겠네. 나는 지금 완전히 실망감에 빠져 있네. 도저히 참을 수가 없구만."

"무슨 일이십니까?" 그가 물었다.

"나는 무엇인가 일을 해야겠단 말이네. 돌아다니면서 기술자들하고 직접 이야기를 해 봐야겠어!"

"물론이죠. 안 될 이유가 어디 있습니까? 어디든 가실 수 있게 제가 조치를 취하겠습니다. 가시고 싶은 곳은 어디든지 가실 수 있습니다. 존슨에 가실 수도 있고 마샬에 가실 수도 있고 케네디에 가실 수도 있습니다 ······."[5]

나는 케네디로는 가고 싶지 않았다. 왜냐하면 남들이 가기 전에 먼저 가서 남들보다 먼저 모든 것을 알아내려고 하는 것처럼 보일 것이기 때문이었다. 샐리 라이드는 존슨에 있는데 나와 함께 일할 의사를 보이기도 했으므로 나는 존슨으로 가겠다고 말했다.

"좋습니다. 제가 에치슨에게 말하죠. 그는 로저스 씨와는 친한 친구이고 저와도 친한 사이입니다. 모든 것이 다 잘 될 것입니다." 그가 말했다.

30분쯤 지나서 에치슨이 나에게 전화했다. "제가 보기에도 아주 좋은 생각이고, 그래서 로저스 씨에게도 그렇게 이야기를 했습니다. 그런데 그가 안 된다고 하는군요. 도대체 무슨 이유로 안 된다는 깃인지 모르겠습니다."

그러는 동안 그레이엄이 절충안을 내놓았다. 즉 나는 워싱턴에 그대로 있으면서 내 호텔의 건너편 나사에 있는 그레이엄의 사무실로 기술자들을 불러들이는 것이었다. 그러면 나는 원하는 브리핑을 받을 수 있으면서 여기저기 헤집고 다니지 않아도 된다는 것이었다.

이번에는 로저스 씨가 내게 전화를 했다. 그는 그레이엄의 절충안에도 반대였다. "우리는 다음 주 목요일에 모두 함께 플로리다로 가는 겁니다." 그가 말했다.

"플로리다에 가서 브리핑을 듣는 것은 나한테는 도움이 안 됩니다. 나는 기술자들과 직접 이야기해야 훨씬 더 효과적으로 일할 수 있습니다."라고 대답했다.

"우리는 절차에 따라서 진행해야 하기 때문입니다." 그가 말했다.

"지금까지 우리는 여러 차례 회의를 가졌지만 아직 우리가 할 일도 정하지 않은 상태 아닙니까?"

"그러면 제가 다른 모든 위원들을 일일이 귀찮게 만들면서까지 우리가 할 일을 정할 수 있도록 월요일에 긴급 회의를 갖자고 해야 되겠습니까?"라고 물었다.

나는 "예, 그렇습니다!"라고 대답했다. 우리의 임무는 일하는 것이므로 귀찮음을 당해야 한다고 생각했다. 안 그런가?

그러자 그는 화제를 바꾸었다. "교수님께서 지금 계신 호텔이 불편하신 것으로 알고 있는데 좋은 호텔로 바꾸어 드리겠습니다."

"아니오. 괜찮습니다. 호텔은 아무런 불편이 없습니다."

조금 있다가 그는 또다시 호텔 이야기를 꺼냈다. 그래서 나는 말했다. "로저스 씨, 지금 저의 관심사는 저의 개인적인 편안함이 아닙니다. 저는 일을 하려고 하는 것입니다. 무엇인가를 해야겠다는 겁니다."

마침내 로저스 씨는 길 건너편에 있는 나사에 가서 기술자들과 이야기해도 좋다고 했다.

로저스 씨에게는 나라는 사람이 눈엣가시 같은 존재였음에 틀림없다. 나중에 그레이엄이 나에게 다음과 같이 설명했다. "예를 들어, 과학·기술적인 면에 전문 지식을 갖고 계신 교수님께서 어떤 법적인 문제를 조사해야 하는 위원회의 위원장 직을 맡게 되었다고 생각해 보십시오. 대부분의 위원들은 법률가들인데 그중 한 법률가가 '나는 다른 법률가들과 직접 이야기해야 훨씬 더 효과적으로 일할 수 있습니다.' 하고 계속 말한다면 어떻겠습니까? 제가 보기에는 어떤 위원이 혼자 조사하도록 내버려 두기 이전에 위원장이신 교수님께서 상황이 어떠한지를 먼저 파악하고 싶으시리라고 생각되는데요."

나중에서야 나는 로저스 씨가 나름대로 처리해야 할 일이 매우 많았다는 것을 깨달았다. 예를 들어, 위원 중에 어떤 사람이 정보를 얻게 되면 그 정보는 기록으로 남겨야 했고 다른 위원들에게도 그 정보를 알리는 조치를 취해야 했다. 일종의 중앙 도서관을 만드는 것이었다. 물론 이런 일들은 많은 시간이 걸리는 일이었다.

그래서 나는 토요일 오전에 나사로 갔다. 그레이엄이 기술자를 불러들여 나에게 우주 왕복선에 대해서 설명하도록 했다. 그들은 나사의 고위 관리들이었지만 기술적인 면에 대해서도 전문가들이었다.

첫 번째 사람은 고체 연료 로켓 부스터의 모든 것에 대해서(접합부에 대한 내용을 제외하고 고체 연료, 모터 등 모든 것에 대해서) 설명했다. 그는 "접합부 전문가는 오늘 오후에 오기로 되어 있습니다."라고 말했다.

그 다음 사람은 엔진에 대해서 설명했다. 기본적인 과정은 대개 간단한 것이었으나 오만 가지 조절 장치가 있었다. 예를 들어 파이프의 여기저기에서 열이 발생한다든지, 고압의 수소 가스가 작은 프로펠러를 밀면 그것이 다시 다른 것을 돌리고 그러면 산소가 밸브를 통해서 밀려나가게 된다는 등의 다소 복잡한 내용이었다.

흥미 있는 내용이었고 나는 최선을 다해서 이해하려고 노력했다. 하지만 잠시 후 나는 그에게 "엔진에 대해서는 그만큼 해 둡시다." 하고 말했다.

"하지만 이 밖에도 위원님께서 아셔야 할 문제점들이 아직 많이 남아 있습니다." 하고 그는 말했다.

나는 '부스터 로켓'에 더 관심이 많았기 때문에 "주엔진에 대해서는 나중에 시간이 더 있을 때 조사해 보겠습니다." 하고 말했다.

그 다음에는 비행선 전문가가 들어왔다. 비행선은 내가 보기에는 사고와 전혀 무관한 부분인데 그가 토요일에 나 때문에 나오게 되어 대단히 미안한 생각이 들었다. 게다가 나는 이미 우주 왕복선의 다른 부분을 이해하느라고 고생하고 있는데(인간의 두뇌가 단위 부피당 수집할 수 있는 정보의 양에는 한계가 있으므로) 사고와 무관한 부분까지 이해하기에는 어려움이 많아 그에게 잠시 이야기하도록 한 후 내용이 너무 복잡해지고 있다고 이야기하고 화제를 돌려서 즐겁게 대화를 나눴다.

오후에는 윅스라는 이름의 접합부 전문가가 들어와서 내가 제트 추진 연구소에서 받았던 브리핑의 연속이라고 할 수 있는 성격의 브리핑을 좀 더 자세히 받았다.

접합부에 있어서는 봉합제나 그 밖에 다른 것들도 있지만 가장 중요한 것이 O링이라고 부르는 두 개의 고무 링이었다. 고무 링 자체의 두께(지름)는 6밀리미터 정도이고 링이 만드는 원의 지름은 약 3.6미터 정도 되고 링의 전체 길이는 약 11미터가량이었다. 이것은 부스터 로켓의 벽에 집어넣는 것이다.

모턴 티오콜 회사가 처음에 접합부를 설계했을 때에는 연료가 타

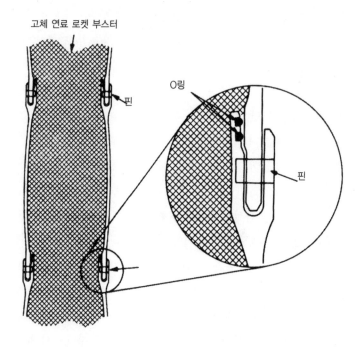

고체 연료 로켓 부스터

O링

핀

핀

그림 7 '접합부의 회전'이라고 부르는 현상은 로켓의 내부 압력이 강해지면서 로켓 벽은 밖으로 밀리게 되는 반면에 연결부는 고정되어 있음으로 인하여 생기는 것이다. 그로 인하여 핀으로 고정되어 있고 O링으로 막아 놓은 간격이 다소 벌어지게 되어 뜨거운 가스가 한 개 내지 두 개의 O링을 지나 바깥으로 유출되는 결과를 초래하게 되는 것이다.

면서 발생하는 압력이 자연히 O링을 압박하여 접합이 자동적으로 잘 이루어지도록 했다. 하지만 접합 부위가 주위의 다른 벽보다 튼튼하기 때문에(그림 7을 보면 세 배 정도 두껍다는 사실을 알 수 있다.) 벽의 약한 다른 부분이 압력에 의하여 바깥쪽으로 다소 밀리게 되고 그러면서 접합부까지도 약간 휘게 된다. 이 휘는 정도가 크지는 않지만 O링이 밀봉해야 할 벽에서 떨어지기에는 충분하다. 윅스 씨는 이러한 현상을 '접합부의 회전' 이라고 부른다고 말했다. 이러한 현상은 우주 왕복선을 띄우기 이전에 이미 발견되었다고 한다.

이 접합부에 있는 두 개의 고무 링을 O링이라고 부르기는 하지만 사실 이 고무 링의 용도는 흔히 말하는 O링의 용도와는 다르다. 예를 들어 자동차 엔진 내부의 기름이 새는 것을 방지하는 데 사용되는 O링의 경우를 보면, 미끄러지는 부분과 회전하는 축이 있는데 그 사이의 간격은 언제나 일정하다. O링은 고정된 위치에서 밀봉하는 역할을 하도록 만들어진 것이다.

하지만 우주 왕복선의 경우에는 위에서 언급한 대로 부스터 로켓 내부의 압력이 커지면서 이 간격이 벌어지게 된다. 이때 접합 상태를 유지하기 위해서는 고무가 '순간적으로' 팽창하여 벌어진 간격을 메워 주어야 한다. 우주 왕복선이 발사될 때 이 간격이 벌어지는 현상은 서서히 일어나는 것이 아니고 몇 분의 1초도 안 되는 짧은 순간에 일어나기 때문에 순식간에 고무가 팽창해야 하고 따라서 O링의 고무가 지닌 탄력성이 이 부분의 설계에 있어 매우 중요한 요소였다.

티오콜 회사의 기술자들이 이러한 문제점을 발견하고 이에 대한 조언을 얻으러 고무를 생산하는 파커 밀봉 회사를 찾아갔다. 그러나 파커 밀봉 회사 측은 O링이란 원래 그러한 목적으로 사용되도록 만들어진 것이 아니므로 도움을 줄 수가 없다고 티오콜 측에 말했다.

로켓 제작의 초기부터 이와 같이 접합부에 근본적인 문제가 있었음을 알면서도 티오콜 회사는 계속 이 부분을 개량해 보려고 노력했고 수많은 임시방편적인 방법들을 시도했다. 그중 하나는 쐐기를 박아 넣는 것이었는데 그래도 밀봉은 제대로 되지 않았다. 윅스 씨는 이전의 비행에서 발견된 불완전한 밀봉의 결과를 사진으로 보여 주었다. 뜨거운 가스가 새어 나가면서 O링의 뒤에 검은 자국을 남기는, 기술자들이 '열풍'이라고 부르는 현상이 있었고, O링의 일부가 아예 타 버리는 '부식'이라고 불리는 현상도 있었다. 각각의 비행에 있어서 이러한 열풍이나 부식이 어느 정도 일어났는가를 보여 주는 도표가 있었다. 우리는 비행 번호 51-L까지의 모든 비행 기록을 살펴보았다.

"이 문제가 심각하게 토의된 적이 있었음을 보여 주는 자료가 어디에 있습니까? 예를 들어 이 문제가 그 후 어떻게 다루어졌으며 어떤 해결책이 시도되었다든지 하는 것 말입니다." 나는 물었다.

찾아본 결과 '비행 준비 상황 보고서'에서만 언급되었음을 알 수 있었다. 그리고 한 번 비행이 있고 나서 그 다음 비행을 다시 준비하는 기간 동안에는 이 밀봉 문제가 전혀 토의되지 않고 있었다.

그래서 우리는 그 보고서의 요약문을 읽어 보았다. 나사에서 만든 보고서들이 언제나 그렇듯이 그곳에도 작은 총알이 있었다. 그 보고서는 이렇게 시작했다.

● 현장 조립부의 2차 밀봉이 제대로 작동되지 않는 것은 매우 위험한

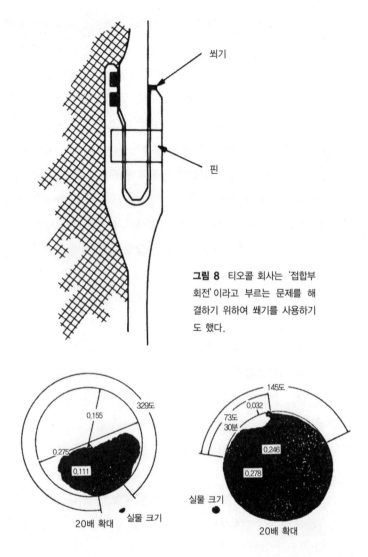

씌기

핀

그림 8 티오콜 회사는 '접합부 회전'이라고 부르는 문제를 해결하기 위하여 쐐기를 사용하기도 했다.

329도
0.155
0.275
0.111
20배 확대
실물 크기

145도
0.032
73도 30분
0.246
0.278
실물 크기
20배 확대

그림 9 O링의 부식이라고 부르는 현상의 두 가지 예. 이러한 부식 현상은 전체 길이가 약 11미터 되는 O링의 일부분에서 5~7센티미터 정도의 길이로 나타나며 예측이 불가능하다.

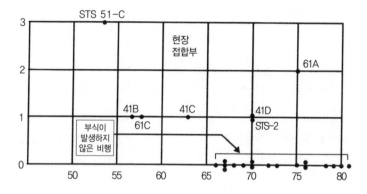

그림 10 O링의 부식 현상이 나타난 횟수와 발사 시 접합부 온도와의 상관관계.[6]

그림 11 접합부에 대한 보고서 내용 중 자가당착적인 추천서(밑줄 친 부분).

상황이므로 심각한 사고를 방지하기 위해서는 가능한 한 빠른 시일 내에 접합부 회전 현상을 감소시키는 방법이 강구되어야 한다.

그런 반면, 끝부분에 가서는 다음과 같이 씌어 있었다.

● 현 제반 자료들을 분석한 결과에 따르면, 모든 접합부가 200psig의 안정화 압력으로 밀봉이 확인되고, 밀봉 부위가 오염되지 않고, O 링의 신축성 조건이 만족되는 경우에는[†] 현재의 설계대로 계속 비행해도 안전하다.

나는 서로 모순되는 두 문장을 읽고 놀라움을 금치 못했다. "만약 이 문제가 '매우 위험한 상황'이면 어떻게 '계속 비행해도 안전하다.'라고 할 수 있단 말이오? 도대체 어떤 논리로 이런 결론을 내린 것이오?"

윅스 씨는 "아, 예, 이제 보니 무슨 말씀이신지 알겠습니다. 좀 자세히 읽어 보겠습니다. '현 제반 자료들을 분석한 결과 …….'"

우리는 보고서 전체를 다시 읽어 내려갔고 그 분석이라는 것을 이해하게 되었다. 이 분석은 틀릴 수도 있는 가정에 기반을 둔 모종의 컴퓨터 모형을 이용해 얻은 결과였다. 누구나 컴퓨터를 사용할 때에는 조심해야 한다. 콩 심은 데 콩 나고 팥 심은 데 팥 난다. 즉 쓰레기

[†] 후에 우리 위원회가 조사를 해 보니, 이와 같이 밀봉 상태를 확인하는 작업 자체가 오히려 내가 제트 추진 연구소에서 브리핑받을 때에 들었던 크롬산아연 봉합제의 기포를 야기시킬 수 있어 위험한 상황을 초래할 수 있다는 것이 밝혀졌다.

같은 데이터가 입력되었으니, 쓰레기 같은 결과가 출력될 수밖에 없었던 것이다. 이 분석에 따르면 설계상으로는 어떤 경우에도 기체가 새서는 안 되지만 밀봉에 있어서 약간의 예기치 못한 결함이 한두 군데에서 발생하더라도 별 문제를 일으키지 않는다는 것이었다.

만약 '모든' 접합부에서 기체가 샜다면 나사가 보기에도 심각한 문제였을 것이다. 하지만 수많은 비행 중에서 오직 몇 번의 비행에 있어서만 문제가 발생했고 그중에서도 오직 몇 군데의 접합부에서만 문제가 발생했다. 그러자 나사는 묘한 결론을 이끌어 냈다. 즉 여러 접합부 중에서 어느 한 부분에 문제가 발생했는데 그럼에도 불구하고 비행이 성공했다면 그 문제는 심각한 것이 아니라는 것이다. '러시안룰렛'[7] 도박을 그런 식으로 한다고 해 보자. 방아쇠를 한 번 당겼는데 총알이 없었다. 그렇다면 또 다시 방아쇠를 당겨도 안전할 것인가.

윅스 씨는 밀봉에 관한 과거의 문제점들이 신문 기자들에게 새고 있다는 소문이 돈다고 말했다. 이런 소문 때문에 나사가 문제점들을 알고 있었으면서도 외부에는 비밀로 하려 했다는 인상을 줄지 모른다는 것이 윅스 씨의 마음에 걸리는 듯한 눈치였다.

그래서 나는 그날 나에게 브리핑을 하도록 그레이엄이 불러온 사람들이 모두 훌륭하게 브리핑을 했으며, 사실 이미 제트 추진 연구소에서 밀봉에 관한 문제점에 대해서 들은 바가 있으므로 그런 문제로 걱정할 필요가 없다고 말했다.

일요일인 그 다음 날 빌 그레이엄은 나를 그의 가족과 함께 국립 항공 우주 박물관에 데리고 갔다. 우리는 일찍 아침 식사를 함께 하고 길 건너 박물관으로 갔다.

평소와 같이 박물관에 관람객들이 많이 있으리라 생각했는데 그 것은 그레이엄이 고위 관리라는 사실을 내가 잊었기 때문이었다. 한 동안 그 박물관에는 우리뿐이었다.

나는 거기에서 샐리 라이드를 보았다. 그녀는 헬멧 등 모든 장비를 갖추고 우주 비행사복을 입고 진열장 속에 있었다. 왁스로 만든 그녀의 모형은 실제 모습과 완벽하게 똑같았다.

박물관에는 나사의 업적을 홍보하는 영화를 상영하는 소극장이 있었다. 매우 잘 만든 영화였다. 영화를 보기 전까지만 해도 나는 우주 왕복선에 종사하는 사람들이 그렇게나 많은 줄 몰랐고 우주 왕복선 하나를 만드는 데 얼마나 많은 노력을 해야 하는지도 미처 알지 못했다. 게다가 영화란 것이 대개 극적이지 않은가. 이 영화도 매우 극적이어서 내 눈시울도 붉어졌다. 챌린저 호의 사고가 얼마나 비극적인 사고였는가 하는 것을 새삼 깨닫게 되었다. 그렇게 수많은 사람들이 열심히 일해서 만든 것인데 폭발 사고로 잃게 되다니 하는 생각이 들자, 나는 이 사고의 원인을 가능한 한 조속한 시일 내에 규명하고 문제점들을 해결하여 이 모든 사람들을 원래의 작업장으로 되돌아갈 수 있게 해 주어야겠다는 다짐을 하게 되었다. 나사에 대해서 부정적으로 생각하던 나는 이 영화를 보고 나서 나사의 지지자가 되어 버렸다.

그날 오후에 커티나 장군으로부터 전화가 왔다.

"파인만 교수님께 급히 드리고 싶은 말씀이 있어 전화드렸습니다. 아, 잠깐만요." 그가 말했다.

전화기를 통해서 군대 음악 같은 것이 들려왔다.

음악이 끝나고 커티나 장군이 말했다. "죄송합니다, 교수님. 저는 지금 공군 군악대 연주회에 와 있는데, 마침 국가가 연주되었습니다."

국가가 연주되는 동안 군복을 입고 차렷 자세로 서서 한 손으로 경례를 하며 다른 한 손으로는 수화기를 들고 있었을 장군의 모습이 눈에 선했다. "어쩐 일이십니까, 장군님?" 내가 물었다.

"저, …… 우선 로저스 씨가 저더러 교수님한테 나사에 가시지 말라는 말을 전해 달라고 했습니다."

토요일인 어저께 이미 나사에 다녀왔으므로 이 점에 대해서는 신경 쓸 필요가 전혀 없었다.

"또 한 가지는 오늘 《뉴욕 타임스》에 실린 기사의 주인공으로부터 그 기사에 대한 자세한 이야기를 듣기 위해 내일 오후 긴급 회의를 갖기로 했다는 것입니다."라고 그가 말했다.

로저스 씨가 그토록 원치 않던 월요일의 긴급 회의를 결국 갖게 되었다는 이야기를 들으니 속으로 웃음이 나왔다.

커티나 장군은 계속 말했다. "오늘 아침에 제가 자동차의 카뷰레터를 손보고 있던 중에 이런 생각이 났습니다. 문제의 우주 왕복선이 이륙할 당시 기온은 화씨 28도나 29도[8]였습니다. 이전에는 우주 왕복선을 이륙시킨 날의 기온이 화씨 53도[9] 이하로 내려간 적이 없었습니다. 교수님께서 잘 아시리라 생각이 되어 여쭈어 봅니다만, 낮은 온도가 O링에 어떤 영향을 미치겠습니까?"

"오! 물론 딱딱하게 만들죠. 당연한 이야기죠!" 내가 말했다.

그는 더 이상 이야기를 할 필요가 없었다. 나중에 내가 낮은 온도와 O링의 관계를 밝혀서 칭찬을 많이 받았는데 실은 커티나 장군의 발견이었던 것이다. 이처럼 이론 물리학 교수는 언제나 문제가 어디

그림 12 밀봉 검사구에서부터 시작된 것으로 추정되는 화염의 진행 과정.

에 있으니 답을 찾아보라는 이야기를 남이 해 주어야 하는 것이다. 이론 물리학자는 단지 자신의 지식을 이용하여 실험 물리학자들이 수행한 관측과 발견을 설명할 뿐이다!

월요일 아침에 커티나 장군과 나는 그레이엄의 사무실로 가서 온도가 O링에 미치는 영향에 대해서 어떤 자료를 보유하고 있는지 물어보았다. 그는 자신이 자료를 갖고 있지는 않지만 가능한 한 빨리 갖다 주겠다고 대답했다.

한편 그레이엄은 우리에게 흥미로운 사진 몇 장을 보여 주었다. 폭발이 일어나기 몇 초 전에 이미 오른쪽 로켓 부스터에서 불길이 나오고 있는 사진이었다. 그런데 불길이 어디에서 뿜어져 나오고 있었는지를 정확히 꼬집어 내기는 쉽지 않았다. 마침 그레이엄의 사무실에는 우주 왕복선의 모형이 있었다. 그래서 나는 그 모형을 사무실 바닥에 놓고 그 주위를 걸어다니면서 사진에서의 우주 왕복선의 크기와 방향이 똑같이 보이게 되는 위치에 멈추어 섰다.

그러다가 나는 로켓 부스터에 밀봉 검사구가 있음을 발견했다. 이 밀봉 검사구는 그곳을 통하여 압력을 가함으로써 접합과 밀봉이 제대로 되어 있는지를 검사하는 구멍이다. 이 구멍은 두 개의 O링 사이에 있기 때문에 만약에 이 구멍이 제대로 막히지 않는다든지 또는 첫 번째 O링이 제 구실을 못한다면 이 구멍을 통하여 기체가 새고 그러면 폭발이 일어나는 것이다. 이 구멍의 위치가 바로 불길이 새어 나오는 곳 근처였다. 하지만 물론 불길이 정말로 밀봉 검사구로부터 나온 것인지 아니면 더 큰 불길이 다른 데에서 나오고 있었고 우리는 그 일부만을 보는 것인지는 모를 일이었다.

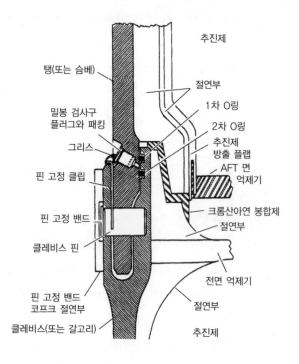

탱(또는 슴베)

밀봉 검사구
플러그와 패킹

그리스

핀 고정 클립

핀 고정 밴드

클레비스 핀

핀 고정 밴드
코프크 절연부

클레비스(또는 갈고리)

추진제

절연부

1차 O링

2차 O링

추진제
방출 플랩

AFT 면
억제기

크롬산아연 봉합제

절연부

전면 억제기

절연부

추진제

그림 13 잘못 봉해진 밀봉 검사구를 통하여 화염이 새 나갔을 수 있고 그 화염의 열기 때문에 1차 O링이 타 버렸을 것이다.

월요일 오후에는 긴급 비공개회의를 가졌고 여기에서 《뉴욕 타임 스》에 기사가 실린 인물로부터 직접 진상을 듣게 되었다. 그 사람의 이름은 쿡이었다. 쿡 씨는 한때 나사의 기획실에서 근무하면서 밀봉 이 어느 정도 문제인지 그리고 그 문제점을 시정하려면 소요 경비가 얼마나 필요할지를 조사하는 일을 했다.

기술자들로부터 밀봉이 오랫동안 큰 문제가 되어 왔다는 것을 듣 게 된 그는 이 문제를 시정하기 위해서는 얼마의 경비가 소요되는지 조사를 하여 보고서로 제출했는데 그 소요 금액이 엄청난 액수였다. 쿡 씨의 증언을 듣다 보니 언론뿐 아니라 심지어는 몇몇 사고 조사 위원들도 마치 나사가 밀봉에 문제점이 있는 줄을 알고 있었으면서도 이를 조사 위원들에게 알리지 않고 숨기려 했다는 인상을 받게 되었다.

나는 거창하고도 불필요한 회의에 억지로 앉아 있으면서 신문지상에 어떤 기사가 실릴 때마다 우리가 회의를 가져야 한다면 진짜 일은 언제 하나 하는 생각을 하고 있었다.

하지만 그 회의의 후반부에 흥미로운 일이 일어났다. 첫째, 우주 왕복선의 로켓이 점화되고 나서 찍은 사진을 보니 발사대에서 채 이륙하기도 전에 이미 현장 조립부에서 연기가 나오고 있었던 것이다. 게다가 이 연기가 나오는 위치가 바로 나중에 화염이 치솟았던 곳(아마도 밀봉 검사구)이었다. 이제는 더 이상 의심의 여지가 없다고 생각되었다. 모든 사실들이 서로를 뒷받침하며 맞아 들어갔다.

그때 전혀 예상치 못했던 일이 또 일어났다. 맥도널드 씨라는 티오콜 회사의 한 기술자가 우리 조사 위원들에게 할 이야기가 있다는 것이었다. 그는 이 회의에 초청받지도 않았는데 혼자 개인적으로 찾아왔다. 그의 증언에 따르면 티오콜 회사의 기술자들은 이미 온도가 낮으면 접합부에 문제가 생길 수 있다는 것을 알고 있었으며, 우주 왕복선이 발사될 당시 기온 때문에 심각하게 걱정했다는 것이다. 우주 왕복선이 발사되기 전날 밤 발사 준비 확인 과정에서 티오콜 회사의 기술자들은 기온이 섭씨 12도(이 온도는 기존의 우주 왕복선 발사 최저 온도이다.) 이하로 내려가면 우주 왕복선을 발사해서는 안 된다고 나사에 말했다는 것이다. 우주 왕복선이 발사되던 날 아침 기온은 섭씨 영하 2도였다.

그림 14 검은 연기(연소되지 않은 미세한 입자들)가 화염이 치솟은 곳과 같은 곳에서 나오고 있음을 볼 수 있다.

맥도널드 씨에 따르면 그 이야기를 듣고 나사는 '질겁'을 했다고 한다. 그리고 당시 회의를 주재하던 멀러이라고 하는 사람이 티오콜 측의 이야기가 '증거 불충분'이라고 반박했다고 했다. 이전에 섭씨 12도 이상의 기온에서 발사된 경우에도 소위 부식과 열풍 현상이 생겼으며 따라서 티오콜 측의 발사 반대 사유는 재고되어야 한다는 것이었다.

결국 티오콜 회사 측은 발사 반대 의사를 번복했다. 하지만 맥도널드 씨는 회사 측의 의사 번복 결정에 따르지 않았다. "만약 이번 비행에서 어떠한 사고가 발생했을 때 조사 위원회 앞에 불려나가 우주 왕복선이 능력 밖의 비행을 해도 괜찮다고 말했었다는 이야기를 듣고 싶지 않았습니다."

맥도널드 씨의 이야기는 모두에게 너무나 놀라운 이야기였고 로저스 씨는 "지금 당신은 …… 라고 말씀하시는 겁니까?" 하고 그의 말을 반복하기까지 했다. 그리고 그에 대하여 맥도널드 씨는 "분명히 그렇습니다."라고 대답했다.

조사 위원들은 모두 충격을 받았다. 우리들 중 어느 누구도 이런 이야기는 들어 본 적이 없었다. 밀봉 자체에 문제가 있었을 뿐 아니라 경영 관리에 있어서도 문제가 있었다는 이야기이기 때문이다.

로저스 씨는 맥도널드 씨의 이야기를 언론에 알리기 전에 조사 위원회에서 좀 더 조사를 해 보아야겠다고 결정했다. 하지만 언론에 수시로 조사 진행 상황을 알린다는 원칙대로 다음 날인 화요일에 공개회의를 갖고 그 자리에서 쿡 씨가 증언을 하기로 했다.

나는 '이게 무슨 연극인가? 오늘 비공개회의에서 이야기한 대로 내일 또 다시 말하다니, 그래 봐야 새로운 것을 알아내고 밝혀내는 것은 하나도 없지 않은가?' 라고 생각했다.

회의를 마치고 떠나려는데, 빌 그레이엄이 두꺼운 서류 뭉치를 들고 나를 찾아 왔다.

"와, 빠르기도 하네!" 하고 내가 말했다. "아니, 오늘 아침에 부탁한 것을 벌써 갖다 주나?" 사실 그레이엄은 언제나 매우 협조적이었다.

서류 뭉치의 맨 윗 장에는 다음과 같이 적혀 있었다. "대통령령 특별 조사 위원회의 파인만 교수께서 온도의 변화가 O링의 순간적 탄력성에 미치는 효과를 알고자 함 ……." 하급자에게 보내는 메모였다.

다음 장도 마찬가지의 메모였다. "대통령령 특별 조사 위원회의 파인만 교수께서 온도의 변화가 ……." 그 다음 장도 또 마찬가지 메모였다. 이런 메모가 결국 맨 밑에까지 내려갔다.

결국 맨 밑에 있는 어떤 불쌍한 친구가 쓴 숫자가 몇 개 적혀 있는 종이가 나오고 아까와는 반대로 상급자에게로 답신을 보낸다는 메모가 줄줄이 따라나왔다.

그래서 해답을 가운데 놓고 샌드위치처럼 양쪽에서 싼 종이 꾸러미가 내게 보내진 것이다. 그런데 그 해답이라는 것이 또 가관이었다. 내 질문의 의도를 제대로 파악하지 못하고 엉뚱한 답을 한 것이다. 무엇이라고 써 있었는고 하니 "O링을 만드는 고무 재질을 두 시간 동안 어떤 온도와 압력 하에서 눌렀다가 다시 제 모양으로 되돌아오는 시간을 측정한다."라는 것이다. 내가 알고 싶었던 것은 우주 왕복선이 발사대에서 발사될 때 연료 누출 방지를 검사하는 밀봉 검사구로 연료가 새 나갈 수 있으므로 이때에 고무로 된 O링이 과연 1,000분의 1초 정도의 빠른 시간 내에 팽창을 하여 누출을 방지할 수 있는가 하는 것이었다. 그런데 두 시간 동안 눌렀다가 다시 제 모양으로 돌아오는 시간이 얼마라는 답은 내게 아무런 소용이 없는 것이었다.

나는 호텔로 돌아가서 기분이 잡칠 대로 잡친 상태에서 저녁을 먹고 있었다. 식탁 위에는 얼음물이 있었다. '제기랄, 정 그렇다면 나사의 직원들이 메모를 위 아래로 주고받게 할 것 없이 내가 직접 고무에 대해서 알아봐야겠다. 내가 직접 실험을 하면 될 것이 아닌가. 문제의 고무 샘플을 얻기만 하면 된다.' 하는 생각이 났다.

"우리가 오늘 쿡 씨한테 들었던 이야기를 내일 또 앉아서 들을 테니까 그때 실험을 해야겠다. 회의 때에는 언제나 얼음물이 나오니까 그것을 이용하면 될 테고 회의 중에 하면 따로 이 실험을 위하여 시간을 내지 않아도 될 터이니 그게 좋겠군." 하고 생각하고 있었다.

그런데 잠시 후 "그런 실험을 공개적인 회의석상에서 한다는 것은 말이 안 되지." 하는 생각이 들었다.

그때 물리학자인 루이스 알바레즈[10]가 생각났다. 나는 평소 그의 배짱과 유머 감각을 높이 평가하는 편이었다. "만약 알바레즈가 이 위원회에 있다면 틀림없이 회의석상에서 실험을 했을 텐데." 하는 생각이 들어서 나도 회의 때 해야겠다는 다짐을 했다.

위대한 물리학자들에게는 전설적인 이야기들이 따르기 마련이다. 남들은 모두 복잡한 방법으로 문제를 해결하려고 씨름하고 있을 때 그들은 순식간에 해답을 찾아내고 마는 것이다. 예를 들어, 자외선과 X선이 발견된 후에 프랑스의 앙드레 블롱델이라는 사람이 N선이라는 것을 새로이 발견했다. 그런데 그 N선은 탐지가 잘 되지 않았다. 다른 과학자들이 블롱델의 실험을 재현하려고 많은 시도를 했으나 아무도 찾을 수 없었다. 그래서 결국 누군가가 R. W. 우드라는 위대한 미국 물리학자에게 블롱델의 실험실에 직접 가서 실험하는 것을 보고 오도록 부탁했다.

블롱델이 공개강의와 실험을 하는 곳으로 우드가 갔다. 블롱델의 실험에 따르면 N선은 알루미늄에 의하여 굴절된다는 것이다. 그래서 이를 보여 주기 위하여 블롱델은 여러 가지 종류의 렌즈들을 일렬로 배열해 놓고 그 뒤에 알루미늄으로 된 프리즘이 놓인 판을 놓았다. 그리고 알루미늄 프리즘을 천천히 회전시킴에 따라서 N선이 여러 가지 각도로 굴절되는 것을 보여 주었다. 블롱델의 조교는 굴절된 N선의 세기를 측정하여 읽었다. 각도가 달라지면 N선의 세기도 달라졌다.

N선은 빛의 영향을 받는 것으로 나타났기 때문에 측정 결과가 정확하게 나오도록 하기 위하여 블롱델은 실내의 조명을 모두 껐다. 그리고 조교는 계속해서 N선의 세기를 읽었다.

그런데 실내의 불이 다시 켜졌을 때 맨 앞줄에서 우드가 모든 사람들이 볼 수 있도록 그의 손가락 끝에 알루미늄 프리즘을 높이 들고 서 있는 것이 아닌가! 프리즘은 이미 실험대가 아닌 우드의 손 안에 있었던 것이다. 그리하여 N선의 사기극은 끝장이 났다.

"그렇지! 그 고무 샘플만 있으면 되잖아!" 하는 생각에 협조를 요청하려고 빌 그레이엄에게 전화를 걸었다.

그런데 그의 대답은 그 고무 샘플이 케네디에 있기 때문에 여기서는 구할 수가 없다는 것이었다. 어쩔 수 없이 포기하려던 차에 내일 있을 회의에서 사용하게 될 현장 조립부의 모형 속에도 똑같은 고무 샘플이 있음을 그가 기억해 냈다. 그리고 나에게 "내일 회의가 있기 전에 제 사무실에서 만나서 그 고무를 빼낼 수 있는지 한번 보도록 하지요."라고 했다.

그래서 다음 날 아침 나는 일찍 일어나서 호텔을 나섰다. 시간은 8시였고 눈이 오고 있었다. 택시를 잡고 운전기사에게 말했다. "철물점으로 갑시다."

"철물점이라고요, 손님?"

"네, 연장이 좀 필요합니다."

"손님, 이 근방에는 철물점이 없는데요. 이쪽으로 가면 연방 정부 청사고, 저쪽은 백악관이고, 이런 데에서 무슨 ······. 아, 그러고 보니 며칠 전에 철물점을 하나 본 거 같은데요."

그는 철물점을 찾아냈다. 그런데 가게가 아직 문을 열지 않았다. 아침 8시 30분에 문을 연다고 씌어 있었다. 아직 8시 15분이었다. 밖에 서서 기다릴 수밖에 없었다. 양복에 넥타이를 맨 사람이 철물점 앞에 서 있으니 남 보기에 좀 이상했으리라 생각된다. 나는 워싱턴에 오면서부터 워싱턴 사람들과 같이 행동하고 남의 눈에 띄지 않도록 양복을 입고 넥타이를 매고 다녔다.

이곳의 빌딩들은 모두 난방이 잘 되어 있고, 건물 내에서 입는 양복만 입고도 한 건물에서 옆 건물로 충분히 갈 수 있음에도 불구하고, 또는 그 건물이 좀 먼 경우 건물에서 택시까지 충분히 갈 수 있음에도 불구하고(택시도 모두 난방이 잘 되어 있다.) 워싱턴 사람들은 감기에 대해서 매우 두려워하는 것인지 하여간 외부로 나갈 때는 반드시 외투를 입었다. 나는 아직 외투를 사지 않았고 따라서 비록 양복은 입고 있었으나 그래도 다른 워싱턴 사람들 눈에는 이상해 보였을 것이다.

8시 30분이 되자 가게 문이 열리고 나는 안으로 들어갔다. 드라이버 두 개, 펜치 몇 개 그리고 C자형 클램프 중 제일 작은 것을 사서 나사로 돌아갔다.

그레이엄의 사무실로 가는 길에 내가 산 클램프가 너무 크지 않을까 하는 걱정이 들었다. 그래서 나사의 구내 보건소로 달려갔다.(캘리포니아에 있는 내 주치의가 내 상태[11]를 전화로 확인하고 계속 치료하고 있었기 때문에 그의 지시에 따라서 구내 보건소에서 피 검사를 여러 차례 했고 그런 이유로 위치를 잘 알고 있었다.) 나는 의료용 튜브를 고정할 때 쓰는 것 같은 의료용 클램프가 있냐고 물었다.

마침 하나도 없다고 했다. 그런데 거기 있던 사람이 "그러면 갖고 오신 클램프가 유리컵에 들어가는지를 좀 볼까요?" 하고 묻기에 실제로 해 보니 컵 속에 쉽게 들어갔다. 괜한 걱정을 했던 것이다.

안심하고 그레이엄의 사무실로 올라갔다.

펜치 하나만 갖고도 고무는 쉽게 빼낼 수 있었다. 드디어 고무 샘플을 손에 넣은 나는 거기서 약간 수치스러운 행동을 하고 말았다. 첫 번째 실험을 공개회의 석상에서 해야 정직하고 극적이라고 생각되었으나 그때까지 참을 수가 없었다. 그래서 말하기 창피하지만 그레이엄의 사무실에서 1차 실험을 하고야 말았다. 우리 조사 위원회가 언제나 비공개회의를 먼저 한 후에 똑같은 내용으로 공개회의를 하듯이 공개회의 석상에서 내 실험이 성공하는 것을 보이기 전에 한 번 확인했다고 할까. 확인 후 고무를 모형 속에 다시 집어넣어 그레이엄이 회의실로 갖고 가게 했다.

그림 15 파인만이 O링 샘플을 얻은 현장 조립부 모형.

나는 한쪽 주머니에는 펜치를 그리고 다른 한쪽 주머니에는 C자형 클램프를 넣고 만반의 준비를 갖춘 채 회의실로 갔다. 그리고 커티나 장군 옆 자리에 가서 앉았다.

그런데 지난번 회의에서는 발표자 전원에게 얼음물이 제공되었는데 이번에는 얼음물을 안 주는 것이었다. 그래서 나는 자리에서 일어나 직원으로 보이는 사람에게 다가가서 "얼음물 한 잔 부탁합니다." 하고 말했다.

"예, 알겠습니다." 그가 대답했다.

5분이 지나고 경비가 회의실 문을 닫고 회의가 시작되는데도 얼음물이 오지 않았다.

다급해진 나는 그 직원에게 손짓을 했다. 그가 다가와서 말했다. "곧 올 겁니다. 잠시만 기다려 주십시오."

회의가 많이 진행되어서 멀러이 씨가 접합부의 밀봉 검사구와 관련된 연료 차폐에 관한 이야기를 하기 시작했다.(쿡 씨가 차폐에 대해서 이야기를 꺼내기 전에 나사가 먼저 한 마디를 하겠다는 의도로 보였다.) 그리고 그 모형이 각 조사 위원에게 차례대로 돌려지고 있었다. 각 위원은 잠시 그 모형을 들여다보았다.

그런데 아직도 얼음물을 안 가져오는 것이다.

멀러이 씨는 연료 차폐 부위가 어떻게 작동하도록 디자인되어 있는지를 나사 특유의 방법으로 수많은 약어와 나사에 속한 사람들만이 알아들을 수 있는 단어들로 설명했다. 따라서 다른 사람들은 그가 무슨 말을 하는지도 모르고 있었을 것이다.

나는 내가 나중에 밝히고자 하는 점을 이야기하기 전에 그 준비 과정으로서 몇 가지 질문을 했다.

"발사 중에 발생하는 약간의 진동 때문에 로켓의 접합부가 조금 움직이게 되는 것이 사실입니까?"

"그렇습니다."

"그런 경우에 로켓의 연결 부위가 헐거워지면 접합부의 안쪽에 있는 O링이 순간적으로 팽창하여 그 공간을 메워 주게 되어 있습니까?"

"그렇습니다. 정지 상태에서는 O링이 슴베와 갈고리 모두와 직접 접촉이 되어 있어야 하며 그때 0.2인치만큼 눌린 상태여야 합니다."

"만약에 O링이 없다면 어떻습니까?"

"그렇다면 열로 뜨거워진 기체 연료가 팽창하면서 연결부를 통하여 새 나가게 될 것입니다."

"그렇다면, 연료 차폐부가 제대로 작동되기 위하여 O링은 고무로 만들어야겠군요. 예를 들어 납으로 만든다면 눌렀을 때 다시 튀어나오질 않고 찌그러진 상태로 그대로 있을 테니까요."

"그렇습니다."

"그렇다면 만약에 O링을 눌렀을 때 1~2초가 지나도 다시 제 모양으로 돌아오지 않는다면 심각한 문제가 발생할 수 있습니까?"

"그렇습니다."

여기까지 해서 나는 낮은 온도가 고무의 탄력성에 미치는 영향을 이야기할 준비가 되었다. 나는 멀러이 씨가 온도에 따른 고무의 탄력성의 변화를 알고 있음을 보이려고 했던 것이다.(비록 맥도널드 씨의 말에 따르면 멀러이 씨는 그 증거가 '불충분' 했다고 주장했다지만.) 그런데 아직도 얼음물이 오지 않는 것이다! 얼음물 없이 실험을 할 수 없었으므로 나는 더 이상 이야기를 계속할 수 없었고 일단 여기서 멈추어야 했다. 그러자 다른 사람이 말을 시작했다.

그 모형은 돌고 돌아 커티나 장군에게까지 왔고 그 옆자리에 앉은 내게까지 왔다. 나는 호주머니에 있던 클램프와 펜치를 꺼내 모형을 분해했고 그 속에서 O링을 빼냈다. 그런데 그때까지도 얼음물이 안 온 것이다. 또다시 아까부터 얼음물을 갖다 달라고 부탁했던 직원에게 손짓으로 재촉했다. 그가 멀리서 내게 손짓으로 말했다. "걱정마십시오. 곧 올 겁니다." 하는 뜻이었다.

과연 얼마 안 되서 젊은 여직원이 물 컵이 잔뜩 놓인 쟁반을 들고 저쪽 문 앞에 나타났다. 그러고는 로저스 씨, 암스트롱 씨 및 연단 위에 있는 모든 사람들에게 물 잔을 돌리는 것이었다! 이 불쌍한 여직원은 내 의도를 모르고 모든 사람들에게 얼음물을 주려고 물 컵이며 물병, 얼음, 쟁반 등을 준비하느라고 시간이 걸렸던 것이다.

결국 내게도 마실 얼음물이 왔지만 물론 마시지 않았다. 나는 준비해 온 C클램프로 고무를 꽉 조이고 그대로 얼음물 속에 넣었다.

몇 분 후 나는 이 간단한 실험 결과를 보여 줄 준비가 되어 내 마이크를 켜려고 버튼 쪽으로 손을 뻗었다.

그림 16 O링을 얼음물에 넣어 탄력성을 검사하는 실험.

이때 커티나 장군이 내 의도를 알아차리고는 내 쪽으로 슬쩍 기대더니 말했다. "부조종사가 조종사께. 아직 아닙니다."

조금 있다가 내가 다시 마이크 버튼에 손을 대려 했다.

"아직 아닙니다!" 그는 브리핑 자료를 뒤적이면서 여러 차트와 슬라이드를 지나서 한 슬라이드를 손으로 가리키며 말했다. "이 슬라이드까지 오면 그때 하십시오."

얼마 후 멀러이 씨가 그 슬라이드에 대한 이야기를 하려 할 때 나는 내 마이크의 버튼을 눌렀다. "저는 모형 속에 있던 고무를 빼서 이 얼음물에 한동안 담가 봤습니다."

나는 클램프를 얼음물에서 빼서 높이 들어 보였다. 그러고는 클램프를 서서히 풀면서 말했다. "저는 이 클램프를 풀어도 눌렸던 고무가 다시 제 모양으로 되돌아가지 않는다는 것을 발견했습니다. 다시 말해서 온도가 섭씨 0도일 때에 이 고무는 수초 이상 동안 탄력성이 없다는 이야기입니다. 이것이 우리가 풀려고 하는 문제에 시사하는 바가 크다고 생각됩니다."

멀러이 씨가 대답하기 전에 로저스 씨가 먼저 말했다. "그 문제는 물론 우리가 고려해야겠으나 나중에 날씨에 관한 위원회가 깊이 있게 논의하리라고 믿습니다. 제가 보기에도 그것은 중요한 문제라고 생각되며 멀러이 씨께서도 그 중요성을 인정하시리라고 생각합니다. 하지만 나중에 논의하기로 하십시다."

점심 시간이 되었을 때 기자들이 내게 와서 질문들을 했는데, "아까 O링에 대한 말씀을 하신 겁니까? 아니면 밀봉제에 대한 말씀을 하신 겁니까?"라든지 "O링이 무엇인지 자세히 좀 설명해 주시겠습니까?" 하는 것이어서 내가 요점을 제대로 전달하여 사람들을 이해시키지 못했다는 데 적잖이 실망했다. 하지만 그날 밤 뉴스를 보니 내 실험의 의미를 제대로 이해하여 설명하고 있었다. 그리고 그 다음 날 아침 신문에는 모든 것이 완벽하게 설명되어 나왔다.

여섯 시 방향을 조심하라!

내 사촌 여동생 프랜시스는 나에게 언론에 대한 교육을 해 주었다. 프랜시스는 닉슨 행정부와 포드 행정부 시절에 AP 통신 소속 백악관 출입 기자였고 지금은 CNN에서 일하고 있다. 프랜시스의 말에 따르면 어떤 사람들은 언론을 두려워하여 뒷문으로 빠져나가기도 한다는 것이다. 그녀의 영향을 받은 탓에 언론은 아무런 나쁜 짓을 하지 않는다는 생각을 갖게 되었다. 기자들은 단지 국민들에게 무엇이 어떻게 돌아가는지를 알 수 있도록 도와주려 할 뿐이기에 기자들에게 친절히 대하는 것이 나쁠 것 없다는 생각을 하게 되었다.

그들도 기회만 주어지면 매우 좋은 사람들이라는 것을 알게 되었다. 그래서 나는 언론을 피하지 않았고 늘 기자들의 질문에 대답을 했다.

기자들은 내게 '이름을 밝히지 않고' 이야기할 수 있다고 설명하기도 했다. 하지만 나는 어떤 속임수 같은 것도 원치 않았다. 내가 이름을 밝히지 않고 말함으로써 무엇인가를 언론에 흘리고 있다는 인상을 주고 싶지 않았다. 언론에 대해서 나는 언제나 직선적이었다. 그 결과로 내 이름은 매일같이 모든 신문에 등장했다!

마치 기자들의 질문에 대답을 하는 사람은 언제나 나 혼자인 것 같은 느낌이었다. 다른 조사 위원들은 모두 점심 식사하러 사라지는데 나 혼자 남아서 기자들의 질문에 대답하는 것은 흔한 일이 되었다. '공개회의까지 하면서 조사의 진행 상황을 알려 주는 마당에 전문적인 용어에 대한 질문에 대답조차 안 한다는 것은 납득이 안 간다.'라는 것이 내 생각이었다.

그런데 우리가 점심 식사를 하러 모이면 로저스 씨는 우리에게 기자들과 말하지 않도록 주의 겸 당부를 하곤 했다. 그러면 나는 "나는 그저 기자들에게 O링이 무엇인지 설명해 주고 있었는데 ……." 하고 말하곤 했다.

그러면 그는 "괜찮습니다. 파인만 박사님. 지금까지 잘해 오셨습니다. 그런 뜻이 아니었습니다." 하고 말하는 것이었다. 그래서 나는 도대체 그가 '기자들과 말하지 않도록'이라고 말하는 이유를 알 수가 없었다.

조사 위원회의 일이 꽤 사람을 긴장시키는 것이었기 때문에 나는 때로 긴장을 해소할 겸 프랜시스와 조카인 척과 함께 저녁식사를 했다. 척은 내 여동생의 아들로 워싱턴 포스트 신문사에서 일하고 있었다. 로저스 씨가 자주 보안에 대해서 언급했기 때문에 우리는 내가 하고 있던 일에 대해서는 한마디의 말도 하지 않기로 합의했다. CNN에서 내게 물어볼 것이 있으면 다른 기자를 보내도록 했다. 워싱턴 포스트 신문사도 마찬가지였다.

한번은 로저스 씨에게 언론 기관에서 일하는 친척들이 있다는 등의 이야기를 했다. "내가 하는 일에 대해서는 일체 언급하지 않기로 합의했습니다만 그래도 문제가 될 수 있겠습니까?"

그는 미소를 지으면서 말했다. "괜찮습니다. 저에게도 언론에서 일하는 사촌이 있습니다. 문제될 게 없습니다."

수요일에는 조사 위원회의 활동이 없었기 때문에 커티나 장군이 나를 펜타곤[1]으로 초대하여 공군과 나사와의 관계에 대해서 교육을 하고자 했다.

나로서는 국방성에 처음으로 들어가 본 것이었는데 사람들이 죄다 군복을 입고 명령에 절대적으로 복종하는 것이 민간인들의 행동과는 완전히 대조적이었다. 커티나 장군이 부하에게 "브리핑실을 쓰고 싶은데 ……." 하면,

"알겠습니다!"

"그리고 슬라이드 몇 번과 몇 번이 필요하다." 하고 말만 하면,

"알겠습니다!" 하는 것이었다.

수많은 부하들이 당장 우리를 위해서 방을 준비하고 슬라이드를 돌리는 가운데 커티나 장군이 특별 브리핑실에서 오직 나를 위해서 발표를 했다. 그 방의 뒤쪽에는 투명한 벽이 있었고 그 투명 벽 뒤에서 슬라이드를 비추고 있었다. 모든 것이 휘황찬란했다.

커티나 장군은 때로 "모 상원의원은 완전히 나사의 하수인입니다."라는 말을 했다. 그러면 나는 "저한테 그런 이야기까지 하시지 않는 것이 좋겠습니다. 장군님. 왜냐하면 제 머리는 이미 꽉 찼거든요. 하지만 어차피 금방 잊어버릴 거니까 괜찮습니다." 하는 식으로

농담 비슷하게 대답했다. 나는 되도록 순진한 바보처럼 보이도록 행동했다. 우선은 우주 왕복선 자체의 문제가 무엇인가 하는 것을 먼저 찾아내야겠다는 것이 내 생각이었다. 그러고 나서 정치적 압력에 대해서 생각해 볼까 하는 정도였다.

커티나 장군은 발표 중에 잠깐 이런 말을 했다. 조사 위원회에 속한 모든 사람은 일종의 약점을 갖고 있다는 것이었다. 예를 들어, 그 자신은 공군 우주 왕복선 프로그램 책임자였던 관계로 나사의 직원들과도 매우 가깝게 일을 했고 그래서 나사의 관리 문제에 대해서 곤란한 질문을 하기가 불가능하거나 매우 어렵다는 것이었다. 또한 샐리 라이드는 현재에도 나사에서 일을 하고 있으므로 자기가 하고 싶은 말을 다 할 수가 없다는 것이었다. 코버트 씨는 엔진과 관련된 일에 종사했는데 나사의 자문 역할을 했다는 등…….

"나는 캘리포니아 공과 대학에 있는데 그게 내 약점이 될 수는 없겠지요." 하고 내가 말했다.

"그런 것 같습니다. 우리가 보기에는 교수님만은 흔들릴 이유가 없는 것 같습니다. 하지만 우리 공군에는 '여섯 시 방향을 조심하라!' 라는 말이 있습니다."

"어떤 조종사가 비행 중이라고 합시다. 그는 모든 방향을 살피면서 자신이 안전하다고 생각합니다. 이때 적기가 후방에 나타나서(여섯 시 방향, 열두 시 방향은 전방) 피격을 당하는 것입니다. 대부분의 비행기는 이렇게 격추됩니다. 자신이 안전하다고 생각하는 것은 매우 위험한 것입니다! 어딘가 교수님의 약점이 있을 터이니 찾아보도록 하십시오. 여섯 시 방향을 조심하십시오."

졸병이 하나 들어와서 누가 이 브리핑실을 지금 좀 쓰고 싶다는 이야기를 했다. 커티나 장군이 대답했다. "10분 후에 끝난다고 해."

"알겠습니다. 장군님."

얼마 후 우리가 밖으로 나와 보니 복도에는 자그마치 열 명의 장군들이 그 방을 쓰기 위하여 기다리고 있었던 것이다. 그 장군들이 기다리고 있는 가운데 다른 장군으로부터 직접 특별 세미나를 받고 있었던 것이니 어깨가 으쓱해지고 기분이 좋지 않을 수 없었다.

펜타곤에서 나온 후에는 편지를 쓰며 시간을 보냈다. 내가 프랜시스와 척을 가끔 만난다는 이야기를 로저스 씨에게 했을 때 그가 대답한 말을 편지에 적다 보니 커티나 장군의 여섯 시 방향을 조심하라는 말이 떠오르며 다소 걱정이 되었다.

당시에는 로저스 씨의 대답을 듣고 마음을 놓았는데 이 편지를 쓰는 순간 다시 생각해 보니 석연치 않은 면이 있소. 그의 대답이 너무나도 시원시원했던 것이오. 처음에는 회의를 할 때마다 기밀이 새지 않도록 주의하라고 수차 강조했는데 이번에는 전혀 개의치 않는 듯이 대답한 것이 오히려 이상하지 않은가 하오. 내가 그의 음모에 말려 들어가고 있는 것은 아닌지?(여보, 내게 벌써 워싱턴 신경 정신병 증후군이 나타나는 모양이오.) …… 하지만 누군가가 어떤 것을 숨기려고 하는지도 모르고 내가 그것에 가까이 가게 되면 나의 평판을 떨어뜨려 나를 궁지에 몰아넣으려 할지도 모를 일이오. …… 그러니 어쩔 수 없게도 이제는 더 이상 프랜시스와 척을 만나지 말아야 할 것 같소. 아니면 먼저 프랜시스에게 내가 너무 예민한 것은 아닌지를 한번 물어봐야겠소. 로저스가 너무나도 쉽게 괜찮다고 말하며 기분 좋게 대답한 것이 자꾸 캥긴다오. 왜냐하면 나는 이미 그에게는 눈엣가시 같은 존재이니 말이오 …….

　내일 우리는 소위 '브리핑을 받기 위하여' 아침 6시 15분에 두 대의 특별기 편으로 케네디 우주 항공 센터로 향하게 되어 있소. 보나마나 우리는 여기 저기 끌려다니면서 그들이 준비한 대로 멋있는(?) 것들을 이것 저것 구경하느라고 실제로 구체적인 문제점들에 대해서는 이야기를 나눌 시간조차 없을 것이오. 그런 것은 전혀 도움이 안 되는데 말이오. 그들이 우리에게 보여 주려고 준비한 게 내 마음에 들지 않으면 나는 토요일과 일요일에 거기 남아 있으면서 조사를 좀 더 해야겠소. 만약 토요일과 일요일에 그들이 일을 안 한다면 월요일과 화요일에 머물면서 자세히 조사해 봐야겠소. 먼지가 나는지 한번 털어 봐야겠소.

　내가 그곳에 며칠 더 있겠다고 요구하면 아마 반대하지는 않을 것이오. 왜냐하면 관련 자료들이 너무나도 방대하여 내가 곧 질려서 아무것도 못하게 될 테고 그러면 그들은 내가 헤매고 있는 동안 숨길 것은 숨기고 위험한 증인들에게는 초칠할 시간적 여유가 있을 것이라고 생각할 테니까. 하지만 그렇게 쉽지는 않을 것이오. 왜냐하면, 첫째 나는 기술적인 문제들을 습득하고 이해하는 것에 있어서는 그들이 상상할 수 있는 것보다 훨씬 빠르고, 둘째, 나는 벌써 어떤 구린 냄새를 맡았는데 이 냄새를 잊어버릴 수가 없기 때문이오. 이런 구린 냄새는 흥미진진한 모험이 앞에 기다리고 있음을 알려 주는 것이라서 내가 정말로 좋아하는 것이거든.

　나는 마치 고급 도자기 상점에 들어와 있는 커다란 똥개 같다고 할 수 있소. 그럴 때 최선의 방법은 똥개를 밖으로 내보내는 것일 거요. 아니 나는 고급 도자기 상점에 있는 명견이라고 하는 것이 더 적절한 표현이겠소. 왜냐하면 고급 도자기 자체가 바로 똥 같은 것이니까.†

그러니 내가 집에서 다른 일을 하면서 즐거운 시간을 보냈을 만큼 지금 여기서도 재미를 보고 있다는 것을 짐작할 수 있으리라 믿소.

사랑하오.

리처드

한편 신문과 뉴스에서는 소문에 의하면 나사가 조급하게 우주 왕복선을 쏘아 올리게 된 것은 정치적인 압력을 받았기 때문이었다는 보도가 나오고 있었다. 그리고 그 압력이 어디에서부터 왔는가 하는 것에 대한 온갖 추측과 이론이 무성했다. 정치적인 문제와 관련된 세계는 내게는 엄청난 힘을 보유한 커다란 미지의 세계로 느껴졌다. 하지만 나는 이것 역시 조사해 볼 작정이었다. 내가 자신을 제대로 방어하기만 한다면 아무런 일도 없을 것이다. 그러나 매우 조심스럽게 해야 할 일이었다.

---

† 파인만이 때려 부수려고 하는 것은 나사의 모든 것이 아주 좋다고 하는 똥 같은 소리였던 것이다.

그리하여 우리는 목요일 아침 일찍 플로리다 주로 향했다. 플로리다 주 커내버럴 만에 위치한 케네디 우주 항공 센터로 가서 안내자가 이끄는 대로 모든 것을 구경한다는 것이 우리의 본래 계획이었다. 하지만 이것이 어느새 신문에 알려져 우리는 공개회의를 먼저 갖게 되었다.

이 회의가 시작되면서 몇 장의 사진을 자세히 보게 되었는데 우주 왕복선이 발사되기 전 아직 발사대에 놓인 우주 왕복선에서 연기가 새어 나오고 있었음을 보여 주는 사진이었다. 보통 우주 왕복선을 발사할 때에는 수백 개는 될 것 같은 많은 사진기가 발사대 주위에서 발사 과정을 촬영한다. 우주 왕복선의 연기가 새어 나오는 부분을 바로 앞에서 바라보도록 놓인 사진기도 두 대가 있었는데 이상하게도 두 대 모두 고장으로 작동되지 않았다. 하지만 다른 사진기에 찍힌

그림 17 발사대에 고정된 사진기가 찍은 '연기'.

사진을 통하여 우리는 현장 조립부에서 새어 나오는 검은 연기 덩어리를 네댓 개는 볼 수 있었다. 이 연기는 무엇인가가 타면서 발생한 연기가 아니고 탄소 같은 검은 물질들이 로켓 안의 압력 때문에 밖으로 밀려나온 것이었다.

몇 초 정도 지나자 이 연기 덩어리들은 더 이상 나오지 않았다. 어떤 이유에서인지 접합부가 다시 밀봉되었던 것이다. 그러나 이것은 잠시였고 1분 후에 접합부가 다시 열리면서 참사를 빚어진 것이다.

이때 이 연기 때문에 얼마나 많은 양의 물질이 새어 나왔는가 하는 문제가 제기되었다. 사진을 보면 그 연기 덩어리는 높이가 약 2.5미터 정도였고 너비가 1미터 정도였다. 얼마나 많은 양의 물질이 새어 나왔나 하는 것은 연기 입자들의 크기가 얼마나 미세한가에 따라 다르다. 또한 연기 중심 부분에 좀 더 밀도가 높은 부분이 있을 수 있으므로 쉽게 말할 수는 없었다. 게다가 사진이 옆에서 찍은 것이라서 사진에 찍히지 않은 로켓의 옆부분으로 연기가 얼마나 나갔는지도 알 수 없었다.

그래서 나는 그만큼의 연기를 내려면 최소한 얼마만큼의 물질이 빠져나와야 하는지 그 최솟값을 구해 보았다. 그래서 가장 많은 연기를 낼 수 있는 입자의 크기를 가정하여 계산을 했는데 계산 결과는 놀랄 만큼 작은 양이었다. 1세제곱인치[1]의 물질이면 그만큼의 연기를 만들 수 있었다.

그래서 우리는 이전에 다른 우주 왕복선이 발사되었을 때 찍은 사진을 요청했다. 나중에 사진을 받아 보니 이전에 발사된 우주 왕복선의 경우에는 연기 덩어리가 한번도 나타난 적이 없었다.

또한 우리는 온도 측정 책임을 맡고 있는 찰리 스티븐슨이라는 사람으로부터 우주 왕복선이 발사되기 직전 온도가 매우 낮았다는 보고를 들었다. 그의 말에 따르면 그날 밤 최저 기온은 영하 5도였는데 직원들이 발사대 한 곳에서 측정한 온도는 영하 13도까지 내려갔다는 것이다. 그들은 왜 이렇게 낮은 온도가 측정된 것인지 이해할 수 없다고 했다.

점심 시간에 그 지방의 텔레비전 방송국 기자가 내게 와서 이와 같은 저온 현상을 어떻게 설명할 수 있냐고 물었다. 나는 아마 로켓 부스터와 연결된 커다란 연료 탱크에 액체 수소와 액체 산소가 들어 있으므로 섭씨 영하 5도의 바깥 기온을 더 내려가게 한 것 같다고 대답했다.[2] 어떤 이유로 그렇게 생각했는지는 모르겠지만 그 기자는 내가 한 이 말이 대단한 비밀 정보라도 된다고 생각했는지 그날 저녁 뉴스에서 내 이름을 언급하지는 않고 "이것은 노벨상 수상자의 설명이므로 틀림없을 것으로 생각됩니다." 하고 말했다.

오후에는 계기 측정 기록 팀 사람들이 우주 왕복선의 마지막 순간에 측정되고 기록된 여러 정보를 알려 주었다. 수백 가지 종류의 측정치가 기록되어 있었다. 이 기록들은 우주 왕복선의 마지막 순간에도 모든 계기와 장치들이 상황의 변동에 따라서 적절히 작동하고 있었음을 보여 주었다. 예를 들어 고체 연료 부스터에서 불길이 치솟고 나서 몇 초 후에는 수소 탱크 내의 압력이 갑자기 떨어졌다. 우주 왕복선의 방향을 조정하는 자이로[3]는 완벽하게 작동을 하다가 부스터 로켓의 한쪽에서 불길이 치솟아 그 반대 방향으로 미는 힘이 작용하자 본래의 궤도를 유지하려고 한쪽 자이로가 더 열심히 움직였다. 수소 탱크가 폭발하는 순간에는 연료 계통에 압력 강하가 생기자 주엔진이 자동적으로 꺼졌다.

공개회의는 그날 저녁 7시 30분까지 계속되어 케네디 센터를 구경하려던 우리의 계획은 그 다음 날인 금요일로 연기되었다. 그리고 우리는 곧장 로저스 씨가 마련한 저녁 식사를 하러 갔다.

식탁에서 나는 앨 키일이라는 사무관의 옆자리에 앉게 되었다. 그는 월요일부터 로저스 씨의 위원회 관리 업무를 돕도록 배속된 사람이었다. 그는 백악관(구체적으로 말하면 경영 기획실)에서 온 사람으로 일을 잘 한다는 호평을 듣고 있었다. 우리에게 그와 같이 유능한 사람이 오게 되어 얼마나 운이 좋은지 모르겠다고 로저스 씨가 말하고 다니는 것을 여러 차례 들었다.

하지만 내게 인상적이었던 점은 그가 항공학 박사 학위를 갖고 있으며 버클리에서 박사 후 연구 과정을 거쳤다는 것이다. 월요일에 처음으로 자신을 소개하면서 최근에 자기가 했던 '정직한 일'이라고는 약 11~12년 전에 우주 왕복선 프로그램에 관련된 기체 역학에 관한 일이었다는 농담을 했다. 그런 그를 나는 편하게 대할 수 있는 사람이라고 생각했다.

그런데 내가 키일 박사와 채 5분도 이야기하지 않았을 때였다. 그가 갑자기 자기 평생에 이처럼 모욕을 받아 본 적이 없으며, 모욕을 받으려고 이 일을 맡은 것이 아니며, 앞으로는 나와 이야기를 하지 않겠다는 것이었다!

나는 다른 사람을 이처럼 화나게 만들어 놓고도 무슨 말을 했는지 기억하지 못하는 경우가 많았다. 이번에도 내가 무슨 말을 잘못했는지 기억할 수가 없었다. 하지만 무슨 말을 했건 농담으로 한 것이 틀림없는데 키일 박사가 그렇게 화를 내니 나 역시 매우 놀랐다. 무언가 매우 경망스럽게 생각 없이 말했음에 틀림없고, 생각 없이 했던 말이기 때문에 더더욱 무슨 말을 했는지 기억나지 않는 것이었다!

그리하여 한 5분 내지 10분 동안 매우 긴장된 분위기 속에서 나는 키일 박사에게 계속 사과를 하며 대화를 계속하려고 애썼고 그런 나의 노력으로 우리는 다시 이야기를 하게 되었다. 그 후 우리는 좋은 친구가 되지는 못했으나 적어도 둘 사이에 평화는 있었다고 할 수 있다.

금요일 오전이 되자 우리는 또 공개회의를 가졌다. 이번에는 티오콜과 나사의 직원들이 우주 왕복선이 발사되기 전날 밤에 대한 이야기를 했다. 모든 것이 천천히 진행되었다. 증인들은 모든 사실들을 정확히 다 말하지 않고 있었다. 그러니 알고 싶은 것에 대한 대답을 제대로 끌어내려면 질문을 날카롭게 해야만 했다.

조사 위원회의 다른 위원들은 모두 정신을 똑바로 차리고 있었다. 예를 들어, 서터 씨는 "이러이러하고 저러저러한 상황 하에서 그렇게 해도 괜찮다는 기준이 정확히 무엇이었는지 말씀해 주십시오." 하고 매우 구체적인 질문을 했다. 그러면 증인들은 그에 대한 기준이 제대로 없었다고 대답하고 마는 것이었다. 코버트 씨나 워커 씨도 마찬가지였다. 다른 모든 위원들은 좋은 질문을 하고 있었는데 나만이 정신이 몽롱한 가운데 남들보다 뒤쳐져서 회의를 겨우 따라가는 느낌이었다.

그때 티오콜 회사 측이 태도를 바꾸었다. 로저스 씨와 라이드 박사가 티오콜의 고위 경영인인 메이슨 씨와 런드 씨에게 우주 왕복선이 발사되기 직전에 몇 사람이나 발사에 반대했는가를 묻고 있었다.

"모든 사람들의 의견을 일일이 다 들어 보지는 않았습니다." 메이슨 씨가 말했다.

"그렇다면 꽤 많은 사람들이 발사에 반대했나요? 아니면 단지 한

두 명이 반대했나요?"

"제가 기억하기로는 당시에 대여섯 명의 기술자들이 그렇게 낮은 온도에서 우주 왕복선을 발사하는 것은 좋지 않으며 어떠한 결과를 가져올지 예측할 수 없다고 말했던 것 같습니다."

"그렇다면 찬성과 반대가 반반이었습니까?"

"아마도 그렇지 않았나 생각됩니다."

그때 나는 티오콜의 고위 경영인들이 정확한 이야기를 하지 않기 위해 대답을 회피하고 있다고 느꼈다. 나는 원래 간단한 질문만 할 줄 아는 사람이다. "그렇다면 귀 회사에서 가장 권위 있는 기술자 네 명의 이름을 차례대로 불러 보시겠습니까?" 하고 내가 물었다.

"로저 보이스졸리와 어니 톰슨이 일인자와 이인자라고 할 수 있습니다. 그리고 잭 캡과 제리 번스가 그 다음이라고 할 수 있습니다."

마침 그 회의에 참석했던 보이스졸리 씨를 쳐다보며 물었다.

"보이스졸리 씨, 그날 발사에 대해서 찬성한다고 하셨습니까?"

"아닙니다."

이번에는 톰슨 씨에게 물었다. 그도 그 자리에 있었다.

"아닙니다." 그가 대답했다.

"캡 씨는요?"

"캡 씨는 이 자리에 없습니다. 사고 후 제가 그에게 물었더니 '우리에게 주어졌던 정보만 갖고 판단하라면 발사해도 괜찮다는 결정을 내렸을 겁니다.' 라고 말했습니다." 하고 런드 씨가 대답했다.

"마지막 기술자의 의견은요?"

"제리 번스요? 그의 견해는 들어보지 못했기 때문에 모르겠습니다."

"그렇다면, 네 명의 권위자 중에서 한 명은 '어떻게 대답했을지 알 수 없다.'이고 한 명은 '아마도 찬성이었던 것 같다.'이고 일인자와 이인자인 나머지 두 명은 모두 반대였단 말이군요." 하고 내가 말했다. 그러니 "찬성과 반대가 반반이었다."라는 말은 순 엉터리였던 것이다. 밀봉에 관해서 가장 잘 아는 사람들이 그들은 반대했다지 않는가?

그날 오후 늦게나 되어서 우리는 케네디 우주 항공 센터로 안내받았다. 내가 예상했던 것만큼 나쁘지도 않았고, 오히려 재미있기도 했다. 다른 조사 위원들은 중요한 질문들을 수없이 많이 했다. 우리는 부스터 로켓 조립 과정을 볼 시간이 없었기에 그 대신 그날의 거의 마지막 순서로 그때까지 수거된 우주 왕복선의 잔해를 보기로 되어 있었다. 하지만 나는 이 단체 관광 식의 안내에 지쳤기 때문에 빠지겠다고 했다.

나는 발사 과정을 찍은 사진을 좀 더 볼 작정으로 그 즉시 찰리 스티븐슨이 있는 곳으로 갔다. 거기서 이상하게 낮은 온도가 측정되었던 것에 대해서 알아보았다. 그곳에서 일하는 기술자들은 모두 협조적이었으며 나는 그들과 함께 일하기를 원했다. 처음부터 이런 곳에서 일하기를 원했는데 여기까지 오는 데에 자그마치 열흘이나 걸린 것이다!

그날 저녁 식사 시간 중에 나는 로저스 씨에게 "여기에서 이번 주말을 보내고 싶은데요." 하고 말했다.

"글쎄요, 파인만 박사님. 제 생각으로는 오늘 밤 우리와 함께 워싱턴으로 돌아가시는 것이 좋겠습니다만, 물론 원하시는 대로 하셔도 괜찮습니다."

"아, 예, 그렇다면 저는 여기에 남겠습니다."

그 다음 날인 토요일에는 우주 왕복선이 발사되던 날 아침에 직접 온도계의 눈금을 읽은 사람(B. K. 데이비스라는 마음씨 좋은 사람이었다.)과 이야기를 나눴다. 그는 온도계의 눈금을 읽을 때마다 시간을 측정했고 측정한 온도와 시각을 정확히 기록해 놓았다. 또한 온도계의 눈금을 사진으로도 찍어서 남겼다. 그 기록을 보면 데이비스 씨가 온도 측정을 하려고 발사대를 오르내리는 데 얼마의 시간이 걸렸는가 하는 것까지도 알 수 있었다. 그는 공기의 온도와 로켓 몸체의 온도뿐만 아니라 땅바닥의 온도, 얼음의 온도, 그리고 심지어 부동액을 뿌려서 얼지 않은 질퍽한 진창의 온도까지 측정했다. 그는 매우 완벽한 측정을 했다.

　나사는 발사대 주위의 온도가 어떻게 변화해야 하는지에 대한 이론적 계산을 해 놓았는데 그 계산 값과 비교해서 측정치는 다소 변화가 심했고 온도도 낮게 나타났다. 어떤 사람은 그날 아침 날씨가 구름이 없이 쾌청했기 때문에 대기에 열복사가 많이 일어나지 않았을까 하는 이야기를 했다. 그러던 중 어떤 사람이 데이비스 씨가 측정한 질퍽한 진창의 온도가 사진에 나와 있는 온도계의 눈금보다 훨씬 낮다는 것을 발견했다. 그가 읽은 온도는 영하 13도였는데 이 온도에서는 아무리 부동액을 넣었다 해도 진창이 완전히 굳어 있어야만 했다.

　그래서 우리는 온도 측정 팀이 사용한 기구를 조사했다. 설명서를 꺼내 읽어 보니 그 기구를 사용하기 전 적어도 20분 동안은 온도를 측정하고자 하는 곳에 두어야 한다는 것이었다. 그런데 데이비스 씨의 말이, 실내 온도인 영상 21도의 상자 속의 기구를 꺼내어 그 즉시 온도를 측정했다는 것이다. 그래서 우선 여기에서 생긴 오차가 실험에 의하여 재현될 수 있는가를 보기로 했다. 다시 말해서 그 상황을 재현해 보기로 한 것이다.

월요일에 나는 온도 측정 기구를 만든 회사에 전화를 하여 기술자 한 명과 이야기를 했다. "여보세요, 저는 딕 파인만이라고 하는데요, 챌린저 호의 참사를 조사하고 있는 위원입니다. 귀 회사에서 만드신 적외선 주사총에 대해서 몇 가지 질문할 것이 있습니다만 ……."

"제가 잠시 후에 전화를 드려도 되겠습니까?" 그가 물었다.

"물론이죠. 그럼 전화 기다리겠습니다."

얼마 후에 그가 전화를 걸어 왔다. "죄송합니다만, 그 기계에 관한 정보는 저의 회사 소유라서 알려 드릴 수가 없습니다."

그래서 나는 무엇이 진짜 문제인지를 알게 되었다. 온도 측정 기구를 만든 회사는 우리가 사고의 책임을 물을까 봐 새파랗게 질려 있는 것이었다. 나는 "저, 선생님, 귀 회사에서 만드신 적외선 주사총은 사고와는 아무런 관련이 없습니다. 그런데 그 기계를 여기서 사용한 사람들이 설명서에 써 있는 대로 사용하지 않았기 때문에 거기에서 생긴 오차를 재현함으로써 사고가 난 날 아침의 실제 기온이 얼마였는지를 알아내려는 것입니다."

그 기술자는 마침내 내 의도를 이해하고 매우 협조적으로 나왔다. 그의 도움으로 나는 온도 측정 팀이 다음 실험을 하도록 했다. 우선 방 하나의 온도를 섭씨 영상 4도까지 내렸다. 거기에 커다란 얼음 덩어리를 갖다 놓았다. 물론 얼음의 표면 온도는 0도이다. 그러고는 섭씨 21도로 유지되는 다른 방에 있던 주사총을 이쪽 방으로 가져와서 매 30초마다 얼음의 온도를 측정했다. 이로부터 우리는 시간이 지남에 따라 실제 온도와, 이 기계를 잘못 사용함으로써 잘못 측정된 온도와의 차이를 알아낼 수 있었다.

데이비스 씨는 워낙 그의 측정을 정확히 기록해 놓았기 때문에 우리는 쉽게 온도를 보정할 수 있었다. 그 결과 놀랍게도 여기에서 얻어진 보정된 온도는 잘못된 측정치보다 나사에서 이론적인 모형으로 계산한 값에 매우 가까운 결과가 얻어졌다. 만족할 만한 결과였다.

그래서 다음에 어떤 기자를 만났을 때 이 온도 측정에 있어서의 이상했던 문제들을 모두 해명했다. 또한 일전에 노벨상 수상자에 의해 제시되었던 먼젓 번의 이론은 잘못된 것이었다는 말도 덧붙였다.

나는 이 온도에 관한 문제를 다른 위원들에게도 알리기 위하여 보고서를 작성해서 키일 박사에게 보냈다.

그 후 나는 위원회에서 가능한 사고 원인 중의 하나로 조사해 오던 문제에 대해서 개인적인 조사를 해 보았다. 부스터 로켓이 바다에 떨어질 때는 자연히 충격으로 조금 찌그러지게 마련이다.[4] 이 두 개의 로켓은 케네디 센터에서 각각 네 조각으로 분리되고 이 조각들은 기차로 유타 주에 있는 티오콜 회사로 보내진다. 거기서 각 조각들에는 새로운 고체 연료가 담기고 다시 플로리다 주로 기차로 운송된다. 고체 연료는 다소 부드러우면서도 매우 무거운 데다 각 조각들이 옆으로 뉘어진 채로 운반되기 때문에 수송 과정에서 약간씩 더 찌그러지게 된다. 찌그러지는 정도는 1인치[5]의 몇 분의 1밖에 되지 않지만, 이 부분들을 다시 서로 끼워 맞추게 되면 약간의 틈만 있어도 뜨거운 가스가 새어 나오게 되는 것이다. O링으로 조정한다고 해도 O링의 지름이 4분의 1인치밖에 되지 않고 압축이 되어도 200분의 1인치밖에 압축되지 않으므로 틈이 크게 생기면 막기 어렵다!

나는 이 문제에 대해서 좀 더 계산해 보기로 했다. 로켓의 분리된 각 부분이 얼마나 찌그러지게 되는지에 대한 여러 가지 숫자들을 나사로부터 얻었다. 찌그러짐 때문에 O링이 얼마나 압축되는지를 계산하고 그로부터 가스가 새는 곳이 어디일지를 알아보려는 것이었다.(가장 압축이 덜 되는 곳이 아마도 새는 곳일 테니.) 그런데 나사에서 제공된 숫자들이 문제였다. 그들은 찌그러진 정도를 측정할 때 중심을 지나는 세 개의 지름을 따라서 중심으로부터의 거리를 측정했다. 물론 이들은 서로 60도씩 떨어져 있다. 그런데 이때 세 지름의 길이가 모두 같다고 해서 로켓이 찌그러지지 않았다고 할 수 없는 것이 문제이다. 세 개가 아니라 여섯 개 혹은 그 이상의 지름을 측정하여 그들의 길이

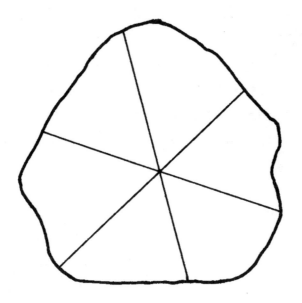

그림 18 그림에 그려진 선분들은 모두 길이가 동일하다. 그러나 이 선분들을 지름으로 하는 도형은 보는 바와 같이 분명히 원이 아니다.

가 같다고 해도 전체 모양이 반드시 원이라고 할 수는 없는 것이다.

예를 들어 끝이 약간 둥그런 삼각형 모양으로 만든 도형도 서로 60도씩 떨어진 여섯 개의 지름의 길이는 같지만 원이 아닌 것이다.

어려서 어떤 과학 박물관에 갔을 때 이런 속임수를 이용한 전시품을 본 적이 있다. 여러 개의 기어들이 서로 맞물린 채 완벽하게 돌아가고 있었다. 그런데 이 기어들과 같이 맞물려 그 밑에서 돌아가는 기어들을 보니 모양이 원형이 아니고 괴상하게 생긴 것들이었다. 어떤 것은 축마저 왔다갔다 하고 있었다. 도저히 서로 같이 맞물려 돌아갈 수 없을 것같이 생겼음에도 불구하고 완벽하게 돌아갔던 이유는 서로 모양은 달라도 지름이 모두 같게 만들어져 있었기 때문이다.

결국 나사로부터 얻은 숫자들은 쓸모가 없었다.

그런데 내가 집에 보낸 편지에서 예언했듯이 그 주말을 케네디 센터에서 보내고 있는 동안 워싱턴에 있는 조사 위원회 본부에서 내게 계속 다음과 같은 메모를 보내오는 것이었다. '온도 측정에 관한 문제를 확인할 것. 사진들을 확인할 것. 이것을 확인할 것. 저것을 확인할 것. 등 …….' 아주 긴 목록이었다. 하지만 이러한 지시가 왔을 때 나는 이미 이 목록의 대부분의 것들을 끝낸 상태였다.

그중 한 메모는 이상한 종이쪽지에 대한 것이었다. 케네디 센터에서 고체 연료 부스터 로켓을 조립하던 중 누군가가 '해 버리자!' 라는 말을 종이쪽지에 썼다는 것이다. 물론 이런 말투는 어떤 일을 하는데 인내심이 없이 적당히 해 버리자는 느낌을 주는 말이다. 나에게 주어진 임무는 그 쪽지를 찾으라는 것이었다.

하지만 그동안 나사와의 접촉을 통하여 나는 나사에 있는 사람들이 얼마나 많은 종이쪽지와 메모들을 사용하는지 알게 되었고 따라서 나에게 이러한 일을 시키는 것은 단지 나를 헤매게 만들려는 수작이라고 판단했다. 그래서 이 임무에 대해서는 아무런 조치도 취하지 않았다.

그 대신 나는 은밀히 다른 일을 조사했다.

항간에는 1월 28일에 날씨가 그토록 추웠음에도 불구하고 굳이 우주 왕복선을 발사하려고 했던 것은 그날 저녁에 대통령[6]이 그해의 연두교서를 발표할 예정이었기 때문이라는 소문이 있었다. 이 소문에 따르면 연두교서 발표 도중에 우주 왕복선을 타고 지구를 도는 맥컬리프 부인[7]이 대통령과 의원들에게 인사를 하도록 되어 있었다는 것이다. 생각해 보라. 대통령이 "안녕하십니까? 어떻습니까?" 하고 묻고, 여선생님이 "예, 아주 멋있습니다." 하고 대답한다는 것은 정치적으로 얼마나 극적인 효과가 있는 것인가.

논리적으로도 그럴듯하다는 생각에서 나는 이 소문이 사실일 가능성이 높다고 가정하고 문제에 접근했다. 하지만 증거가 있어야 할 것 아닌가? 게다가 나는 이런 문제를 조사해 본 경험도 없는 사람이었다. 그래서 내가 생각해 낸 것이 이것이었다. 우선 대통령과 통신을 한다는 것은 간단한 일이 아니라고 생각했다. 게다가 여선생이 특히 우주 공간에 있는 경우 우주 비행사에게 간단히 전화 걸듯이 연락이 되어 바꾸어 달라고 할 수도 없는 것이다. 따라서 우주 왕복선의 여선생이 의회에서 연설을 하고 있는 대통령과 통신하기 위해서는 꽤 복잡한 과정을 거쳐야 할 것이다.

누군가가 이를 위한 준비 작업을 했는지 알아보기 위하여 나는 가장 낮은 직급의 실무직 기사들을 만나서 몇 가지 기술적인 질문을 했다.

그들은 내게 안테나를 보여 주었고, 주파수에 대해서 설명했고, 커다란 라디오 시스템과 컴퓨터 시스템을 보여 주는 등 모든 것을 보여 주었다.

"만약 다른 곳, 어 …… 예를 들어, 마샬로 통신을 보내려면 어떻게 하십니까?" 내가 물었다.

"아, 우리는 단지 중간 연락 역할만을 하는 중계소일 뿐입니다. 모든 통신은 자동적으로 휴스턴으로 보내집니다. 그러면 그 통신을 어디로 보내는가 하는 교환 작업은 거기에서 하게 되어 있습니다. 여기서는 교환 작업을 하지 않습니다." 하고 그들이 대답했다.

그래서 나는 아무런 증거도 발견할 수 없었다. 적어도 케네디 센터에서는. 한편 그곳에서 일하던 직원들은 내게 매우 친절 했고 모든 것이 흡족했기 때문에 이런 식으로 은밀히 조사를 하는 것이 마음에 내키지 않았다. 나는 평소에 남을 속이는 것을 좋아하지 않는다. 그런데 내가 그곳에서 했던 조사 활동은 일종의 속임수였다. 그렇지만 그럼에도 불구하고 나는 휴스턴에 가게 되면 거기에서도 똑같은 방법으로 조사를 할 수밖에 없다고 생각했다.

그러던 중 월요일에 호츠 씨가 나와 함께 일을 하겠다며 플로리다까지 일부러 내려왔다.(나중에 그에게 들으니 그는 내가 무엇을 하고 있는지 살펴보고 내가 '미친 듯이 날뛰지' 않도록 돌보라는 임무를 맡고 내려왔다고 했다.) 그는 할 일이 조목조목 적힌 종이를 보여 주며 말했다. "할 일이 많습니다. 일을 나누어서 하는 것이 어떨까 합니다." 그중에 어떤 일들은 그가 더 잘할 수 있으니 그가 하겠다고 했고 그 나머지 일들은 내가 이미 다 한 것들이었다. '해 버리자!' 라고 써 있는 쪽지를 찾는 일을 제외하고는. 호츠 씨는 그 쪽지라는 것이 부스터 로켓 조립 현장에서 일하는 누군가의 일지에 적혀 있는 것일지도 모르겠다는 말을 했다. 하지만 그렇다고 내가 어떻게 그 쪽지를 찾는단 말인가? 나는 어찌되었든 이 문제에 대해서는 아무런 일도 하지 않을 작정이었다. 그 대신 램벌스라는 사람이 나와 이야기를 하고 싶다고 하여 그를 만나기로 했다.

램벌스 씨는 고체 연료 로켓 부스터를 조립하는 부서의 고위 관리 중 한 사람이었다. 그는 자기가 겪은 어떤 문제에 대해서 나와 이야기하기를 원했다. "옛날에는 기술자들이 일을 잘했는데 요즘에는 그전 같지가 않습니다." 하면서 그는 몇 가지 예를 이야기했다.

첫 번째 예는 바다에서 건져 낸 부스터 로켓을 분리하는 작업에 관한 것이었다. 분리된 각 조각들은 180개의 핀으로 고정되게 되어 있다. 이 핀들은 지름이 약 4센티미터이며 길이는 5센티미터 정도이다.

로켓을 분해하는 작업은 일련의 단계적인 작업들인데, 그중에 인부들이 로켓을 어느 정도 위로 들어올려야 하는 부분이 있다. 이때 인부들은 로켓에 가하는 힘의 강도에만 주의를 하면 되는데 이 힘의 크기는 11,000파운드(약 5톤)였다. 물리적으로 보더라도 핀으로부터 받는 힘을 줄이는 것이 좋기 때문이다.

그런데 한번은 힘을 측정하는 기계가 고장이 났다. 그래서 인부들은 11,000파운드가 되었을 텐데 이상하다고 생각하면서 계속 힘을 가하다가 그만 핀 하나가 부러진 일이 있었다.

그래서 램벌스 씨는 작업 지시에 따르지 않았다는 이유로 인부들을 견책했다. 이 사건은 마치 내가 어렸을 때에 이모의 호텔에서 일을 하면서 일을 더 잘해 보려고 하다가 사고를 냈던 일을 상기시켰

다. 더 효과적인 방법을 개발하기는 했는데 그로 인하여 작은 사고가 일어난 것이었다.[†]

두 번째 이야기는 로켓의 각 부분을 재조립하는 과정에서 일어난 것이었다. 정상적인 방법은 한 부분을 아래에 두고 다른 부분을 그 위에 쌓아 올려 끼워 맞추는 것이었다.

그런데 만약 한 부분이 약간 찌그러져서 원래 모양으로 되돌려야 하는 경우에 그들은 찌그러진 부분을 크레인으로 들어올려서 한쪽으로 기울인 채 공중에 며칠 동안 매달아 놓는다. 매우 간단한 방법이다.

그런데 이와 같이 매달아 놓아도 둥글게 되지 않으면 다음 방법을 쓰게 되어 있었다. 즉 그들이 '둥글이'라고 부르는 기계를 사용하는데, 둥글이는 유체 압력을 이용한 막대기 모양의 기구로서 한쪽 끝에는 너트가 있어 고정을 할 수 있게 하고 다른 한쪽 끝에서는 압력을 가할 수 있게 만든 기구였다.

램벌스 씨의 말에 의하면 이때 압력이 1평방인치당 1,200파운드 (1,200psi)보다 커서는 안 된다는 것이다. 그런데 한번은 어느 한 부분의 로켓이 1,200파운드(약 540킬로그램)의 압력을 가하여도 둥글게 되지 않았다. 그래서 인부들은 압력을 증가하는 대신에 렌치를 갖고 한쪽 끝의 너트를 돌렸다. 결국 둥근 모양으로 만들었는데 그러고 나서 압력을 보니 1,350파운드가 되었다. "요즘 인부들의 기강이 해이해져 있다는 것을 보여 주는 또 다른 예입니다." 하고 램벌스 씨는 말

[†] 『파인만 씨, 농담도 잘하시네요!』에 나오는 이야기. 어렸을 때 파인만이 이모의 호텔에서 일하면서 콩깍지를 손쉽게 자르는 방법을 개발하였다가 사고를 친 일을 말한다.

했다.

그렇지 않아도 나는 조립반 사람들과 이야기하기를 원하고 있었기 때문에(이런 일은 내가 좋아하는 일 중 하나이다.) 그 다음 날 오후 2시 반에 그들과 만나기로 했다.

다음 날 2시 30분에 모이기로 한 장소에 갔다. 가 보니 방에는 기다란 테이블이 놓여 있고 삼사십 명은 되는 사람들이 파인만이라는 조사 위원과 이야기를 하기 위하여 심각하고 침통한 표정으로 앉아 있었다.

나는 이를 보고 엄청나게 놀라고 말았다. 내가 이렇게 이 사람들에게 겁을 주게 될 줄은 상상도 못했던 것이다. 그들은 매우 심각한 표정을 하고 있었고 내가 그들의 잘못을 조사하러 왔다는 이야기를 들었음에 틀림없었다.

그래서 나는 즉시 다음과 같이 말했다. "실은, 제가 이곳에서 더 이상 할 일이 없는 것 같아서, 로켓 조립을 하는 분들과 이야기를 좀 하려고 했습니다. 개인적으로 궁금한 것이 좀 있어서 알아보려는 것이었는데 모두가 이렇게 하시던 일을 그만 두고 오시면 되겠습니까? 직접 작업에 참여하신 기사분들하고만 이야기하고 싶습니다."

대부분의 사람들이 자리에서 일어나 나갔다. 예닐곱 명의 사람들만이 남았다. 그들은 실제로 로켓을 조립한 사람들, 그들의 십장 한 명, 그리고 고위 관리자 한 명이었다.

나는 부드럽게 시작하려 했으나 이 사람들은 아직도 겁을 먹은 표정들이었다. 나는 먼저 "질문이 하나 있습니다. 로켓의 지름을 세 군데에서 측정했는데 그 값들이 모두 같았다고 합시다. 그러면 로켓의 각 부위가 맞아 쉽게 조립이 됩니까? 제가 생각하기에는 한쪽이 좀 튀어나오고 그 대신 반대편이 그만큼 평평하게 되면 지름은 같더라도 동그랗지 않아 서로 맞지 않을 것 같은데요." 하고 말문을 열었다.

"예, 바로 그렇습니다." 그들은 이구동성으로 대답했다.

"그런 식으로 혹이 생깁니다. 그 혹 같은 것을 우리는 젖꼭지라고 부르지요."

거기에 있던 홍일점의 여자가 말했다. "나하고는 아무 관계없는 일이에요!" 그 말에 모두가 웃고 말았다.

"그 젖꼭지가 언제나 말썽입니다." 그들은 계속 말했다. "우리는 감독관에게 늘 그 이야기를 하는데 전혀 소용이 없습니다."

이런 식으로 우리는 조립 과정의 자세한 면까지 이야기를 나누었다. 이러한 대화는 매우 실질적이고 효과적인 것이었다. 나는 단지 이론적으로 추론하여 어떤 일이 발생할 수 있을 것이라는 생각으로 질문을 하지만 그들에게는 내가 그들의 기술적인 문제에 대해서 사전 지식이 좀 있는 보통 사람으로 보였을 것이다. 기술적인 문제에 대해서 이야기가 시작되자 그들은 곧바로 긴장을 풀었고 그들의 문제를 해결하는 데 도움이 될 수 있는 온갖 새로운 아이디어들을 내게 털어놓았다.

예를 들어서, 둥글이라는 기계를 사용할 때 그 기계의 한쪽 끝은 다른 쪽과 완전히 180도 반대되는 쪽에 놓고 힘을 주어야 한다. 로켓에는 모두 180개의 구멍이 있으므로 둥글이의 한쪽 끝을 놓은 구멍부터 세어서 90번째 구멍에 다른 한쪽 끝을 놓아야 하는 것이다. 그런데 이 로켓은 공중에 매달아 놓은 상태이니 그 안으로 기어올라가서 구멍의 개수를 하나하나 세야 하는데 이것은 매우 느리고 어려운 작업이었다.

그래서 그들은 공장에서 로켓이 만들어져 나올 때 90도마다 페인트로 표시가 되어서 나온다면 구멍을 세는 데 훨씬 도움이 되리라고 생각했다. 그렇게 되면[8] 가장 가까운 페인트 표시로부터 22개 이상은 세지 않아도 되는 것이다. 예를 들어서 둥글이의 한쪽 끝을 페인트 표시가 된 구멍으로부터 시계 방향으로 아홉 번째 되는 구멍에 놓는 경우에는 그 반대쪽 끝은 반대쪽 페인트 표시로부터 다시 시계 방향으로 아홉 번째 되는 구멍에 놓으면 되는 것이다.

십장은(그의 이름은 픽텔이었다.) 2년 전에 이러한 제안을 써서 상급자에게 보냈는데 아무런 조치도 취해지지 않았다고 했다. 그래서 그가 그 이유를 물었더니 그렇게 하려면 너무나 많은 비용이 든다는 것이었다.

"선 네 개를 긋는 것이 너무 비싸다고요?" 그 말을 믿을 수 없었던 내가 물었다.

그들은 모두 웃었고 픽텔 씨가 설명을 했다. "페인트가 비싸다는 것이 아닙니다. 그에 따르는 서류 처리 비용이 비싸다는 것입니다. 모든 설명서를 다시 써야 하는데 그 비용이 너무 많이 든다는 거죠."

조립부의 인부들은 다른 제안과 생각들도 갖고 있었다. 로켓의 두 부분을 맞춰 조립하는 과정에서 두 부분이 서로 맞물려 비틀어지고 스쳐 지나가게 되는데, 이때 금속 조각들이 떨어지게 되고 그 조각들이 고무로 된 연결부로 들어가서 고무를 상하게 하지 않을까 하는 우려였다. 그들은 심지어 접합부를 새롭게 디자인하는 방법까지도 제시했다. 그들이 제안한 방법들은 썩 좋은 방법이라고 할 수는 없었지만 중요한 점은 그들이 '생각'을 하고 있었다는 것이다. 그래서 내가 보기에는 그들의 기강이 해이해져 있지 않았다. 그들은 자신들이 하는 일에 매우 흥미를 느꼈으며, 오히려 그들에게는 관심과 격려가 부족했던 것이었다. 도대체 아무도 그들에게 관심을 기울이고 있지 않았다. 사실 그들이 처한 열악한 상황을 고려한다면 그들의 일에 대한 정열은 놀라울 정도로 높았다.

인부들이 이번에는 그 자리에 남아 있던 고위 관리자에게 말을 꺼냈다. 한 명이 말했다. "이번에 우리가 좀 실망한 점이 있습니다. 조사 위원들이 와서 부스터 로켓 조립 과정을 시찰했을 때 그 시범 작업을 관리자들이 하기로 되어 있었습니다. 어째서 그 일을 실무자들인 우리에게 맡기지 않으셨던 겁니까?"

"우리는 여러분이 조사 위원들 앞에서 조립 과정을 시범 보이라고 하면 심리적으로 위축이 되어 아마도 하고 싶어 하지 않을 것이라고 생각했기 때문입니다."

"아닙니다. 아니에요. 우리는 맡은 일을 잘하고 있다고 생각합니다. 그리고 우리가 하는 일을 우리 손으로 직접 보여 주고 싶었습니다."

이 모임이 다 끝나고 나서 그 고위 관리는 나를 식당으로 데려갔다. 식사 중에 그는 말했다.(인부들은 없는 자리였다.) "나는 그 사람들이 그렇게 자기들이 하는 일에 관심을 갖고 열심인 줄 미처 몰랐는데요. 아까는 매우 놀랐습니다."

나중에 나는 픽텔 씨에게 한번은 압력을 1,200이 넘게 가한 적이 있냐고 물었다. 그는 내게 그가 기록한 노트를 보여 주며 설명했다. 이 노트는 서명이 된 공식 문서는 아니었으나 비공식적으로 세심하게 기록을 남긴 일지였다.

나는 말했다. "내가 듣기로는 한번은 압력이 1,350까지 갔다던데요."

"그렇습니다. 우리는 다른 쪽의 너트를 조였습니다."

"그렇게 하는 것이 정상적인 절차인가요?"

"예, 물론이죠. 책에 있는 대로입니다."

그는 내게 작업 설명서를 펼쳐 보이면서 설명했다. 작업 설명서에는 다음과 같이 씌어 있었다. "유압기의 압력을 증가시키시오. 그러나 이것만으로 원하는 원 모양이 얻어지지 않으면, 그 반대편의 너트를 매우 조심스럽게 조임으로써 원하는 모양을 얻으시오." 이렇게 책에 씌어 있는 것이 아닌가. 거기에는 너트를 조이게 되면 압력이 1,200psi를 넘게 된다고 씌어 있지가 않은 것이었다. 아니 어쩌면 이 작업 설명서를 쓴 사람들도 이러한 점에 대해서는 미처 몰랐을지도 모른다.

픽텔 씨는 그의 일지에 "우리는 매우 조심스럽게 너트를 조였다."라고 기록했던 것이다. 작업 설명서 그대로 글자 하나 틀리지 않게.

"램벌스 씨 말이 1,200 이상으로 압력을 올린 데 대해 당신에게 경고했다는데요."

"그는 내게 그 일로 경고를 준 일이 없는데요. …… 그럴 이유가 없지 않습니까?"

우리는 아마도 다음과 같은 일이 벌어진 것이 아니었을까 추측했다. 램벌스 씨의 경고가 밑으로 내려오는 과정에서 중간 관리자의 누군가가 픽텔 씨는 단지 설명서를 따랐을 뿐이라는 것과 오히려 잘못은 설명서에 있다는 것을 깨닫고는 램벌스 씨에게 그 설명서의 잘못을 보고하는 대신 그냥 그의 경고를 묵살하고 조용히 처리한 것이 아닐까 하는 것이었다.

점심 식사를 함께 하면서 픽텔 씨는 내게 확인 절차에 관하여 다음과 같이 이야기했다. "둥글이 작업에서 보신 바와 같이 모든 작업에는 확인서가 따르게 되어 있습니다. 거기에는 서명을 할 자리가 네모로 표시되어 있지요. 서명은 직속 상관, 품질 관리, 제조자들이 하게 되어 있고, 작업이 큰 경우에는 나사도 서명하게 되어 있습니다."

픽텔 씨가 계속 말했다. "우리는 먼저 지름을 측정하고 첫 번째 둥글이 작업을 시작합니다. 그리고 다시 한번 지름을 측정합니다. 두 번째 측정 결과가 충분하지 않으면 우리는 똑같은 둥글이 작업을 반복합니다. 그래서 결국 지름들이 거의 똑같게 되면 그때서야 해 버리는 거죠."

나는 정신이 번쩍 들었다. "무슨 말씀이신가요? 해 버리다뇨?" 내가 물었다. "조심스럽지 않고 대충하자는 것처럼 들리는데 ……."

"아, 아닙니다. 해 버리자는 말은 모든 작업들이 제대로 되었으니까 그 다음 작업으로 넘어가도 된다는 뜻으로 우리가 흔히 쓰는 말이지 다른 뜻은 없습니다."

"그렇다면 그 말을(해 버리자를) 어디에 써서 남기신 적이 있습니까?"

"예, 가끔 쓰는 경우가 있죠."

"그러면 어디에 쓰셨는지 좀 보여 주실 수 있겠습니까?"

픽텔 씨는 그의 일지를 뒤적이다가 한 예를 발견했다. 그러한 말은 그에게는 아주 자연스러운 말이었다. 무분별하거나 대충하자는 의미로 쓴 말이 아니었다. 그의 언어 습관일 뿐이었다.

이와 같이 월요일과 화요일에 내가 케네디에 머무르면서 여기저기를 파헤치고 다니는 동안 로저스 씨는 상원의 한 상임 위원회에서 의회의 대정부 질문에 대한 답변을 하고 있었다. 의회도 의회 나름대로 따로 조사 위원회를 구성해야 할지에 대해서 검토하고 있었기 때문이다.

사우스캐롤라이나 주 출신의 홀링스 상원 의원이 로저스 씨에게 질문을 퍼부어 곤혹스럽게 만들고 있었다. "로저스 장관, 나는 장관께서 그 조사 위원회를 과연 적임자라고 할 수 있는 조사 위원들로 구성했는지에 대해서 알고 싶습니다. 실제로 조사 업무를 수행할 수 있는 조사 위원의 수는 얼마입니까?"

로저스 씨는 대답했다. "우리는 예를 들어 경찰 수사와 같은 의미에서의 조사를 하는 위원은 없습니다. 우리는 단지 서류들을 읽고 그 서류들의 의미를 이해하고 청문회를 조직, 개최하고 증인들을 불러 답변을 듣는 그런 조사를 하고 있습니다. 우리는 이를 위해서 훌륭한 조사 위원들을 확보하고 있다는 점을 다시 확인시켜 드리겠습니다."

홀링스 상원 의원이 말했다. "내 말이 바로 그 말입니다. 나도 비슷한 종류의 조사를 해 본 경험이 있어서 잘 알고 있는데 나라면 과학 기술과 항공 우주 기술 분야의 최고 권위자 네댓 명으로 조사 위원회를 구성하여 커내버럴에 직접 내려가게 해서 거기에서 작업하는 모든 사람들과 직접 이야기도 하고 같이 점심도 먹게 할 것입니다. 장관께서도 거기에 직접 가서 이삼 주 동안 있으면서 그들과 함께 점심을 먹어 보십시오. 얼마나 많은 것을 발견하게 되는지 놀라실 것입니다. 그냥 의자에 앉아 가지고 남이 가져오는 것들을 읽어 가지고는 조사가 안 된다는 말입니다."

"우리는 단지 앉아서 읽기만 하는 것은 아닙니다. 우리는 많은 사람들을 한 방에 모이게 하여 동시에 모든 문제들에 대해서 공개적으로 묻고 대답을 듣고 있습니다. 우리는 탐정 같은 사람들을 어떤 장소로 보내어 한 사람 한 사람씩 개별 접촉을 하게 하여 은밀한 조사를 하게 되어 있지는 않습니다." 로저스 씨가 방어적으로 대답했다.

홀링스 의원이 말했다. "알고 있습니다. 하지만 비밀 조사 위원 같은 사람이 없다면 그 조사에서 얻어질 결과는 보지 않아도 이미 회의적이라는 말입니다. 그리고 그게 바로 대부분의 대통령 조사 위원회가 갖는 공통적인 문제점이에요. 일을 하는 사람들이 남이 '갖다 주는' 것만 보아서 되겠습니까? 그 이면에 어떤 문제들이 있는지를 조사해 봐야 하지 않겠습니까? 그러니 결국 조사가 제대로 되지 않게되고, 그러고 나면 또 기자들이 조사를 하게 되고, 혹은 거기에 대해서책을 쓰는 사람들도 나오고 한단 말입니다. '아직도' 워런 조사 위원회의 보고서†를 들춰 보며 조사하고 있는 사람들이 있지 않습니까?"

로저스 씨는 침착하게 대답했다. "지적해 주셔서 감사합니다, 의원님. 우리 조사 위원회의 위원 한 분이 노벨상 수상자이신데, 바로지금 현재 플로리다에서 방금 의원께서 원하시는 형태의 조사를 하고 계십니다."(로저스 씨는 몰랐겠지만 그가 그런 말을 하고 있던 바로 그때 나는 사실 기술자들과 점심을 함께하고 있었다!)

홀링스 의원은 말했다. "나는 노벨상 수상자의 조사 능력에 대해서 묻는 것이 아닙니다. 신문을 통해서 그가 하는 이야기들을 매우 흥미롭게 읽고 있습니다. 장관의 조사 위원회 위원들의 능력이나 자질에는 문제가 없으리라고 봅니다. 내가 하는 말은 어떤 조사를 하든

---

† 외국인 독자를 위한 주석 : 워런 보고서란 은퇴한 헌법 재판소장이었던 얼 워런이 조사 위원장이 되어 존 F. 케네디 대통령의 암살 사건을 1964년에 발표한 것이다.

지 실제로 뛰어 들어서 조사하는 사람들이 있어야 한다는 것입니다. 그 조사 위원회는 이미 매우 흥미로운 사실들을 많이 밝혀냈고 일반인들에게 공개했습니다. 장관께서 그동안 태만했다는 이야기는 아닙니다."

그래서 내가 로저스 씨에게 약간의 도움은 준 셈이 되었다. 실은 로저스 씨는 반대했지만 내가 플로리다에 며칠 더 머무르는 덕택에 홀링스 씨에게 대답할 말이 생기지 않았는가.

　화요일 오후에 나는 다음 날에 있을 조사 위원회에 참석하기 위하여 워싱턴행 비행기를 탔다. 이 회의도 공개 회의였다. 티오콜 회사의 중간 관리자인 런드 씨라는 사람이 증언을 하기로 되어 있었다. 우주 왕복선을 발사하기 전날 밤에 멀러이 씨가 그에게 우주 왕복선 발사 여부를 '기술자의 관점'에서 보지 말고 '경영자의 관점'에서 보라고 했으며, 그 이야기를 듣고 그는 자기 부하 기술자들이 발사에 반대했음에도 불구하고 이를 무시하고 발사하기로 했다는 것이었다. 나는 그에게 매우 심한 질문들을 퍼붓고 있었는데, 그러다 갑자기 그 회의가 종교 재판 같다는 생각이 들면서 더 이상 그에게 심한 질문을 할 수가 없었다.

　로저스 씨는 일전에 우리에게 다른 사람들을 다룰 때 조심해야 한다고 주의를 준 적이 있다. 그들의 장래가 우리의 질문과 조사에 따라 영향을 받을 수 있기 때문이라는 것이었다. 그는 "우리는 모든 유리한 위치를 차지하고 있습니다. 우리는 여기 높은 곳에 앉아 있고 그 사람들은 저기 낮은 곳에 있습니다. 우리가 질문을 하면 그들은 반드시 거기에 답변을 해야 하지만 그들이 우리에게 질문을 한다고 해도 우리는 답변할 필요가 없습니다."라고 말했다. 갑자기 로저스 씨의 말이 생각나면서 나 자신의 행동에 대하여 대단히 기분이 상했고, 그 다음 날에 있을 회의에도 갈 기분이 아니었다. 그래서 나는 며칠 쉬면서 기분을 풀기로 작정하고 캘리포니아 주로 되돌아갔다.

패서디나에 며칠 있는 동안 나는 제트 추진 연구소에 가서 제리 솔로몬과 미이몽 리를 만났다. 그들은 주연료 탱크가 폭발하기 바로 몇 초 전에 나타났던 화염을 조사하고 있었으며 그 결과 여러 가지 자세한 사실들을 알아내고 있었다.(제트 추진 연구소는 오랜 기간 동안 행성에 대한 연구를 해 왔기 때문에 텔레비전 화상을 확대하는 기술이 뛰어났다.) 나중에 나는 이 확대된 화상을 케네디에 있는 찰리 스티븐슨과 그의 팀원들에게 전해 주어 그들이 하는 일에 도움이 되도록 했다.

조사 위원회에서 일을 하던 중 한번은 이런 일이 있었다. 직원 한 명이 내게 서류를 가져와서 '서명'을 해 달라고 했다. 그 서류에는 내가 그동안에 쓴 비용이 얼마 얼마입니다 하고 적혀 있었다. 하지만 실제로 내가 쓴 금액과 달랐다. 나는 사실 더 많은 비용을 썼다. 나는 "내가 실제로 쓴 비용은 이것이 아닙니다." 하고 말했다.

그는 말했다. "예, 알고 있습니다만, 저희로서는 규정상 호텔과 음식비를 합하여 하루에 75달러까지밖에 드릴 수가 없습니다."

"그렇다면 어째서 내 호텔을 하루에 80~90달러씩 하는 데로 정해 놓은 것이오? 그러면서 하루에 75달러밖에 안 주면 어쩌자는 거요?"

"예, 대단히 죄송합니다. 저희들도 그런 문제를 알고는 있습니다만, 그렇게 해 오고 있습니다."

그러자 언젠가 로저스 씨가 나에게 더 좋은 호텔로 방을 옮기겠냐고 물었던 기억이 났다. '도대체 무슨 의도로 그랬던 거야? 나보고 돈을 더 내고 있으라는 것이었단 말인가?' 하는 생각이 들지 않을 수 없었다.

우리는 시간과 노력을 들여 정부를 위해서 일하고(게다가 한 회사의 자문 일을 좀 봐 주고 있었는데 그 일을 안 함으로써 실제로는 돈을 잃고) 있는데 정부는 그렇게 짜게 굴지 말고 우리의 성의를 봐서라도 좀 더 지불해야 하는 것이 아닌가 하는 생각이 들었다. 그렇다고 내가 정부 일을 좀 해 주고 돈을 벌어 보겠다는 생각을 한 것은 아니지만 돈을 잃고 싶은 생각도 없었다. 그래서 나는 "여기에 서명을 못 하겠소."라고 말했다.

그러자 로저스 씨가 내게 와서 내가 쓴 경비를 모두 돌려받을 수 있게 하겠다고 약속했고 그래서 나는 서류에 서명을 했다.

나는 로저스 씨가 진정으로 노력은 했다고 생각한다. 하지만 그로서도 어쩔 수 없었던 모양이다. 나는 이 문제를 갖고 끝까지 싸워 볼까 하는 생각도 해 보았다. 하지만 곧 불가능한 문제라는 것을 깨달았다. 왜냐하면 만약 내가 실제 쓴 비용을 다 되돌려 받는다면 같은 조사 위원회의 다른 조사 위원들도 똑같이 더 받아야 될 것이고 그렇게 되면 우리 조사 위원회는 실제 쓴 비용을 다 받게 되는 유일한 조사 위원회가 될 텐데 그렇게 되면 다른 조사 위원회에서도 같은 문제로 말썽이 생길 것이다.

'불가능한 일이다.' 라는 의미로 뉴욕 사람들이 흔히 하는 말인, '시청과는 싸울 수 없다.' 라는 말이 생각났다. 게다가 이번에는 시청이 아니라 미합중국인 것이다. 하루에 75달러라는 것은 미합중국의 법인 것이었다. 어쩌면 끝까지 싸워 보는 것이 재미있었을지도 모르지만 나는 지쳐 있었다. 나는 더 이상 그전처럼 젊지가 않았다. 그래서 여기서 포기하고 말았다.

누군가가 조사 위원들이 하루에 1,000달러씩 받는다고 들었다는 이야기를 한 적이 있다. 하지만 실제로는 우리가 쓴 비용도 제대로 다 받지 못했다.

3월 초, 그러니까 조사 위원회의 활동이 시작되고 거의 한 달이 지나서야 우리는 각 분야 별로 일을 나누어 맡게 되었다. 우선 '발사 전의 활동' 분야는 에치슨 씨가, '설계, 개발, 생산' 분야는 서터 씨가, '사고 분석' 분야는 커티나 장군이, 그리고 '임무 수립 및 수행' 분야는 라이드 박사가 맡게 되었다.

나는 대부분의 시간을 커티나 장군의 그룹에서 보냈다. 나는 라이드 박사 그룹에도 소속되기는 했지만 그쪽 일은 별로 한 것이 없었다.

커티나 장군의 그룹은 앨라배마 주 헌츠비일에 있는 마샬 우주 항공 센터로 가서 일을 했다. 가자마자 율리안이라는 이름의 남자가 우리와 이야기를 하려고 찾아왔다. 그는 전에 케네디에서 안전 관리원으로 일을 했는데 맡았던 일은 우주 왕복선을 파괴해야 하는 상황인지 아닌지를 결정하는 것이었다.(만약 로켓이 공중에서 잘못되어 제멋대로 돌아다닌다든지 하게 되면 로켓을 작은 조각으로 파괴시킨다. 로켓이 제멋대로 돌아다니다가 지상에 떨어져서 폭발하는 것보다는 작은 조각으로 공중 폭파시키는 것이 덜 위험하기 때문이다.)

모든 무인 로켓에는 이 장치가 실려 있다. 율리안 씨의 말에 따르면 그가 안전 관리일을 맡았던 로켓 127개 중에 실제로 다섯 개가 잘못되었다고 한다. 이는 약 4퍼센트의 사고율에 해당한다. 유인 로켓은 무인 로켓보다 안전하리라는 가정 하에 그는 4퍼센트를 4로 나누었다. 그리하여 약 1퍼센트의 사고율이 있다는 것이며 따라서 우주 왕복선에도 이와 같은 파괴 장치가 있어야 한다는 것이 그의 주장이었다.

하지만 나사는 율리안 씨에게 사고율이 10^5분의 1 정도라고 했다는 것이다.

나는 너무나도 어처구니가 없어서 그에게 다시 물었다. "지금 10^5분의 1이라고 하셨습니까?"

"그렇습니다. 10만분의 1이라 했습니다."

"그 이야기는 매일 하루에 한 번씩 우주 왕복선을 발사해도 평균 300년 동안은 사고가 없을 것이라는 건데, 하루에 한 번씩 발사하고 300년 동안이라니 도대체 제정신으로 하는 이야기인지 모르겠습니다!"

"저도 알고 있습니다. 나사 사람들의 말은 유인 우주선은 특별히 세심한 주의를 기울여 만들어졌고 보통 로켓과는 다른 로켓이 사용되고 있는 등 안전성이 보장된다는 것이었습니다. 하지만 나는 내 숫자를 아무리 올려도 1,000분의 1이었고 그래서 결국은 파괴 장치를 장착했습니다."

그런데 여기에 새로운 문제가 또 있었다. 목성을 관찰하기 위한 갈릴레오라는 이름의 위성을 우주 왕복선에 싣고자 하는데 이 갈릴레오는 방사능에서 나오는 열을 이용한 전원 장치를 갖고 있다. 만약 갈릴레오를 운반하는 우주 왕복선이 고장난다면 방사능이 넓은 지역에 퍼지게 되는 것이었다. 따라서 사고율에 대한 싸움은 계속되었다. 나사는 10만분의 1이라고 했고, 율리안 씨는 1,000분의 1이라고 했다.

율리안 씨는 또한 이 문제의 책임자인 킹스버리 씨를 직접 만나서 이야기하고자 했으나 만날 수 없었던 일에 대해서 우리에게 말했다. 그는 킹스버리 씨의 부하 직원들과는 만날 수가 있었으나 킹스버리 씨를 직접 만날 수는 없었고 끝내 나사가 어떻게 해서 10만분의 1이라는 숫자를 얻게 되었는지를 알아내지 못했다고 했다. 지금은 그가 한 말들이 모두 다 기억나지는 않지만 율리안 씨는 모든 일을 합리적으로 처리했다고 생각한다.

우리 조사 위원회가 한 또 한 가지 일은 나사가 밀봉의 성질을 알기 위하여 수행하고 있던 여러 가지 실험을 감사하는 것이었다. 봉합제는 어느 정도의 압력을 견디는지 등의 실험이었는데 이는 사고가 났을 때에 어떠한 상황이 벌어졌는지를 정확히 알아내기 위한 것이었다. 커티나 장군은 성급하게 결론을 내리는 잘못을 범하지 않으려고 매우 조심했기 때문에 우리는 모든 것을 여러 차례 되풀이하면서 모든 증거들을 확인했고 모든 상황들이 서로 맞아 떨어지고 설명이 되는지를 살피면서 진행했다.

우리는 우주 왕복선의 마지막 순간 몇 초 동안에 정확히 어떠한 일들이 벌어졌는가에 대해서 수많은 토론을 했다. 하지만 나는 이 문제에는 별 관심이 없었다. 이에 대한 논의는 마치 기차가 철길을 달리다가 선로에 틈이 벌어져서 전복이 되었는데 어느 차량이 제일 먼저 쓰러지고 그 다음에는 어느 차량이 쓰러졌으며 어째서 어떤 차량은 옆으로 쓰러졌는가 하는 것을 따지는 것과 마찬가지라고 생각되었다. 일단 기차가 선로에서 벗어나면 그것으로 끝이지 어느 차량이 먼저 탈선했는지 등의 문제는 중요하지 않다고 생각되었다. 관심 밖의 문제로 시간을 보내자니 따분하기만 했다.

그래서 나는 다음과 같은 게임을 고안하여 이 게임을 푸는 데 시간을 보내기로 했다. '만약 부스터 로켓이 잘못되어 사고가 난 것이 아니고 우주 왕복선의 다른 부분이 잘못되어 사고가 났다고 가정하자. 예를 들어 엔진이 잘못되어 사고가 났다고 하자. 그래서 우리가 지금 부스터 로켓에 대해서 하고 있는 것과 같은 심도 있는 조사를 엔진에 대해서 한다고 하자. 그렇다면 부스터 로켓과 관련된 작업에 있어서 볼 수 있었던 것과 같이 엔진과 관련된 작업에 있어서도 안전 관리상의 문제점은 발견할 수 있을까? 그리고 부스터 로켓에 관한 작업에서와 같이 엔진에 관한 작업에 있어서도 관리자들과 기술자들 간의 의사 소통에 문제가 있을 수 있나?' 하는 것이었다.

나는 내가 늘 하는 방식대로 하기로 했다. 다시 말해서, 우선 기술자들로부터 엔진이 어떻게 작동하는지를 배우고 엔진 작동에 있어서 어떠한 위험이 따르는지를 알아내고 엔진이 갖고 있는 문제점은 무엇이고 등의 모든 것들을 배우는 것이다. 그러고 나서 내가 완전히 준비되었다고 생각될 때, 즉 내가 말할 내용의 모든 것을 완전히 이해했다고 생각될 때, 사고율이 10만분의 1이라고 주장한 사람이 누군지는 모르겠지만 그 사람과 직접 만나 상대하리라는 것이었다.

나는 어떤 사람에게 엔진 전문 기술자 두세 명과 이야기를 좀 하고 싶다고 했다. 그는 "좋습니다. 제가 자리를 마련하겠습니다. 내일 아침 9시면 괜찮겠습니까?" 하고 말했다.

이번에는 세 명의 기술자와 그들의 상관 한 명 그리고 몇 명의 보조 기술자들만이 나타났다. 모두 8~9명 정도였다.

　모든 참석자들은 크고 두꺼운 서류철을 갖고 왔고 그 서류철에는 '1986년 3월 와와[†] 일에 리처드 P. 파인만 조사 위원에게 드리는 보고 자료'라고 씌어 있었다.

　나는 말했다. "아니, 이런 걸 준비하시느라고 어제 밤에 한숨도 못 주무신 것 아닙니까?"

　"아닙니다. 별로 힘든 일이 아닙니다. 평소에 늘 쓰던 보고 서류들을 모았을 뿐입니다."

　"저는 단지 기술자 몇 분과 함께 이야기를 나누고 싶었을 뿐입니다. 이야기가 길어질 것 같으니 바쁘신 분들은 여기서 저와 이야기를 하지 않으셔도 괜찮습니다."

　내가 이렇게 말했지만 이번에는 모두 그대로 남았다.

　러빙굿이라는 이름의 사람이 일어나더니 나사의 방식대로 내게 준 두꺼운 책(책 속에는 물론 줄마다 총알 표시가 되어 있었다.)의 내용과 일치하는 차트와 그래프를 보여 주며 나에게 설명을 하기 시작했다.

　그 자리에서 있었던 이야기를 모두 여기에 쓸 필요는 없겠지만 어쨌든 나는 엔진에 관한 한 모든 것을 이해하고자 했다. 그래서 나는 늘 그렇듯이 바보같이 들리는 질문을 계속 해댔다.

　이와 같이 얼마의 시간이 지나자 러빙굿 씨는 "파인만 박사님, 이제 2시간이 지났는데 전체 123쪽 중에서 겨우 20쪽밖에 못했습니다." 하고 말했다.

[†] 와와는 파인만이 흔히 잘 쓰는 표현으로 '어느 날인지는 정확히 모르겠으나, 또는 무엇인지는 잘 모르겠지만' 등의 의미.

나는 즉각 "알겠습니다. 하지만 남은 부분은 오래 걸리지 않을 것입니다. 저는 항상 처음에는 느리지요. 처음에는 새로운 것을 이해하자니 좀 시간이 걸립니다. 하지만 조금 있으면 진도가 훨씬 빨리 나갈 수 있을 것입니다."라고 대답했다.

그런데 그때 내게 다른 생각이 떠올랐다. "속도를 좀 빠르게 하기 위하여 제가 의도하는 바를 말씀드리겠습니다. 우리가 부스터 로켓에 대해서 조사를 하는 과정에서 기술자들과 관리자들 간에 대화가 부족하다는 것을 발견했는데 저는 똑같은 문제점이 엔진에도 있는지를 알고자 합니다."

러빙굿 씨는 대답했다. "그렇지 않을 겁니다. 사실은 저도 지금은 관리자의 입장이지만, 처음에는 기술자 교육을 받았습니다."

"그렇다면 좋습니다. 여러분들 모두에게 종이 한 장씩을 나누어 드리겠습니다. 종이에 다음 질문에 대한 답을 적어 주십시오. 엔진의 고장으로 인하여 우주 왕복선의 임무가 완수되지 않을 확률이 얼마라고 생각하는지를 적어 주십시오."

각자 자기가 생각하는 답을 써서 종이를 내게 넘겼다. 한 명은 '99 44/100퍼센트 순수함.' (아이보리 비누 선전 문구를 흉내 낸 것)라고 썼다. 이는 약 200분의 1의 확률을 의미한다. 또 한 사람은 매우 전문적이고 통계학적으로, 그리고 모든 것을 정확히 정의하면서 매우 정량적인 방법으로 답을 썼다. 그래서 나는 그의 답을 한동안 해석해야만 했다. 해석해 보니 결과는 역시 약 200분의 1이었다. 세 번째 사람은 간단히 '300분의 1'이라고 썼다.

그런데 러빙굿 씨는 다음과 같이 썼다.

정량적으로 표현할 수 없음. 신뢰도는 다음으로부터 판단됨.

- 과거의 경험
- 제조 과정에 있어서의 품질 관리
- 기술적인 판단

"자, 제가 지금 네 분의 대답을 받았는데요, 한 분은 답변을 회피하셨군요." 내가 러빙굿 씨를 보며 말했다. "당신께서 회피하셨습니다."

"저는 답변을 회피하지 않았다고 생각하는데요."

"선생께서는 '자신이' 생각하는 신뢰도가 무엇인지를 대답하지 않았습니다. 단지 그것을 '어떻게' 결정하는가 하는 것을 답했을 뿐입니다. 제가 알고 싶은 것은 이와 같은 방법으로 결정한 결과가 무엇인가 하는 것입니다."

그는 말했다. "100퍼센트입니다." 이 말을 듣고는 기술자들의 입이 벌어졌다. 내 입도 벌어졌다. 모두가 그를 쳐다보았다. "어어, 마이너스 입실론[1]이요!"

그래서 내가 말했다. "좋습니다. 그렇다면 남은 문제는 '그 입실론이 무엇이냐.'라는 것입니다."

"10^{-5}." 그가 말했다. 이 숫자는 율리안 씨가 우리에게 말했던 숫자와 같은 것이었다.

나는 러빙굿 씨에게 다른 사람들이 쓴 숫자들을 보여 주며 말했다. "기술자들과 관리자 간에 300배 이상 차이가 있는 것을 보십시오."

그가 말했다. "어떻게 해서 이런 숫자가 나왔는가 하는 것을 설명하는 자료들을 박사님께 보내 드리겠습니다. 아마 보시면 이해하실 것입니다."[†]

나는 "고맙습니다. 그러면 다시 엔진에 대한 설명을 들어봅시다."
하고 말했고 우리는 하던 이야기를 계속했다. 내가 추측했던 대로 뒤
로 갈수록 진도는 빨라졌다. 나는 엔진이 어떻게 작동되는지 이해하
기를 원했다. 터빈 날개의 정확한 모양과 그들이 어떻게 도는지 등을
정확히 이해해야만 거기에 어떤 문제점이 있을 수 있는지를 이해할
수 있는 것이다.

점심 시간 후에 기술자들은 내게 엔진의 문제점들을 이야기했다.
산소 펌프 내의 날개가 금이 간다든지, 수소 펌프 내의 날개가 금이
간다든지, 덮개에 기포가 생기고 금이 간다든지 등. 우주 왕복선이
매번 비행을 마치고 내려올 때마다 그들은 일종의 잠망경 같은 것과
특수 기구로 이런 것들이 생기는 것을 관찰했다.

'비동일위상 회전'이라고 부르는 문제가 있었다. 고속에서 축이

---

† 나중에 러빙굿 씨는 내게 그 보고서를 보냈다. 이 보고서에 의하면 다음과 같이
적혀 있었다. "임무를 성공적으로 완수할 확률은 필연적으로 1.0에 매우 가깝다."
(이 말은 도대체 1.0에 '가깝다'는 말인가? 아니면 1.0에 '가까워야 한다'는 말인가?)
그리고 또 이렇게 적혀 있었다. "역사적으로, 이러한 높은 임무 수행률로 인하여 유
인 우주 비행선의 프로그램은 무인 우주 비행서의 프로그램과 차이가 있다는 철학
을 갖게 하였다. 즉, 수치적인 확률과 기술적인 판단은 다르다는 것이다." 내가 보
기에는 '기술적인 판단'이란 관리자들이 확률을 조작하는 것을 뜻한다! 엔진 날개
가 잘못될 확률이 그냥 하나의 상수로 주어졌다. 마치 모든 날개가 동일한 조건 하
에 있고 모두 동일하게 만들어진 듯이 말이다. 그 보고서는 모든 것을 정량화하고
있었다. 거의 모든 너트와 볼트에 이르기까지 사고율이 나와 있었다. "HPHTP 파
이프가 터지게 될 확률은 10^{-7}이다."라고 되어 있었는데 이렇게 작은 사고율을 도대
체 누가 계산할 수 있단 말인가? 1,000만 분의 일의 확률이란 거의 계산이 불가능
한 것이다. 내가 보기에는 엔진 각 부위의 사고율을 다 더 했을 때에 답이 10만 분
의 일이 나오게끔 조작된 것이 분명하다는 느낌이 들었다.

약간 구부러지면서 포물선 모양으로 되는 것을 이렇게 불렀다. 이로 인하여 베어링이 엄청나게 닳게 되고 그 결과로 소음과 진동이 매우 심해졌다. 이 문제는 해결할 수 없는 것처럼 보였으나 기술자들은 결국 해결 방법을 찾아냈다. 약 열 가지 이상의 매우 심각한 문제들이 있었고 그중 반 정도만이 해결된 상태였다.

대부분의 비행기들은 '아래에서 위로'의 방식으로 설계된다. 즉 기계의 각 부품이 수많은 과정을 통해서 시험이 되고 시험 과정을 거치면 비행기의 부품으로 사용되는 것이다. 그러나 우주 왕복선은 '위에서 아래로'의 방식으로 설계되었다. 짧은 시일 내에 우주 왕복선을 발사하기 위해서였다. 그러나 그 결과, 어떤 문제가 발견되면 그와 관련된 많은 부분이 다시 설계되어야만 했다.

러빙굿 씨는 이제 별 말 없이 가만히 앉아 있고 다른 기술자들이 저마다 해당 문제에 대해서 나에게 온갖 설명을 했다. 마치 내가 티오콜 회사에서 기술자들과 이야기할 때처럼 말이다. 나는 이 기술자들에 대하여 신뢰와 존경심을 갖게 되었다. 그들은 모든 문제에 대하여 솔직했으며 회의는 매우 효과적이고 생산적이었다. 우리는 그 두꺼운 책의 마지막 부분까지 끝낼 수 있었다. 하루에 해낸 것이었다.

그때 내가 말했다. "그런데 어떤 엔진에서는 나타나고 다른 엔진에서는 나타나지 않는다는 높은 진동수의 떨림 현상은 어떻게 되었죠?"†

내가 이 말을 하자 사람들의 손이 재빨리 움직이더니 어디선가 한 뭉치의 서류를 꺼냈다. 알고 보니 이 서류 뭉치는 내가 받았던 두꺼운 서류 뭉치의 일부였는데 내게는 이 부분을 빼고 준 것이었다. 모두 4,000사이클에서 나타나는 떨림 현상에 대한 것이었다!

나는 눈치 빠르고 똑똑하지는 못하지만, 어쨌든 이런 경우 어느 누구도 책망하거나 책임을 묻지 않으려고 최선을 다했다. 나는 그냥 그들이 내게 보여 주는 대로 내버려 두며 그들이 잔재주를 피워 나를 속이고 무엇인가를 감추려고 했다는 사실을 눈치채지 못한 듯이 행동했다. 나는 텔레비전에서 볼 수 있는 조사관처럼 어떤 썩은 조직이 불리한 정보를 감추려고 한 것에 대해서 발끈하여 책임을 묻지는 않았다. 하지만 내가 그들에게 이 문제에 대해서 질문을 할 때까지 그들은 내게 그 문제에 대하여 일언반구 언급도 하지 않았다는 것을 깨달았다. 나는 사실 평소에 눈치 없고 바보 같은 행동을 하기도 하지만 이때에는 일부러 순진한 바보같이 행동했다.

어쨌든 이 문제에 대한 이야기가 일단 터지자 기술자들은 모두 서로 다투어 나서서 한마디씩 하려고 했다. 그들은 신이 나서 내게 이 문제에 대해서 이야기를 하는 것이었다. 내가 이 문제에 대해서 이야기를 꺼낸 것이 매우 기쁜 듯했다. 왜냐하면 전문직에 있는 사람들은 어떤 문제에 봉착했을 때 문제 해결에 조금이라도 도움이 될 의견이나 제안을 해 줄 수 있는 다른 사람들과 이야기하는 것을 가장 좋아

---

† 나는 이 문제에 대해 빌 그레이엄으로부터 들었다. 그가 나사의 책임자가 되었을 때 여러 가지 보고서들을 들춰 보다가 '총알' 표시가 된 다음과 같은 문장을 읽었다는 것이었다. "4,000싸이클에서의 떨림 현상은 우리가 가지고 있는 데이터 내에서 적정 수준이다." 그는 이 말이 묘한 뉘앙스를 풍긴다는 것을 깨닫고는 이 문제에 대해서 조사를 했다고 했다. 그가 모든 것을 알아내고 보니 문제가 꽤 심각하더라는 것이다. 어떤 엔진의 경우에는 떨림 현상이 너무나도 심해서 사용이 불가능할 정도였다는 것이다. 그는 이 경우를 예로 들면서 직접 실무자들과 접촉하여 문제를 조사하지 않으면 정확한 정보를 얻기가 얼마나 어려운지를 이야기하곤 하였다.

하기 때문이다. 그들은 이 문제를 해결하기 위하여 매우 노력하고 있었는데, 이 문제를 계속 '압력에 의한 부조화 소용돌이형 진동 와와' 같은 복잡한 용어로 부르고 있었다.

"아하, 휘파람 소리 말이죠!" 하고 내가 말했다.

"예, 그렇습니다. 휘파람 소리의 특성을 보입니다."[2]

기체가 고속으로 파이프를 지나가다가 세 개의 작은 파이프로 갈라지는 곳에서 이 휘파람 소리가 나는 것이 아닐까 하고 그들은 생각하고 있었다. 그래서 이를 조사하기 위하여 어떤 작업을 하였는지를 내게 설명했다.

나는 이 회의를 마칠 때에 접합부의 밀봉 작업에서 발견되었던 문제점과 똑같은 문제점이 엔진에서도 드러났다는 확신을 갖게 되었다. 즉 기술자들은 "살려주세요!", "이것은 심각한 문제입니다!"라고 비명을 지르고 있는 데 반하여 관리자들은 계속해서 각 부품의 제작 기준을 축소 해석하고 있었으며, 있어서는 안되는 오차들을 허용하고 있었던 것이다.

그 다음 날 저녁 나는 집으로 향하는 비행기 안에서 저녁 식사를 하고 있었다. 빵에 버터를 바른 후에 버터를 싼 얇은 종이 조각을 집어서 U자 모양으로 만들고 두 끝이 내 입 쪽으로 향하게 했다. 나는 거기에 여러 차례 바람을 불었다. 곧 휘파람 소리를 낼 수 있었다.

캘리포니아로 되돌아와서 나는 우주 왕복선의 엔진에 대해서 그리고 엔진이 고장을 일으킬 확률에 대해서 좀 더 많은 정보를 얻게 되었다. 나는 로켓다인에 가서 엔진 제작 기술자들과 이야기를 나누었다. 또한 엔진에 관한 고문들과도 이야기를 나누었다. 사실 고문 중 한 사람은 코버트 씨로서 우리 조사 위원이었다. 또 우리 캘리포니아 공과 대학의 교수 중 한 명이 로켓다인의 고문이었다는 것을 듣고 그와도 만났다. 그는 매우 호의적이었고 많은 것을 가르쳐 주었다. 그는 엔진이 갖고 있는 모든 문제점들과 사고가 일어날 확률에 대한 자신의 수치도 알려 주었다.

그리고 제트 추진 연구소에 갔다. 가스 터빈과 로켓 엔진을 검증하는 방법으로 FAA†와 군대에서 사용되는 것이 있는데 그 방법에 대하여 나사로부터 의뢰를 받아 보고서를 쓴 사람이 있었기 때문이었다. 우리는 한 기계에서 사고가 날 확률을 어떻게 결정하느냐 하는 문제에 대해서 하루 종일 논의를 했다. 나는 새로운 것을 많이 배우기도 했다. 그중 한 예가 와이불(Weibull)이라는 특수한 수학적 분포였다. 그에 따르면 나사에서 초기의 우주 왕복선에 적용했던 안전 규정들은 미국 연방 항공 관리국의 규정과 거의 똑같은 것이었으나 여러 가지 문제가 생기면서 조금씩 이 규정들을 수정했다는 것이다.

게다가 알고 보니 엔진의 설계는 헌츠빌에 있는 마샬 항공우주 센터에서 했고 실제 제작은 로켓다인에서 했으며 작업 지시서 등의 설명서는 록히드가 만들었고 마지막 조립은 케네디 항공 우주 센터에서 이루어졌다는 것이다. 이와 같은 분업 형태는 누가 보기에는 천재적인 조직 체계일지 모르겠지만 내가 보기에는 완전히 혼돈의 극치를 이루는 것이었다. 나는 어떤 문제가 있어서 그것에 대해서 이야기해야 하는 경우에 마샬에 있는 사람과 이야기를 해야 하는 건지, 아니면 로켓다인, 록히드, 케네디 중 어느 쪽 사람과 이야기해야 하는 것인지 알 수가 없었다. 그래서 이러한 과정에서 완전히 혼돈의

† Federal Aviation Administration : 미국 연방 항공 관리국.

상태에 빠지고 말았다. 사실 이 조사를 하고 있던 3, 4월에는 캘리포니아, 앨라배마, 텍사스, 플로리다, 워싱턴 D. C. 사이를 너무 자주 왔다 갔다 하다 보니 날짜가 어떻게 바뀌는지 내가 지금 어디에 와 있는지도 잘 모를 지경이었다.

혼자 이러한 조사를 대충 마치고 나서 다른 조사 위원들에게 참고가 되도록 하기 위하여 엔진에 관한 작은 보고서를 쓰기로 작정했다. 그래서 엔진 제작 과정에서 거치는 성능 시험 스케줄에 대해 적은 내 노트를 다시 살피려고 하니 이것이 또 헷갈리는 것이었다. 엔진 번호 12번에 대한 것이라는 말과 함께 그 엔진이 얼마나 오랜 시간 동안 사용되었나 하는 것에 대한 기록이 적혀 있었다. 하지만 사실 이렇게 되어 있는 엔진은 하나도 없다. 왜냐하면 엔진의 각 부품은 계속 수리 또는 교체되기 때문이다. 매 비행 후에 기술자들은 엔진을 조사하고 회전축에 부착된 날개에 금이 간 것이 몇 개나 되는지, 덮개에는 금이 얼마나 갔는지 등을 확인한다. 그리고 나서 덮개를 교환하고, 회전축도 새 것으로 갈고, 베어링도 새 것으로 교체하는 등 여러 부품을 교환함으로써 소위 엔진을 수리하는 것이다. 따라서 한 엔진의 회전축은 번호가 2009번이고 어느 비행에서 27분 동안 사용되었고, 4091번 덮개는 어느 비행과 어느 비행에서 모두 53분 동안 사용되었다는 식이니 모든 것이 섞여 있는 것이다.

보고서를 다 끝내고 나서 몇 가지 점에 대해 확인을 해 봐야 했다. 그래서 다음 번에 마샬에 갔을 때 몇 가지 기술적인 문제에 대해서 기술자들과 이야기하고 싶다고 말했다. 그리고 그 자리에는 관리인들은 참석할 필요가 없다고 했다.

이번에는 놀랍게도 내가 전에 만난 적이 있는 기술자들 3명만이 참석했다. 이들과 이야기를 함으로써 나의 궁금했던 점들이 해결되었다.

내가 자리에서 일어나려고 하자 그중 한 명이 말했다. "저, 그런데 지난번에 종이쪽지를 돌리면서 우리에게 물었던 질문말입니다. 우리는 그 질문이 의도적인 질문이었다고 생각합니다. 공정하지 않았다는 말입니다."

"예, 맞습니다. 저는 결과가 어떻게 나올지를 어느 정도 예상하고 질문을 했습니다." 내가 대답했다.

그는 계속 말했다. "저는 지난번 저의 답을 수정하고 싶습니다. 이번에는 정량적으로 답할 수 없다는 것이 저의 답입니다."(이 사람은 지난번에 가장 자세한 대답을 썼던 사람이었다.)

"좋습니다. 하지만, 사고가 날 확률이 10만 분의 1이라고 하는 데에는 동의하십니까?" 내가 물었다.

"아, 아니오. 거기에는 동의하지 않습니다. 정량적으로 대답하기를 거부합니다."

다른 한 명이 대답했다. "저는 지난번에 300분의 1이라고 대답했는데 아직도 300분의 1이라고 생각합니다. 하지만 어떻게 그 숫자를 얻었는가에 대해서는 말하고 싶지 않습니다."

"괜찮습니다. 말씀 안 하셔도 됩니다." 내가 말했다.

문제의 부록

　이러한 조사 활동을 진행하면서 나는 언젠가는 조사 위원들이 각자 조사한 내용을 가지고 함께 모여서 토론하는 기회가 있을 것이라고 생각했다.

　그러한 토론을 할 때에 필요할 것 같아서 조사 과정마다 작은 보고서를 썼다. 온도 측정반 사람들과 함께한 일들(관련 사진과 온도계의 눈금을 잘못 읽은 것에 대한 분석 작업), 그리고 램벌스 씨를 비롯한 조립반 원들과의 대화 내용 그리고 심지어는 '해 버리자!' 는 종이쪽지에 대한 조사까지도 적어 놓았다. 그리고 이 모든 보고서들을 행정과 관리 업무를 맡고 있던 앨 키일 씨에게 보내 다른 조사 위원들이 참고로 읽을 수 있도록 해 달라고 했다.

　엔진을 담당하던 기술자들과 관리자들 사이의 대화와 상호 이해 부족에 대한 나의 조사도 집에 있는 **IBM** 컴퓨터를 사용하여 보고서를 작성했다. 이 보고서로 쓸 때쯤 되어서는 나도 매우 지쳐 있었다. 그래서 보고서를 작성하면서 내 감정을 좀 더 자제했어야 했지만 그렇지 못했다. 다른 보고서를 쓸 때만큼 조심스럽게 쓰지 못했다. 하지만 어쨌든 그 보고서는 다른 조사 위원들이 읽으라고 쓴 것이었으므로 키일 박사에게 넘기기 전에 나의 말투에 대한 교정을 볼 필요를 별로 느끼지 못했고 그래서 그냥 보내 버렸다. 그 대신 키일 박사 앞으로 다음과 같이 적어 보냈다. "다른 조사 위원들께도 이 보고서가 흥미있으리라 생각되어 보냅니다. 하지만 박사님 재량껏 하십시오. 보고서의 결론 부분에서는 매우 강한 표현을 썼으니까요."

그는 내게 고맙다고 인사를 하면서 다른 조사 위원들에게 모두 보냈다고 말했다.

그 후 나는 휴스턴에 있는 존슨 센터로 가서 항공 전자 부분에 대한 조사를 계속했다. 샐리 라이드의 그룹이 그곳에 머물면서 우주 비행사의 경험과 관련된 안전 관리 문제에 대해서 조사 중이었다. 샐리가 나를 소프트웨어 기술자들에게 소개했고 그들은 나에게 우주 비행사들을 위한 훈련 시설을 구경시켜 주었다.

모든 것이 너무나도 환상적이었다. 우주 비행사들이 쉬운 것에서부터 어려운 것으로 단계적으로 연습할 수 있도록 여러 종류의 시뮬레이터[1]가 있었다. 그중 하나는 완전히 진짜 같았다. 조종실에 기어 올라 가야 하고 창문 밖으로는 컴퓨터가 만드는 화면이 펼쳐진다. 조종사가 비행선을 조종하기 시작하면 창문 밖의 장면이 변하도록 되어 있었다.

특별히 이 시뮬레이터는 조종사를 교육시키고자 하는 목적도 있었지만 컴퓨터를 확인하고자 하는 또 하나의 목적이 있었다. 승무원

실의 뒤편에는 전선이 잔뜩 있었다. 이 전선들은 뒤쪽 어딘가에 있는 기계 장치에 의하여 엔진의 압력, 연료 분사율 등이 시뮬레이트되어 그 신호를 전달하는 것이다.(마침 혼선(신호가 전선을 지나 갔다 갔다 하다가 서로에게 간섭을 일으키는 것)이 일어나는 것을 기술자들이 수리하고 있었기에 전선을 볼 수가 있었다.)

우주 왕복선은 거의 100퍼센트 컴퓨터에 의해 작동되고 있었다. 일단 엔진에 불이 붙고 움직이기 시작하면 우주 왕복선을 타고 있는 사람은 아무것도 하지 않는다. 이것은 이륙할 때 우주 왕복선의 가속도가 너무 커서 아무도 몸을 움직일 수 없기 때문이다. 우주 왕복선이 어느 정도의 고도에 도달하게 되면 컴퓨터가 한동안 엔진의 추진력을 약화시키고 공기가 엷어지면 다시 추진력을 높인다. 약 1분 후에는 두 개의 고체 연료 로켓 부스터가 우주 왕복선에서 떨어져 나가고 몇 분이 더 지나고 나면 주연료 탱크가 떨어져 나간다. 이 모든 작동도 컴퓨터에 의하여 이루어진다. 우주 왕복선은 이와 같이 완전히 컴퓨터에 의하여 작동되고 조종사들은 그냥 자리에 앉아 있는 것이다.

그런데 우주 왕복선의 컴퓨터에는 모든 운항을 관제하는 데 필요한 프로그램 전체를 다 저장할 수 있을 정도의 기억 용량이 없었다. 그래서 일단 우주 왕복선이 궤도에 진입하게 되면 조종사들은 필요 없는 테이프는 빼내고 나머지 비행에 필요한 프로그램이 담긴 테이프를 장착하게 된다. 이런 작업을 여섯 번이나 해야 한다. 비행의 마지막 단계에서는 착륙에 필요한 프로그램을 설치하게 되어 있다.

우주 왕복선에는 네 대의 컴퓨터가 실려 있는데 모두 똑같은 프로그램을 돌린다. 정상적이라면 네 대의 컴퓨터가 서로 일치해야 하는데, 만약 하나의 컴퓨터가 다른 세 대의 컴퓨터와 일치하지 않으면,

그 컴퓨터는 무시되고 비행은 계속된다. 만약 두 대의 컴퓨터만 일치하면 이때에는 비행이 즉각 중단되고 우주 왕복선을 착륙시킨다.

여기에다가 또 만약의 경우를 대비하여, 컴퓨터를 하나 더 실어 놓았다. 이 컴퓨터는 그 위치도 다른 컴퓨터와는 다른 곳에 있고 전원 등 전선도 따로 연결되어 있다. 이 컴퓨터에는 이륙하는 프로그램과 착륙하는 프로그램만이 실려 있다.(이 두 작동을 위한 프로그램은 한 컴퓨터의 기억 용량에 겨우 저장할 수 있다.) 다른 모든 컴퓨터들에 어떤 이상이 생기게 될 경우에 이 다섯 번째 컴퓨터가 우주 왕복선을 착륙시키는 것이다.(하지만 지금까지 이 컴퓨터가 사용된 적은 한번도 없다.)

여기서 가장 극적인 장면은 착륙 부분이다. 우주 왕복선이 어느 곳에 착륙해야 할지에 따라서 조종사들이 세 개의 단추 중 하나를 누른다. 세 개의 단추에는 에드워드, 화이트 샌즈, 케네디라고 씌어 있다. 즉 컴퓨터에 착륙할 위치를 알려 주는 것이다. 그러면 몇 개의 작은 로켓이 우주 왕복선의 속도를 늦추면서 대기권 진입 각도를 조정한다. 이때는 우주 왕복선의 표면이 매우 뜨거워지기 때문에 위험하다. 이러한 일련의 작동이 일어나는 동안 조종사들은 아무것도 볼 수 없다. 모든 일이 너무나 빠르게 진행되어야 하기 때문에 착륙 과정은 완전히 자동적으로 이루어진다. 약 3만 5000피트[2] 상공까지 내려와서야 우주 왕복선이 음속[3]보다 느린 속도로 움직이게 되고 이 정도의 속도가 되면 필요한 경우 사람의 손으로 비행이 가능하다. 그러다가 4,000피트[4] 상공에서 컴퓨터가 아닌 사람의 손에 의해 작동이 이루어지는 단계가 있다. 조종사가 착륙용 바퀴(랜딩 기어)를 내리는 단추를 누르는 부분이다.

내게는 이것이 대단히 이상해 보였다. 조종사의 기분을 좋게 해 주기 위해서 만든 쓸데없고 어리석은 단추 같았다. 대중들이 조종사들을 영웅으로 보고 조종사들이 우주 왕복선을 운전하는 것이라고 생각하지만 사실 알고 보면 조종사들은 착륙용 바퀴를 내리는 단추를 누르기까지는 아무것도 하지 않는다. 실제로 그들은 자기들이 아무것도 하지 않는다는 사실을 견딜 수 없었는지도 모르겠다.

그러나 조종사들이 의식을 잃는다든지 하는 경우가 있을 수 있으므로 나는 착륙용 바퀴를 내리는 일도 컴퓨터가 하는 것이 좋겠다고 생각했다. 나의 이러한 지적에 대해서 소프트웨어 기술자들도 동의했고 착륙용 바퀴가 제때 정확히 나오지 않는다면 매우 위험한 상황이 될 수 있다는 말도 했다.

기술자들은 내게 지상 조종실에서도 신호를 쏘아 올려 착륙용 바퀴를 내릴 수 있다고 했다. 하지만 이 보조 안전 장치도 문제를 완전히 해결하지 못한다는 것을 그들은 곧 깨달았다. 즉 조종사의 의식이 오락가락하다가 잘못 판단하여 적절한 순간이 아닌데 착륙용 바퀴를 내리려고 단추를 누르게 되면, 지상의 조종실에 있는 사람들은 속수무책이 아닌가? 이런 모든 경우를 생각해 보면 역시 모든 작동을 컴퓨터가 하는 것이 훨씬 안전함을 알 수 있다.

전에는 조종사들이 직접 브레이크도 조작했다. 하지만, 브레이크를 올바로 조작한다는 것도 쉬운 일이 아니다. 처음 바퀴가 땅에 닿는 순간에 브레이크를 지나치게 사용하면 브레이크가 너무 많이 닳아서 우주 왕복선이 활주로의 끝부분에 왔을 때에 브레이크 패드가 없어서 우주 왕복선은 계속 움직이는데 세울 수가 없다. 그래서 소프트웨어 기술자들에게 브레이크 작동이 자동적으로 되도록 컴퓨터 프로그램을 짜 보라고 했던 것이다. 처음에는 조종사들이 이에 대해서 반대를 했으나 지금은 모두 바꾸기를 잘했다고 말할 정도로 자동 브레이크의 성능은 아주 우수하다.

　존슨 기지에 있는 기술자들이 만드는 소프트웨어들은 매우 우수한 프로그램들이지만, 우주 왕복선에 사용되고 있는 컴퓨터 자체는 너무나도 오래된 형편없는 것이어서 제조 회사에서도 그런 구식 기종은 더 이상 생산하지 않고 있다. 컴퓨터 내의 기억 장치도 매우 오래된 것이어서 작은 페라이트 심봉이 들어 있고 그 심봉 속에는 전선이 들어 있는 아주 구닥다리이다. 그동안에 훨씬 더 좋은 하드웨어가 개발되어 메모리칩의 크기는 작으면서 기억 용량은 훨씬 더 큰 것이 많이 있다. 또한 요즘 새로 나온 기억 장치들은 고장도 잘 나지 않는다. 내부에 자체적으로 고장을 수리하는 프로그램이 들어 있어서 기억된 정보들을 언제나 좋은 상태로 유지하도록 되어 있는 것도 있다. 이러한 현대적인 컴퓨터를 사용하게 되면 프로그램도 모듈화[5]하여 우주 왕복선의 임무가 달라질 때마다 모든 프로그램을 또다시 고쳐 쓰지 않아도 되게 할 수 있다.

　그런데 이와 같은 여러 가지 장점에도 불구하고 현대식 컴퓨터로 교체를 하지 못하고 있는 이유는 우주 왕복선과 관련된 다른 하드웨어와 비행 연습을 위한 시뮬레이터 등에 이제까지 엄청난 투자를 했기 때문이다. 컴퓨터를 바꾸는 경우에 이런 것들도 모두 바꾸어야 하는데 그러자니 또다시 수백만 줄에 해당하는 프로그램을 다시 써야 하고 그러면 엄청난 비용이 들게 되므로 못하고 있는 것이다. 나는 소프트웨어 기술자들이 항공용 프로그램들을 어떻게 개발해 왔는가 하는 것도 배우게 되었다. 만들고자 하는 프로그램을 작은 여러 개의 부분으로 나누어서 각 팀이 한 부분씩을 만들고 모든 부분이 완성되면 함께 붙여서 하나의 프로그램으로 만들고 이것을 다른 독립된 팀이 검사하는 것이었다.

양팀이 모두 확인하는 작업이 끝나고 프로그램이 완성되었다고 판단되면, 그들은 전 비행 과정을 시뮬레이트하게 된다. 이 과정에서 우주 왕복선의 모든 부분이 시험을 받게 된다. 이 시뮬레이션은 프로그램이 제대로 되었는지를 시험하는 하나의 연습이 아니라 '실제 비행'이라고 간주된다. 만약 이 단계에서 어떤 문제가 발생하면 그것은 극히 위험한 상황이며 마치 조종사들이 실제로 우주 왕복선에 타고 있고 그들의 목숨이 위협을 받는 상황으로 간주되었다. 그 프로그램의 각 부분을 쓴 사람의 명예가 걸렸음은 물론이다.

이러한 작업을 수없이 해 오는 동안, 비행 시뮬레이션 과정에서 단지 여섯 번의 사고가 있었다. 그리고 실제 비행에 있어서는 아직까지 단 한번도 사고가 없었다.

따라서 컴퓨터 기술자들은 자신의 맡은 바 임무를 제대로 수행하고 있다는 생각이 들었다. 그들의 컴퓨터 작업이 매우 중요한 일이며 아울러 잘못되면 매우 위험한 상황이 벌어질 수 있음을 잘 인식하고 모든 작업에 신중을 기하고 있었다. 그들이 쓰는 프로그램은 급변하는 상황 속에서 엄청나게 복잡한 기계를 작동시키는 일을 수행해야 하며 그러기 위해서는 급변하는 상황을 감지하고 그 변화에 대응하고 안전성과 정확성을 보장해야 했다. 그들이 한때는 로봇 공학과 인터랙티브 컴퓨터 시스템에 관한 한 어떤 면에서는 세계 최고의 기술을 갖고 있었다고 생각된다. 그러나 지금은 그들이 사용하는 구식 하드웨어로 인하여 기술 발전에 많은 장애가 있었다.

나는 엔진에 대해서는 많은 조사를 했으나 항공 전자 공학(즉 컴퓨터)에 대해서는 그만큼 조사를 하지 못했다. 따라서 그들이 내게 제공한 일종의 장사꾼식의 이야기를 액면 그대로 받아들였는지도 모른다. 하지만 그렇다는 느낌은 별로 들지 않는다. 현장 기술자들과 관리층과의 대화도 잘되고 있다는 느낌을 받았다. 그들은 안전에 관한 기준을 완화하지도 않았고 안전에 관해서는 매우 신중했다.

그래서 나는 소프트웨어 기술자들에게 그들이 일하는 체계와 태도가 매우 훌륭하다고 말했다.

그랬더니 기술자들 중의 한 사람이 말하기를 나사의 몇몇 고위 관리들이 예산 절감을 이유로 프로그램의 검사 과정을 좀 줄여도 되지 않겠냐고 했다는 것이다. 그의 말인즉, "고위 관리들 말이, 검사 과정에서 프로그램이 문제를 일으킨 적이 없는데 꼭 그렇게 검사를 많이 해야 할 필요가 있느냐?"라는 것이었다.

나는 휴스턴을 떠나기 전에 백악관이 나사로 하여금 우주 왕복선을 무리하게 발사하도록 압력을 넣었다는 소문에 대한 비밀스러운 조사를 계속했다. 휴스턴은 통신의 중심지였으므로 나는 통신 전송 자동 장치를 제어하는 기술자들을 만나보고 그들에게 교환 체계에 대해서 물어보았다. 나는 플로리다에서 했던 것과 마찬가지로 그들에게 질문을 했다. 그들은 나의 질문에 친절하게 대답했고 그 결과 다음과 같은 사실을 알아냈다. 그들이 의회 또는 백악관, 아니면 다른 어떤 곳과 우주 왕복선을 통신으로 연결하는 데에는 단 3분의 시간만 미리 주면 된다는 것이었다. 석 달이라든가, 사흘, 혹은 심지어 세 시간도 아니고 단 3분 전에만 이야기를 하면 그들은 우주 왕복선을 어디에고 연결할 수 있다는 것이었다. 이 이야기는 원하는 때, 아무 때나 통신을 할 수 있다는 것이므로 미리 서류를 작성하여 기록을 남긴다든가 하는 일도 없을 것이고 따라서 나는 여기에서 더 이상 어떤 조사를 해 볼 필요가 없다고 판단하게 되었다.

한번은 《뉴욕 타임스》 기자와 이 소문에 대해서 이야기를 하게 되었기에 나는 그에게 물었다. "이와 같은 소문이 사실인지 아닌지는 어떠한 방법으로 알아내시나요?"

그의 대답은, "제가 시도한 방법 중의 하나는 교환 체계를 관리하는 사람들과 직접 이야기하는 것이었습니다. 가서 이야기를 들어 봤지만 아무것도 발견할 수가 없었습니다."였다.

4월 초순에 커티나 장군의 그룹은 나사가 자체적으로 마샬에서 행한 시험의 결과 보고서를 받았다. 나사는 결과에 대한 해석을 자체적으로 했는데 우리는 우리 방식대로 모든 내용을 다시 써야겠다고 생각하게 되었다.(시험이 아무런 결과도 나타내지 않은 경우는 제외하고.)

커티나 장군은 마샬에서 우리 그룹이 이 보고서를 어떠한 방법으로 쓸 것인가에 대해서 생각하고 체계를 세웠다. 그러는 데 이틀이 걸렸다. 우리가 일을 막 시작하려는데 로저스 씨로부터 전갈이 날아왔다. '워싱턴으로 돌아올 것. 그곳에서는 쓰는 일을 하지 말 것.'

그래서 우리는 워싱턴으로 되돌아갔다. 커티나 장군은 내게 펜타곤 내에 임시 사무실까지 마련해 주었다. 사무실은 괜찮았으나 비서가 없었기 때문에 나는 신속히 일을 할 수가 없었다.

이제까지 빌 그레이엄은 언제나 나에게 협조를 아끼지 않았기에 나는 또다시 그에게 전화를 했다. 그는 마침 어떤 사람이 출장 중임을 알아내고 나에게 그의 사무실과 함께 그의 비서를 쓰도록 배려해 주었다. 그 비서는 엄청나게 일을 잘했다. 내가 말하는 것만큼이나 빠르게 받아 쓰면서 교정을 보고 내가 잘못 말한 부분을 고치기까지 하는 것이었다. 우리는 이삼 일 동안 매우 열심히 일했고 그 결과 보고서의 많은 부분을 쓸 수 있었다. 매우 훌륭한 팀웍이었다고 생각한다.

우리 그룹에는 닐 암스트롱 씨가 있었는데 그는 문장에 뛰어난 재주가 있었다. 그는 내가 쓴 보고서를 잠깐만 읽고도 그 즉시 내 문장의 약점을 발견했다. 그리고 그의 지적은 틀리는 법이 없었다. 나는 그의 이러한 능력에 매우 감탄했다.

각 그룹은 종합 보고서의 한두 장(章)씩을 맡아서 쓰게 되어 있었다. 우리 그룹은 제3장 「사고」의 일부를 쓰게 되어 있었지만, 우리의 주된 임무는 제4장 「사고의 원인」을 쓰는 것이었다. 이러한 체계로 일하다 보니 우리는 서로 다른 그룹에서 밝혀낸 것들에 대해서 함께 모여서 서로 다른 관점에서 토론할 수 있는 기회를 갖지 못했다. 대신에 우리는 마침표 등을 수정하고 말투를 고치는 등, 말하자면 '말 다듬는 작업' (또는 호츠 씨가 나중에 '비석 새기는 작업' 이라고 부른)만을 했다. 우리는 이런 '말 다듬는 작업' 중에 간혹 가다 한 번씩 토론을 갖는 것 외에는 단 한번도 서로의 생각을 교환하는 '진짜' 토론을 가지지 않았다.

예를 들어서, "엔진에 대한 이 문장을 이런 식으로 써야 하나요, 아니면 좀 다르게 이렇게 쓸까요?"라는 정도의 질문들만이 오고가는 것이었다.

그래서 나는 약간의 토론을 시도하려는 의도로 다음과 같이 말을 꺼냈다. "제가 조사해 본 바에 따르면 엔진이 여기에서 쓰신 것처럼 좋은 상황은 아닌 것 같습니다만 ……."

그러면 그들은 "그러시다면 좀 더 신중히 표현하기로 하죠." 하고
는 그 다음 문장으로 넘어가는 것이었다. 아마도 이런 방법은 보고서
를 빨리 쓸 수 있는 방법이기는 하겠지만 우리는 수많은 회의를 이러
한 말 다듬는 작업으로 허비했다.

때로 이러한 말 다듬는 작업이 토론을 하느라고 중단되는 경우가
있기는 했는데, 이 토론이라는 것이 무엇에 대한 것이었는고 하니 인
쇄 식자의 모양과 표지의 색깔에 대한 이야기 등이었다. 그리고 이러
한 문제에 대한 토론이 있게 되면 언제나 끝에는 투표를 하게 되었
다. 내 생각에는 우리가 바로 전 회의에서 투표로 결정했던 색깔과
같은 색을 사용하는 방향으로 손을 들면 일이 빨리 진행될 것 같았는
데, 이런 식으로 손을 드는 나는 언제나 소수 의견이 될 뿐이었다. 결
국에 우리는 빨간색으로 하기로 결정했다.(그러나 어떤 이유에서인지 보
고서는 파란색 표지로 나왔다.)

하루는 엔진에 대해서 내가 썼던 보고서의 내용 중에서 일부를 인
용하여 샐리 라이드와 이야기하고 있었는데 그녀는 내가 쓴 보고서
에 대해서 아무것도 모르고 있다는 느낌이 들었다. 그래서 내가 물었
다. "제가 썼던 보고서를 보지 못했습니까?"

"예, 그런 것을 받아 본 적이 없는데요." 그녀가 대답했다.

그래서 나는 키일 씨의 사무실로 가서 말했다. "샐리 말이 내 보고
서를 받아보지 못했다는대요."

그는 놀라는 듯이 보였으며, 옆의 비서에게 말했다. "파인만 박사
의 보고서를 복사해서 라이드 박사에게 전해 주세요."

그런데 에치슨 씨와 이야기해 보니 그도 역시 받지 못했다는 것이었다.

"에치슨 씨에게도 한 부 복사해 드리세요." 키일 씨가 비서에게 하는 말이었다.

마침내 어떻게 돌아가고 있는지를 비로소 깨닫고 나는 키일 씨에게 말했다. "키일 박사, 이제 보니 아무도 내 보고서를 본 사람이 없는 것 같소."

그제서야 그가 비서에게 말했다. "모든 조사 위원들께 한 부씩 드리도록 하세요."

내가 그에게 말했다. "박사님이 지금 얼마나 바쁘며 하는 일이 얼마나 많은지는 나도 알겠소. 그러니 모든 것을 다 기억하기는 어려우리라 이해되오. 하지만 나는 당신이 모든 조사 위원들에게 내 보고서를 보여 주었다고 말한 것으로 기억하고 있소."

"아, 예, 제 말씀은 모든 직원들에게 보여 주었다는 말이었습니다." 그가 말했다.

나중에 직원들과 만나 보니 그들도 역시 내 보고서를 본 적이 없다고 했다.

그래서 다른 조사 위원들이 결국 내 보고서를 보게 되었는데, 대부분의 사람들이 매우 잘된 보고서라고 했다. 또한 내 보고서가 조사 위원회 보고서 어디엔가 포함되어야 한다는 말도 했다.

이 말을 듣고 힘을 얻은 나는 내 보고서 문제를 계속 끄집어냈다. "이 보고서를 어떻게 할 것인지에 대한 회의를 갖기 바랍니다." 하는 식의 이야기를 여러 차례 꺼냈다.

"그 보고서에 대한 회의는 다음 주에 하겠습니다." 하는 것이 나의 발의에 대한 의장의 한결 같은 대답이었다.(우리는 말 다듬는 작업과 보고서의 표지 색깔을 정하기 위한 투표를 하느라고 너무나도 바빴으니까.)

점차적으로 나는 내 보고서에서 사용된 언어도 많은 말 다듬는 작업을 필요로 한다는 것을 깨닫게 되면서 우리에게는 내 보고서를 가지고 그 작업을 할 시간이 없다는 것도 깨닫기 시작했다. 그때 누군가가 내 보고서가 부록으로 수록되는 것이 좋겠다는 이야기를 꺼냈다. 그렇게 되면 보고서의 다른 부분과 같은 형태를 취해야 할 필요도 없으니까 말 다듬는 작업을 거치지 않아도 괜찮다는 것이었다.

하지만 몇몇 조사 위원들은 내 보고서가 조사 위원회 보고서의 일부로 어디엔가 들어가야 한다고 강력하게 말하기도 했다. "부록은 몇 달이 지나야 나오게 될 것이고 그때 가서는 아무도 이 보고서에 관심이 없을 터이니 박사님의 보고서를 읽지 않을 것입니다."라고 말하는 것이었다.

하지만 나는 타협을 하기로 결심하고 부록으로 싣기로 했다.

내 보고서를 부록으로 싣는 데에는 또 한 가지 문제가 있었다. 내 보고서는 집에 있는 IBM 컴퓨터로 쓴 것이었는데 조사 위원회가 쓰고 있던 문서 제작 시스템으로 전환해야 조사 위원회 보고서와 함께 나올 텐데 그러자니 IBM 형식에서 조사 위원회가 쓰고 있던 다른 문서 시스템으로 전환을 해야 하는 것이었다. 결국 이 문제는 스캐너를 사용하여 해결했다.

하지만 내가 직접 나서서 이 전환 작업을 할 수 있는 사람을 찾아야 했다. 결국 이 작업을 할 수 있는 사람을 찾았고 일을 맡겼는데, 그 일이 바로 되지 않고 있었다. 왜 이렇게 시간이 걸리느냐고 물었더니, 그 사람 말이 내가 주었던 보고서를 잃어버렸다는 것이었다. 새로 복사를 해서 갖다 주어야 했다.

며칠 후, 나는 항공 전자 분야(즉 컴퓨터 자동 제어 분야)에 대한 나의 보고서를 끝마치게 되어 엔진 분야에 대해서 이미 써 두었던 보고서와 합치고자 담당자에게 새 보고서를 주면서 "전에 썼던 보고서와 합쳐 주십시오."라고 말했다.

그로부터 며칠 후 나는 새 보고서를 참고해야 할 일이 있어서 그 담당자에게 가서 내 보고서를 달라고 했다. 그랬더니 그는 항공 전자 분야가 들어 있지 않은 이전의 보고서를 주는 것이었다. 내가 "항공 전자 분야가 합쳐진 새 보고서는 어디에 있습니까?" 하고 물었더니 "못 찾겠다." 같은 대답이 돌아왔다. 지금에 와서 그때의 일들이 모두 기억나지는 않지만, 내 보고서는 언제나 없어지거나 반쯤 설익거나 하는 식이었다. 실수라고 볼 수도 있겠지만 실수치고는 너무나 여러 번 일어났다. 내가 내 보고서를 마치 애기라도 다루듯이 보살펴야 하는 것은 참으로 어려운 일이었다.

그런데 조사 위원회 보고서를 인쇄소로 보낼 준비가 다 된 마지막 순간에 키일 박사가 비록 내 보고서를 부록으로 싣기는 하지만 그래도 말 다듬는 작업을 거쳐야겠다고 말했다. 그래서 나는 내 보고서를 우리 일과는 직접 관련이 없는 편집인에게 가지고 갔다. 그의 이름은 한센이었는데 매우 유능한 편집인이었다. 그는 내 보고서를 의미의 왜곡 없이 제대로 매끄럽게 고쳐 놓았다. 결국에 내 보고서는 '제23차 교정본'이 되어 인쇄실로 보내졌다. 그만큼 수없이 교정을 보고 또 교정을 보았다.(말이 나왔으니까 말이지만, 사실 모든 보고서가 23차 교정을 거쳤다고 할 수 있다. 보고서를 작성하는 시간을 단축하기 위해 컴퓨터를 쓰는 것인데 결국 빨라진 것은 없다는 생각이 들었다. 과거에는 보고서를 모두 다시 치는 것이 매우 힘든 작업이었으므로 교정을 세 번만 보았는데 이제는 23번의 교정을 보는 것이 아닌가.)

그 다음 날이었다. 이제 다 끝났다고 생각하고 있었는데 키일 씨가 내 보고서를 붙잡고 작업을 하고 있는 것을 발견했다. 어떤 부분은 몽땅 커다란 동그라미를 치고 커다란 X로 지워 버린 곳도 있었다. 그 결과, 논리가 이어지지 않고 많은 부분에 있어서 내 생각이 반영되지 않았다. 그는 "이 부분은 여기에 있을 필요가 없습니다. 왜냐하면 앞부분의 보고서에서 이미 비슷한 말을 했기 때문입니다."라는 것이었다.

나는 내가 설명하고자 하는 내용이 일관성 있게 전달되려면 그를 뒷받침하는 모든 생각들이 한꺼번에 나열되어야지 보고서의 앞부분 여기저기에 흩어져서는 논리가 전개되지 않는다고 항변했다. 또한 "어차피 내 보고서는 따로 부록으로 되는 것인데 약간의 중복이 있더라도 무슨 문제가 있겠느냐?"라고 따졌다.

그러자 키일 박사는 내가 원하는 대로 몇 군데는 다시 원래대로 두었다. 그래도 그가 삭제한 부분이 워낙 많았기 때문에 내 보고서는 전의 것과는 전혀 다른 것이 되고 말았다.

5월의 어느 날, 우리 조사 위원회의 활동이 거의 마무리되어 갈 무렵, 우리는 앞으로의 방향 제시 내지는 추천이라고 할 수 있는 의견서를 쓰기 위해 모였다. 누군가가 말했다. "어쩌면 우리가 토론을 하고 넘어가야 할 것 중 하나가 안전 관리 위원회를 구성하는 문제라고 생각합니다."

"좋습니다. 그것도 일단 써 봅시다."

이런 말이 오고 가기에 나는 '드디어 우리가 토론다운 토론을 하게 되는 모양이다!' 라고 생각했다.

그런데 알고 보니 이렇게 제안처럼 나온 말이 '그대로' 의견서에 추천으로 올라가는 것이 아닌가. 즉 안전 관리 위원회를 구성한다, 이것을 이렇게 한다, 저것을 저렇게 한다는 식이었다. 토론이라고 할 수 있는 것은 겨우 이들 추천 사항 중에서 어느 것이 첫 번째 추천 사

항이고 어느 항목이 그 다음 추천 사항이냐 등의 순서를 정하는 것뿐
이었다.

그중 많은 것들에 대해서 나는 심도 있게 토의하고 싶었다. 한 예
를 들면, '안전 관리 위원회를 만들게 되면, 기존에 이미 불필요하게
비대해진 행정 체계에 또 하나의 지방질만 더 쌓이는 것이 아닌가?'
하는 것도 있을 수 있는 질문이었다.

전에도 안전 관리 위원회가 없었던 것은 아니다. 1967년에 '아폴
로' 사고가 있은 후에 당시 사고 조사 위원회가 안전 관리를 위한 특
별 위원회를 조직했다. 이 위원회는 한동안 활동을 했으나 얼마 후
없어지고 말았다.

우리는 어떤 이유로 이 안전 관리 위원회가 없어졌는지조차도 이
야기해 보지 않았으며, 단지 더 많은 위원회를 만들었을 뿐이었다.
이 새로운 위원회들의 이름은 '고체 연료 로켓 모터 설계에 대한 독
립 감독 위원회', '우주 왕복선 운반 체계 안전 관리 고문단', '안전,
내구, 품질 관리실' 등이다. 또한 새로운 각각의 위원회를 누가 감독
할 것인지에 대하여는 결정했지만, 우리가 만들어 낸 새로운 안전 관
리 위원회가 현재의 위원회보다 과연 더 효율적으로 업무를 수행할
수 있을 것인지, 혹은 새로 위원회를 만드는 대신에 현존하는 안전
관리 위원회를 다소 수정, 개편하여 거기에서 일이 수행되도록 하는
방법은 없는지, 혹은 과연 이러한 위원회가 반드시 있어야 하는 것인
지 등에 대해서는 전혀 토의를 하지 않았다.

다른 모든 사람들은 우리가 한 일들이 제대로 되었다고 확신하는
듯이 보였으나 나는 그렇지 않았다. 많은 경우에 좀 더 생각을 하고
결정했어야 함에도 불구하고 함께 '생각하는' 기회를 충분히 가지지

않았다고 여겨진다. 중요한 사안에 대하여 그와 같이 조급하게 결정하는 것은 바람직하지 않을 뿐만 아니라, 우리가 일을 처리한 속도를 생각해 보면 틀림없이 실행 불가능한 의견들도 제시했을 것이다.

결국 우리는 추천 목록의 우선 순위를 다시 한번 조정하고 말 다듬는 작업을 거친 후에 가부 결정을 위한 투표를 실시했다. 이 모든 일련의 과정이 내게는 매우 어색하게만 여겨졌다. 사실 나는 우리 모두가 무언의 압력 같은 것을 받고 있으며 일사천리로 일이 진행되고 있다는 생각까지 들었다. 손을 써 보지도 못하면서 어느 방향으로 끌려가고 있다는 느낌이었다.

어찌되었건 간에 우리는 마지막 회의에서 아홉 가지의 추천 사항에 관하여 동의했다. 조사 위원들 중 몇몇은 이 마지막 회의가 끝난 후 바로 집으로 돌아갔다. 나는 며칠 후에 뉴욕에 갈 일이 있었기 때문에 워싱턴에 머무르고 있었다.

그 다음 날, 나는 우연히 닐 암스트롱과 또 한 명의 조사 위원과 함께 로저스 씨 사무실 안에서 서성거리고 있었다. 로저스 씨가 "우리는 열 번째 추천 사항을 집어 넣어야 한다고 생각합니다. 우리 보고서의 내용들은 모두 부정적인 것들뿐입니다. 그래서 균형을 맞추기 위해서라도 마지막에 긍정적인 추천을 하나 집어 넣어야 한다고 생각합니다."라고 말했다.

그는 내게 종이 한 장을 보여 주었고 거기에는 다음과 같이 씌어 있었다.

조사 위원회는 나사가 앞으로도 행정부와 국가로부터 지속적인 지원을 받을 것을 강력히 추천하는 바이다. 나사는 현재 국가의 중요한 기구로서 우주 탐험과 개발에 있어서 절대적인 역할을 담당하고 있다. 또한 나사는 우리나라 자부심의 상징이며 과학 기술의 선도적인 역할을 맡고 있다. 본 조사 위원회는 나사가 과거에 이룩한 눈부신 업적을 칭송하는 바이며 앞으로도 놀라운 업적을 이룩할 것으로 기대하고 있다. 이 보고서에서 제시된 조사 결과와 추천 사항들은 다가오는 21세기에 이 나라가 기대하고 필요로 하는 나사의 성공적인 미래상에 도움이 되고자 하는 것이다.

지난 4개월 동안 조사 위원회 활동을 하면서 우리는 이와 같은 정책적인 문제에 대해서는 한번도 토론한 적이 없었다. 따라서 나는 이와 같은 내용을 추가할 이유가 없다고 생각했다. 내가 비록 이 내용과 의견을 달리하는 것은 아니었으나 이 내용이 사실인지도 일단 집고 넘어가야 할 문제였다. 그래서 나는 말했다. "제가 보기에는 이 열 번째 추천 사항은 적절하지 않다고 생각됩니다."

내 기억으로는 암스트롱 씨가 옆에서 "누군가 반대하는 사람이 있는 경우에는 새로운 추천 사항을 포함시키지 말아야 한다고 봅니다."라고 말했다.

로저스 씨는 계속 나를 설득하려고 했고 우리는 이 문제로 약간 옥신각신 했다. 그러다가 나는 뉴욕행 비행기를 타기 위하여 그 자리를 떠났다.

비행기 안에서 나는 이 열 번째 추천 사항에 대하여 좀 더 생각해 보았다. 나는 나의 논리를 정연하게 종이에 적어야겠다는 생각이 들어 뉴욕의 호텔에 도착하자 로저스 씨에게 편지를 썼다. 편지의 말미에는 다음과 같이 썼다. "이 추천이 마치 나사의 비행 검토서와 비슷하다는 생각이 듭니다. 왜냐하면 '이런저런 중대한 문제점들이 있지만 그래도 걱정 말고 계속 띄우고 보자!' 라는 식이기 때문입니다."

그날은 토요일이었는데 나는 로저스 씨가 내 편지를 월요일 전에 읽기 원했기에 그의 비서에게 전화를 걸었다. 당시에는 모든 사람들이 이 보고서를 제 시간 내에 끝내기 위하여 토요일도 일요일도 없이 일을 했다. 내가 물었다. "제 편지를 좀 받아 적어 주시면 좋겠는데, 괜찮겠습니까?"

"물론이죠, 그러면 박사님께서 전화 요금을 물지 않으시도록 제가 바로 박사님께 전화드리겠습니다." 그녀는 이와 같이 말하고는 내게 전화를 걸었고 내 편지를 받아 적어 로저스 씨에게 전했다.

월요일에 내가 다시 워싱턴에 돌아왔을 때에 로저스 씨는 내게 말했다. "파인만 박사님, 박사님의 편지는 잘 읽었습니다. 그리고 그 내용에 대해서 저도 전적으로 동의합니다. 하지만 다수결로 박사님의 의견은 받아들여지지 않았습니다."

"다수결이라고요? 회의도 하지 않았는데 어떻게 다수결이고 무엇이고 있습니까?"

키일 씨가 옆에 있다가 말했다. "우리는 일일이 위원들에게 전화를 했습니다. 그랬더니 모든 사람들이 열 번째 추천 사항에 대해서 긍정적인 표를 했습니다."

나는 항의했다. "그것은 불공평한 처사요! 만약 내가 다른 위원들에게 나의 논리를 설명할 수 있는 기회가 주어졌다면 내 말이 옳다는 것을 설득시킬 수 있었을 것이오." 나는 더 이상 어떻게 해야 좋을지를 몰랐기 때문에 "열 번째 추천 사항 내용을 잠깐만 빌려 주시오. 복사 한 장 하고 돌려드리겠소."라고 말하고 말았다.

내가 복사를 하고 돌아왔을 때 키일 씨가 말했다. "이제 생각해 보니 호츠 씨에게는 이야기를 못했습니다. 그는 마침 회의에 들어가 있었고 그리고 나중에 그의 의견을 묻는다는 것을 잊어버렸습니다."

그 당시에는 이 말에 어떻게 대답해야 할지를 몰랐는데 나중에 알고 보니 그때 호츠 씨는 그 건물 안에 있었다. 그것도 내가 쓴 복사기에서 멀지 않은 곳에 있었다.

나중에 나는 데이비드 에치슨에게 이 열 번째 추천 사항에 대해 물어보았다. 그는 "뭐, 별 내용이 아니잖아요? 좋은 게 좋은 건데, 누가 특별히 반대하겠습니까?"라고 말했다.

"뭐, 별 내용이 아니라면 있을 필요도 없지 않겠습니까?" 하고 내가 응수했다.

"우리 위원회가 과학 기술 학술원에 보고서를 제출하는 위원회라면 당신의 반대 논리가 적절하겠지만, 우리 위원회는 대통령령 위원회라는 사실을 잊지 마십시오. 우리는 대통령을 위해서 무엇인가를 말해야 하는 것이오."

"나는 그 차이를 모르겠소. 대통령에게 보고서를 쓰는 경우에는 어째서 신중하고 과학적으로 해서는 안 된다는 것이오?"

순진한 것이 먹혀들지 않는 경우도 많이 있다. 나의 말은 아무런 효과가 없었다. 에치슨은 계속 내가 아무것도 아닌 것을 가지고 문제를 만들고 있다는 식이었고, 나는 이것이 우리 보고서의 결론을 약화시키고 있으므로 포함되지 않아야 한다고 주장했다.

더 이상 어떻게 해 볼 도리가 없었다. 하지만 "위원회는 나사가 미국 행정부로부터 지속적인 지원을 받을 것을 강력히 추천하는 바이다." 이런 식의 '듣기 좋은 소리'를 단지 보고서의 부정적인 면 때문에 '균형'을 맞추기 위해 포함시킨다는 것은 말도 안 되는 이야기였다.

비행기를 타고 집으로 돌아가는 길에 나는 생각했다. '사실 생각해 보면 이 보고서 전체에서 균형을 지켰다고 할 수 있는 부분은 바로 내가 쓴 보고서인데(왜냐하면, 엔진에 대해서는 부정적으로 말했지만 항공 컴퓨터 부분에 대해서는 긍정적인 말을 했으니까) 그럼에도 불구하고 나는 내 보고서를 최종 보고서에 실으려고 얼마나 고생했던가. 그나마도 겨우 부록 아닌가.'

다시 이 열 번째 추천에 대하여 생각해 보았다. 다른 모든 보고서는 우리가 발견한 증거에 의해 뒷받침된 것인데 이것은 그 어떤 증거도 없지 않은가? 이 열 번째 추천을 포함한다는 것은 분명 잘못된 것이었다. 이것 하나 때문에 우리 보고서 전체가 엉터리같이 보이게 될 것이다. 나는 매우 기분이 상했다.

집에 돌아와서 나는 여동생 존과 이 문제에 대하여 의논하였다. 자초지종을 이야기하고 나의 의견이 투표에 의하여 어떻게 '밀렸는지'를 설명했다.

"그런데 오빠가 직접 다른 위원들에게 전화로 확인해 보았어요?" 동생이 말했다.

"어, 에치슨에게는 물어보았더니 그 사람은 저쪽 의견에 찬성하더구나."

"다른 사람들은요?"

"안 해 봤는데 ……." 그래서 나는 세 명에게 전화를 했다. 그들을 A, B, C라고 부르면,

A에게 걸었더니 "열 번째 추천이라니 무슨 이야기를 하십니까?"

B에게 걸었더니 "열 번째 추천이라고요? 도대체 무슨 이야깁니까?"

C에게 걸었다. "로저스 씨가 그 이야기를 당신에게 꺼냈을 때에 나도 그 자리에 있지 않았습니까? 그것도 기억 못하십니까? 그리고 내가 보기에는 아무런 문제가 없는 것 같던데요."

이처럼 전화를 걸어 보니 열 번째 추천에 대해서 알고 있는 사람들은 로저스 씨가 그 이야기를 처음 꺼냈을 때 그의 사무실에 있었던 사람들뿐인 것 같았다. 나는 더 이상 전화를 걸 필요도 없다고 생각했다. 이 정도면 충분했다. 나는 모든 캐비닛을 일일이 열어 보지 않아도 자물쇠 번호가 모두 똑같다는 것을 알 수 있었다.†

그래서 나는 다시 동생 존에게 내 보고서는 겨우 부록으로 들어가면서도 얼마나 많은 수정을 해야 했는지를 이야기했다.

"그 사람들이 오빠의 보고서를 그런 식으로 다룬다면 도대체 조사위원으로서 성취한 일이 무엇이고 오빠가 노력한 결과가 무엇이에요?"

"그렇지!"

나는 로저스 씨에게 다음과 같은 내용의 전보를 쳤다.

다음의 두 가지 조건이 이행되지 않는 경우에는 보고서에서 저의 서명을 삭제하시기 바랍니다. (1) 열 번째 추천은 없을 것이며, (2) 나의 보고서가 제23차 교정본의 형태 그대로 수정 없이 실릴 것.

---

† 『파인만 씨, 정말 농담도 잘하시네요!』의 「금고털이가 금고털이를 만나다」에 나오는 이야기.

(이제 나도 많은 것을 겪었으니 모든 것을 정확히 이야기해야 한다는 것을 알게 되었다.)

내가 원하는 교정본의 번호를 알아내기 위하여 나는 보고서의 출판을 담당하고 있던 호츠 씨에게 전화하여 물어보았다. 그는 나에게 제23차 교정본을 보내 주었으므로, 최악의 경우에 그것을 가지고 그동안 내가 조사한 결과를 따로 발표할 수 있게 되었다.

내가 보낸 전보를 받고 로저스 씨와 키일 씨는 번갈아 가며 내게 전화를 하여 협상을 하려 했다. 또한 그들은 커티나 장군이 나와 친하다는 것을 이용하여 커티나 장군을 중간에 세웠다. 하지만 그가 나와 진정 얼마나 친했는지는 몰랐던 모양이다.

그가 전화하여 말했다. "안녕하십니까, 교수님! 교수님께서 지금 아주 잘하고 계시다는 말씀을 드리려고 전화했습니다. 하지만 어쨌든 저에게는 교수님께 전화해서 설득해 보라는 임무가 주어졌으니 제 말을 한번 들어 봐 주십시오."

"예, 좋습니다. 어차피 제 결심에는 변화가 없을 것이므로 장군께서는 주어진 임무를 수행하십시오. 염려하지 마시고 어서 말씀하십시오."

첫 번째 제시는 다음과 같았다. 내가 열 번째 추천을 받아들이지 않으면 그들도 내 보고서를 전체 보고서에 부록으로도 싣지 않겠다는 것이었다. 나는 이에 대해서 조금도 걱정하지 않았다. 왜냐하면 나는 언제나 내 보고서를 따로 출판할 수 있기 때문이었다.[1]

다른 모든 이야기도 마찬가지였다. 어떤 조건도 내 마음에 들지 않았고 따라서 내 결심을 바꾸지 못했다. 나는 이미 앞으로 일어날 일에 대하여 심사숙고를 했던 터라 내 총대를 낮추지 않고 계속 겨누고 있었다.

결국 커티나 장군이 새로운 협상 조건을 제시해 왔다. 우선 내 보고서는 그대로 출판을 할 테니 마지막의 한 문장만을 빼자는 것이었다.

그 문장을 다시 보니 이미 그 앞의 문단에서 한 말을 되풀이한 것이었다. 그 문장을 빼는 것이 차라리 더 좋았다. 그래서 나는 이 조건을 수락했다.

나도 열 번째 추천에 대한 협상 조건을 제시했다. "나사에 대하여 단지 긍정적인 이야기를 하기 원한다면 추천 항목에서는 제외시키시오. 그래야만 다른 추천 항목들과는 다른 차원의 이야기임이 분명해질 것이오. 원한다면 '맺음말' 정도로 하는 것은 좋소. 또한 혼란이 생기지 않도록 '강력히 추천한다'는 말을 빼고 그 대신 '권고한다'는 말을 사용할 것, 즉 '조사 위원회는 나사가 행정부와 국가로부터 지속적인 지원을 받을 것을 권고한다'로 고치면 나머지 부분은 그대로 있어도 좋소."라고 말했다.

얼마 후 키일 씨가 내게 또 전화를 했다.

"'강력히 권고한다.'라고 하면 안 되겠습니까?"

"안 됩니다. 그냥 '권고한다.'라고 하십시오."

"알겠습니다."

그것이 최종 결정이었다.

언론 플레이

나는 결국 조사 위원회 보고서에 서명을 했다. 내 개인 보고서는 부록으로 실렸고 모든 것이 제대로 되었다. 6월 초순의 어느 날 우리 모두는 워싱턴으로 다시 가서 백악관의 로즈 가든에서 대통령에게 보고서를 제출하는 행사를 가졌다. 그날은 목요일이었으며 보고서는 그 다음 주 월요일까지는 일반인에게 공개되지 않게 되어 있었다. 그 동안 대통령이 보고서를 검토할 시간을 주기 위한 것이었다.

그동안 신문 기자들은 마치 유령처럼 건수를 찾아다녔다. 그들은 보고서가 마무리된 것을 알고 있었으므로 서로 경쟁적으로 특종을 내기 위하여 보고서에 쓰인 내용을 알아내고자 혈안이 되어 있었다. 그들은 나에게도 밤낮으로 전화를 하여 나도 모르는 사이에 그들에게 힌트가 될 만한 말을 하지 않을까 매우 조심스러웠고 걱정스러웠다.

기자들은 꾀가 많았고 무엇보다도 지독하게 쫓아다녔다. 그들은

"우리가 듣기에는 이러이러한데 …… 그게 사실이죠?" 하고 물어온 다. 그러면 얼마 후에 내 기억으로는 분명히 사실이라고 말한 적이 없는데 사실이라고 말했다고 신문에 나오는 것이다!

그래서 나는 월요일에 보고서가 공식적으로 공개될 때까지는 아무 말도 하지 않기로 단단히 마음먹었다. 그런데 내 친구 중 한 명이 나보고 '맥그니일 · 레러 뉴스 시간'[1]에 나가 보라고 설득했기에 월요일 저녁 시간에 나가겠다고 대답했다.

나는 화요일에 캘리포니아 공과 대학에서 개인적인 기자 회견을 가지려고 비서에게 준비를 하라고 했다. 비서에게 "나를 만나고 싶은 기자가 있으면 지금은 어떤 질문에 대해서도 대답할 말이 없으므로 질문이 있으면 화요일에 있을 기자 회견에 와서 하라."라고 전하도록 했다.

그런데 주말에, 내가 아직 워싱턴에 있는 동안에, 내가 보고서에 서명을 안 하겠다고 한 일이 있었다는 말이 돌기 시작했다. 마이애미의 어떤 신문에서부터 그 말이 나오기 시작하더니 얼마 안 되서 모든 신문마다 나와 로저스 씨 사이에 오고 간 말들이 돌기 시작했다. 워싱턴에서 일을 해 본 경험이 있는 기자에게는 "파인만 씨는 현재 아무 말도 하지 않을 것이며 화요일에 있을 그의 기자 회견에서 모든 질문에 대한 답변을 하겠다고 하였다."라는 말 자체가 수상하게 들리는 것이었다. 마치 나와 로저스 씨와의 문제가 아직까지도 계속되고 있으며 내가 어째서 보고서에 서명을 거부했는지에 대하여 해명하기 위해 화요일에 기자 회견을 갖겠다는 것같이 들렸던 것이다.

하지만 나는 이런 이야기들이 돌고 있는 사실조차 모르고 있었다. 나는 언론으로부터 나를 너무나도 고립시킨 나머지 신문조차 읽지

그림 18 백악관의 로스 가든에서 조사 위원회 보고서를 대통령에게 제출하는 행사 장면. 왼쪽에서부터 커티나 장군, 윌리엄 로저스, 유진 코버트, 레이건 대통령, 닐 암스트롱 그리고 리처드 파인만.

그림 19 리셉션 장에서.

않고 있었던 것이다.

일요일 밤이었다. 조사 위원회는 마지막으로 로저스 씨가 주최하는 송별회를 어느 클럽에서 갖고 있었다. 식사가 끝난 후, 커티나 장군에게 말했다. "어디 좀 가 봐야 할 데가 있어서, 그만 먼저 일어나야겠습니다."

"무슨 일인데 그렇게 중요합니까?" 그가 물었다.

나는 대답하고 싶지 않았다.

그는 중요한 일이 도대체 무엇인가 궁금했는지 밖에까지 쫓아 나왔다. 밖에는 빨간색 스포츠카 안에 두 명의 금발 미녀가 나를 태워갈 준비를 하고 대기하고 있었다.

차에 올라타는 나를 보면서 무슨 영문인지 몰라 머리를 긁적거리는 커티나 장군을 뒤로하고 차가 속력을 내려 하는데 금발 중의 한 명이 외쳤다. "오, 커티나 장군님, 저는 아무개예요. 요 몇 주일 전에 장군님과 전화로 인터뷰를 했잖아요."

그제서야 장군은 알아차렸다. 미녀들은 '맥그니일 · 레러 뉴스'의 기자들이었다.

그들은 매우 친절했고 우리는 월요일에 있을 방송에 관해서 이런저런 이야기들을 나누었다. 그러다가 내가 화요일에 기자 회견을 가질 것이라는 이야기를 하게 되었고 내가 쓴 보고서가 석달 후에 부록으로 따로 나오게 되어 있으나 화요일에 기자 회견장에서 내 보고서를 나눠 주겠다는 이야기를 했다. 그들은 보고서의 내용이 궁금하다면서 좀 볼 수 있겠냐고 물었다. 이런저런 이야기를 나누는 동안에 그들과 매우 친해졌고 별 생각 없이 그들에게 내 보고서를 하나 주었다.

그들은 나를 내 사촌 여동생의 집에까지 데려다 주었다. 나는 그곳에 머물고 있었다. 기자인 사촌 동생 프랜시스에게 내가 텔레비전 방송에 나간다는 것과 내 보고서를 그 기자들에게 주었다는 이야기를 했더니 그녀는 두 손으로 자기 얼굴을 덮으며 큰일났다는 표정을 지었다.

　그제서야 나는 실수를 깨닫고 "내가 바보 같은 실수를 했구나! 지금이라도 당장 전화를 해서 그 보고서를 인용하지 말라고 해야겠다."라고 말했다.

　프랜시스가 머리를 좌우로 흔드는 것을 보니 전화로 부탁해 봐야 그들이 내 말을 쉽사리 들어주지 않을 것 같았다.

　나는 그중 한 사람에게 전화를 했다. "죄송합니다만, 제 실수였습니다. 제 보고서를 드리지 말았어야 하는데 어쩌다 보니 그렇게 되었습니다. 그러니 그 보고서를 사용하지 않으면 좋겠습니다."

　"저희는 언론계에 있습니다, 파인만 박사님. 언론계에 있는 사람들의 목표는 뉴스를 구하는 것입니다. 그리고 박사님의 보고서는 뉴스로서의 가치가 있습니다. 박사님의 보고서를 사용하지 않는다는 것은 저희로서는 본능적으로 그리고 관례적으로 있을 수 없는 일입니다."

　"잘 알고 있습니다. 하지만 저는 이런 일에는 아주 서툴러서 실수를 한 것입니다. 당신들이 그 보고서를 사용하게 되면 화요일에 있을 기자 회견에 올 기자들에게는 매우 불공평한 일이 되지 않겠습니까? 입장을 바꾸어서 만약 당신이 기자 회견장에 나와 보니 어떤 기자들에게는 보고서 내용이 이미 알려진 사실이라면 당신은 좋으시겠습니까? 이 점을 좀 이해해 주시기 바랍니다."

"제 동료와 상의해 보고 전화드리겠습니다."

두 시간 후에 전화가 걸려 왔다. 두 명과 동시에 통화를 했다. 그들은 그 보고서를 사용해야 하는 이유를 설명했다.

"저희 기자들의 입장에서는, 박사님께서 저희에게 보고서를 주셨던 것과 같은 상황에서 어떤 자료를 얻게 되면 그 자료는 써도 좋다는 의미로 받아들입니다."

"기자들에게는 그런 관례가 있을 것이라는 것은 이해가 갑니다만, 저는 그런 것에 대해서는 전혀 아는 바가 없습니다. 따라서 저에 대한 예의라고 생각하시고 제발 좀 사용하지 마시기 바랍니다."

옥신각신 한동안 대화가 오간 후 다시 한번 잠시 후에 걸겠다면서 전화를 끊고 얼마의 시간이 지났다. 한참 시간이 지나도록 전화가 오지 않는 것으로 보아 이 문제 때문에 그들도 고민을 꽤나 하는 것 같다는 느낌이 들었다.

이런 상황 속에서도 나는 냉정함을 잃지 않았다. 이미 한번 실수를 범함으로써 게임에 진 것이나 마찬가지의 처지였고 내가 회복해야 하는 것이 무엇인지도 분명했다. 따라서 마음속이 복잡하지 않았다. 나는 내가 저지른 어리석은 행동에 대해서 그 잘못을 쉽게 인정하는 편이다. 평소에도 나는 바보 같은 행동을 자주 한다. 하지만 내가 잘못을 저질렀다고 해서 거기에 굴복해야 한다는 자연법칙은 없지 않은가? 나는 마음의 흔들림이나 동요 없이 시종 버티고 있었다.

어느새 한밤중이 되어 밤 한 시가 지나고 두 시가 지나도록 우리는 여전히 실랑이를 벌였다. "박사님, 뉴스 거리를 제공하신 후 나중에 철회하는 것은 매우 프로답지 못하신 행동이십니다. 워싱턴에 있는 사람들은 박사님처럼 행동하지 않습니다."

"그러니, 제가 워싱턴에 대해서는 아무것도 모른다는 것이 분명하지 않습니까? 하지만 저는 늘 이런 식으로 행동을 하니 어떻게 하겠습니까? 바보같이 말입니다. 죄송합니다만, 그것은 제 실수였고, 저를 봐서 제발 좀 사용하지 말아 주십시오."

이런 식의 말이 오고 가던 중 그중 한명이 말했다. "우리가 만약 이 보고서를 이용한다면 박사님께서는 텔레비전 대담에 안 나가시겠습니까?"

"알아서 판단하십시오."

"그러면, 잠시 후에 다시 전화드리겠습니다."

또 한참의 시간이 흘렀다.

사실 나로서는 이미 실수를 저지르기는 했으나 내 보고서를 되돌려받을 수 있을 것으로 생각했기 때문에 대담을 취소할 것인지에 대한 결정은 하지 않았다. 또한 대담을 취소하는 것이 정당하지 않다는 생각도 들었다. 하지만 그들 중 한 명이 내가 대담을 거절할 수도 있다는 가능성을 제시하는 실수를 저지르는 순간 나는 단지 '알아서 판단하십시오.' 라고 냉정하게 말했던 것이다. 이는 마치 '당신들을 굳이 그런 식으로 협박하고자 하지는 않았지만 이제 말이 나왔으니 아가씨들이 알아서 판단해 보시오.' 하는 말이 되었다.

그들은 결국 내게 다시 전화를 걸어 그 보고서를 사용하지 않겠다고 말했다.

다음 날 대담에 나가 보니 내 보고서를 이용하여 질문을 한다는 느낌은 전혀 들지 않았다. 레러 씨는 나와 로저스 씨 사이에 어떤 문제가 있었냐고 물었다. 나는 계속 "아무런 문제도 없었다."라고 대답하였다.

대담이 끝난 후에 그 두 기자가 내게 와서 내 보고서를 쓰지 않고도 대담은 잘 진행되었다고 말했고 우리는 계속 좋은 사이를 유지하게 되었다.

그날 밤, 나는 캘리포니아로 날아갔고 화요일에는 캘리포니아 공과 대학에서 기자 회견을 했다. 많은 기자들이 몰려 왔다. 몇 명은 내 보고서에 대해서 질문을 했지만 대부분의 기자들은 내가 조사 위원회의 보고서에 서명을 거부하겠다고 협박했는지에 대해서만 관심이 있었다. 나는 계속 로저스 씨와는 아무런 문제가 없었다는 똑같은 이야기만 반복하는 자신을 발견했다.

조사를 마치고

　이제는 좀 더 시간적 여유를 갖고 돌이켜 보는데, 다시 생각해 보아도 그때나 지금이나 로저스 씨에 대한 나의 감정은 호의적이며, 사실 그만하면 모든 것이 잘 운영되었다고 생각한다. 또한 로저스 씨는 매우 좋은 사람이라고 생각한다. 조사 위원회 활동이 진행되어 갈수록 나는 그의 뛰어난 능력을 보게 되었고, 지금도 그에 대한 존경심을 갖고 있다. 로저스 씨에게는 매우 부드러우면서도 능수능란한 어떤 면이 있다. 그래서 내가 그를 좋아하는 것은, 그가 나로 하여금 그를 좋아하게 만드는 방법을 알고 있기 때문이 아닐까 하는 (의심으로서가 아니라 미지수로서의) 가능성이 내 머릿속에서 떠나지 않는다. 어쨌든 나는 그가 진실로 좋은 사람이며 겉으로 보이는 모습 그대로가 그의 진실된 모습이라고 믿고 싶기는 하지만, 워싱턴에서 짧지 않은 기간을 보냈기 때문에 로저스 씨의 진실된 모습이 무엇인지는 결코 알 수 없다.

또한 로저스 씨가 나를 어떻게 생각했는지도 잘 모르겠다. 내가 그의 속을 어지간히 썩였음에도 불구하고 그는 여전히 나를 좋아하고 있다는 느낌을 갖게 만들었다. 내가 착각하고 있는 것인지 모르겠으나, 내가 그에 대해 갖고 있는 감정을 그도 나에 대해서 갖고 있다면 다행이다.

변호사인 로저스 씨로서는 기술적인 문제들을 해결해야 하는 우리 조사 위원회의 일을 맡아 관리 · 운영하는 일이 쉽지 않았을 것이다. 그럼에도 불구하고 키일 박사의 도움을 받으면서 기술적인 부분도 잘 처리했다고 생각한다. 하지만 나사의 몇몇 거물들이 보여 준 구린내 나는 구석들은 나를 적잖이 놀라게 했다.

예컨대 나사의 고위 관리들은 언제나 그들의 아래에서 일어나는 일에 대해서 몰랐다는 말만 되풀이하는 것이다. 우리는 얼마전 이와 똑같은 현상을 이란 · 콘트라 사건 청문회에서도 볼 수 있었다. 하지만 그 당시 나는 고위 관리들이 몰랐다는 말로 책임을 회피하는 상황을 처음 겪었다. 최고위층 책임자들은 자신들이 알았어야 하는 일을 몰랐다는 점에서 일종의 직무 유기임을 뻔뻔스럽게 시인하는 것이거나, 아니면 실제로는 알면서 모른다고 거짓말을 하는 것이다.

멀러이 씨가 티오콜 사 사람들에게 우주 왕복선을 발사하도록 압력을 넣었다는 사실을 조사 과정에서 우리가 알게 되었을 때 멀러이 씨 위의 나사 고위 관리들은 그런 사실에 대해서는 아무것도 몰랐다는 말만 계속 반복했다. 상식적으로 생각하면 멀러이 씨는 이 중대한 문제에 대해서 그의 상급자들에게 '우리가 내일 발사를 할 것인지에 대해서 토의를 한 결과 티오콜 사의 기술자들은 대부분 발사에 반대하고 있는 형편이지만 우리는 그럼에도 불구하고 계획대로 발사를 하려고 합니다. 어떻게 생각하십니까?' 하고 보고하는 것이 당연한 일이 아니었을까? 하지만 멀러이 씨의 말은 "모든 문제점들이 해결되었다."라는 것이었다. 이 말이 사실이라면 문제점이 아직 해결되지 않았음에도 불구하고 아랫사람이 윗사람에게 문제를 제기하지 않는 이유가 있을 것이 아닌가?

나는 어떻게 이런 일이 일어날 수 있는지에 대한 이론을 나름대로 만들었으며 나의 이론을 많은 사람들에게 설명해 보았다. 내 이론을 듣고 나서 사람들은 왜 내 이론이 잘못되었는지를 설명하기도 했다. 하지만 나는 지금 그들의 설명이 기억나지 않거니와, 어떻게 해서 나사에서 일하는 사람들 사이의 의사 전달이 제대로 되지 않았는지를 설명하는 내 이론을 말하고 싶은 충동을 억제할 수 없으므로 여기에 소개하고자 한다.

나사가 최초의 우주선을 달에 보내려고 노력했을 때에는 모든 사람들이 엄청난 열정을 가지고 일을 했다. 달 착륙은 모든 사람들이 성취하고자 하는 공통적인 목표였다. 그 목표를 과연 이룰 수 있을지에 대해 사람들은 한편 회의하면서도 모두 한마음으로 일했다.

이런 생각을 하게 된 것은 내가 한때 로스앨러모스에서 일한 경험이 있기 때문이다. 원자 폭탄을 만들고자 하는 목표를 이루기 위하여 모든 사람들이 한마음이 되어 일하던 시절의 긴장감과 정신적인 중압감을 나는 직접 경험했다. 누군가가 어떤 문제(예를 들어 뇌관이라 하자.)를 해결하려고 하는데 잘 되지 않는다는 이야기를 들으면 그곳에 있던 모든 사람들이 이 문제에 대해서 알게 되고 해결책을 제시하려고 노력했다. 결국 문제가 해결되었다는 소식을 듣게 되면 모든 사람들이 함께 기뻐하곤 했다. 만약 뇌관이 제대로 작동하지 않으면 원자폭탄이란 있을 수 없는 것이니까 그 문제가 해결되어야만 다른 사람들의 수고도 의미가 있게 되기 때문이다.

나는 나사에서도 초기에는 마찬가지 상황이 벌어졌을 것이라고 생각한다. 예를 들어 비행사들이 입을 우주복이 제대로 안 된다면 달에 갈 수 없었다. 따라서 모든 사람들이 서로 다른 사람들의 일에 관심을 가질 수밖에 없었다.

그러나 달 착륙에 성공하고 나자 새로운 문제가 생겼다. 달 착륙이라는 목표는 이루어졌는데 그동안 휴스턴, 헌츠비일, 그리고 플로리다 등에 나사가 키워 온 거대한 조직 내의 직원들을 어떻게 할 것인가 하는 문제였다. 그들을 모두 해고하여 길거리로 내쫓을 수는 없는 일이므로 이제부터 그들에게 어떤 일을 하도록 해야 하는 것이었다.

그러자니 의회로부터 예산 책정을 받아야 하고 따라서 오직 나사만이 할 수 있는 일이 있음을 의회에 설득시켜야 하는 것이다. 그러다 보니 자연히 (적어도 겉보기에는) 과장하여 이야기하는 것이 필요하게 되었다. 즉 우주 왕복선을 이용하면 기존의 로켓 식의 우주선을 발사하는 것보다 얼마나 경제적인가, 또한 우주 왕복선은 얼마나 자주 발사가 가능하며, 얼마나 안전성이 향상되는지, 우주 왕복선을 이용함으로써 얼마나 많은 새로운 과학 기술의 발견이 가능한지에 대한 과장이 그것들이다. '우주 왕복선은 한 대로 몇 번의 비행이 가능하고 따라서 비용이 얼마나 들게 되며 등 ……. 결국 우리는 달 착륙에 성공했듯이 우주 왕복선의 개발도 이룰 수 있다!' 라는 식이었다.

그런 반면에 맨 밑바닥의 기술자들은 "아닙니다. 아닙니다! 우리는 그렇게 여러 번 비행을 할 수 있는 우주 왕복선을 아직은 만들 수 없습니다. 그렇게 많은 비행을 하게 되면 어떠어떠한 일이 발생하게 됩니다!" 하고 말했을 것이라는 상상이 간다. 혹은 "아닙니다. 그만큼의 예산만으로는 이러이러한 일밖에 할 수 없기 때문에 그런 것은 실현불가능합니다." 라고 말했을지도 모른다.

하지만 어떻게 해서든 의회를 설득해서 프로젝트에 대한 예산을 배정받으려는 나사의 고위 관리로서는 이러한 기술자들의 이야기가 듣기 싫었을 것이다. 그들에게는 이런 부정적인 이야기는 차라리 듣지 않는 것이 더 속편한 일이다. 왜냐하면 차라리 모르면 그들이 의원들 앞에 설 때 좀 더 정직해질 수 있는 것이고, 어느 누구도 의회에서 거짓말을 하는 무모한 짓은 하고 싶지 않을 테니까 말이다. 그러다 보니 사람들의 태도가 달라지기 시작한 것이다. 예전과는 달리 밑바닥으로부터의 정보가 특히 그것이 부정적인 것이라면 ('접합부에 문제가 있습니다. 다음에 다시 우주 왕복선을 띄우기 전에 이를 먼저 수리해야 합니다.' 라는 식의 이야기는) 고위 관리층이나 중간 관리층에 의하여 잘리고 마는 것이다. 그리고 그들은 "밀봉에 문제가 있다고 내게 이야기를 하면, 우리는 우주 왕복선을 띄우지는 못하고 수리나 하고 있어야 하지 않겠습니까?" 라든가, "아니올시다. 계속해서 띄우십시오. 그렇지 않으면 남들 보기에 우주 왕복선에 문제가 있거나 우리가 열심히 일을 하지 않는 것처럼 보일 테니 말이오." 라든가, 아니면 심지어 "내게 그런 이야기를 하지 마십시오. 듣고 싶지도 않습니다." 라고 이야기하는 것이다.

어쩌면 그들은 직접적으로 "내게 그런 이야기를 하지 마라." 라는 식의 말은 하지 않더라도 정보의 전달을 장려하지 않음으로써 결국 똑같은 결과를 초래했을 수 있다. 이것은 어떤 내용의 글이 누구에게 전달된다든지, 누가 누구에게 어떤 이야기를 직접 해야 하는지의 문제가 아니다. 당신이 어떤 문제를 어떤 사람에게 꺼낼 때에 그 이야기를 듣는 사람이 '기꺼이' 들으면서 "좀 더 말해 달라."라든지 "이러이러한 방법은 써 보았느냐?"라고 제시하는 자세와 단지 "그러면 좀 더 잘해 보라."라고 말하는 태도에 있어서는 천지 차이가 있는 것이다. 처음 한두 번은 대화를 가져보려고 시도하다가 계속 윗사람의 반응이 냉담하게 나오면 "될 대로 돼라."가 되는 것이다.

이것이 정보와 의사 전달에 문제가 생기게 된 원인에 대한 나의 이론이다. 즉 아랫사람들이 실무적인 내용을 가지고 윗사람들과 이야기해 보려 해도 윗사람들이 받아들이지 않자 점점 대화가 줄어들게 되고 결국에는 완전히 없어지는 것이다. 그러면 위에서는 결국 아래에서 일어나는 일에 대해서 알 수 없게 되는 것이다.

또 하나의 가능성은 고위 관리들이 알고 있으면서 "몰랐다."라고 말하는 경우이다.

지금은 그의 이름이 기억나지 않지만 과거에 나사의 소장을 지내고 현재 캘리포니아 주 내의 어떤 회사 사장으로 있는 사람을 만나보려는 시도를 했었다. 나는 조사 기간 중 때때로 휴식을 취하려고 집에 가곤 했으므로 그럴 때에 그를 찾아가 몇 마디 이야기를 나눌 생각이었다. "그 사람들은 하나같이 아래에서 일어난 일에 대해서 들어본 적도 없다고 대답하고 있는데 말이 되는 이야기입니까? 이런 경우 어떻게 조사를 진행해야 되겠습니까?" 하고 물을 생각이었다.

나는 수차례 그의 비서에게 전화하여 나에게 전화를 부탁한다고 요청했으나, 그는 한 번도 내게 전화를 해 주지 않았다. 어쩌면 나사의 고위 관리들을 조사하고 있던 나하고는 이야기를 하고 싶지 않았는지 모르겠다. 어쩌면 나사라면 너무 지겨워서 그와 관련된 일이라면 무조건 피하고 싶었는지도 모르겠다. 나도 당시에 다른 일들로 바빴기 때문에 그 후 더 이상 이 방면의 조사를 계속할 여유가 없었다.

사실 우리가 조사했어야 함에도 불구하고 하지 않았던 문제들이 수없이 많았다. 그중 하나는 베그즈라는 이름의 전 나사 소장에 관한 일이었다. 우주 왕복선과는 아무런 관련이 없는 어떤 일에 대한 조사가 진행되는 과정에서 베그즈는 소장직을 물러나게 되었고 후임으로 그레이엄이 오게 된 것이었는데, 그 후 얼마되지 않아서 챌린저 호의 사고가 터진 것이었다. 그런데 나중에 이야기를 들어 보니 베그즈는 소장직에서 물러난 후에도 매일같이 자신이 소장으로 재직시 사용하던 사무실에 출근했다는 것이다. 그리고 베그즈는 그레이엄과는 단 한 번도 같이 이야기를 나눈 적이 없지만 다른 사람들은 그의 사무실로 찾아가서 만나곤 했다는 것이다. 도대체 베그즈는 거기에서 무엇을 했단 말인가? 베그즈는 물러나서도 나사의 업무 중 일부를 담당했는가?

가끔 나는 로저스 씨의 관심을 끌어서 우리가 그런 문제에 대한 조사를 하도록 시도한 적이 있다. "우리 조사 위원들 중에는 변호사도 계시고 회사의 임원들도 계십니다. 이처럼 여러 가지 다양한 경험과 능력을 갖고 있는 우수한 사람들이 많이 있으니, 예를 들어 어떤 사람이 조사 위원회에 출석했으나 대답을 회피하면 어떻게 요리해야 답변을 하게 할 수 있는지를 잘 아는 사람들이 있지 않습니까? 저는 그렇게 하는 방법을 모르거든요. 만약 어떤 사람이 사고율이 10^5분의 1이라고 말하면 나는 그 말이 엉터리라는 것은 알 수 있지요. 하지만 나는 관료 사회에서는 어떤 것이 자연스러운 것인지를 모릅니다. 우리 조사 위원회가 해야 할 일은 고위 관리 몇 명을 한꺼번에 데려다가 질문을 하는 것입니다. 멀러이 씨 같은 중간 계급 관리자들에게 했던 것과 같은 질문들을 고위 관리들에게도 해야 합니다." 하고 내가 말했다.

"예, 그렇게 해야겠습니다." 하고 로저스 씨는 대답했다.

나중에 로저스 씨가 나에게 말하기를 나사의 고위 관리들에게 일일이 편지를 썼으나 그들은 우리에게 할 말이 아무것도 없다고 대답했다는 것이다.

또 하나의 그런 문제로서 우주 왕복선의 발사에 관하여 백악관으로부터 어떤 압력이 있었느냐 하는 것이 있었다.

우주 왕복선에 초등학교 선생님을 태우는 것은 바로 대통령의 제안이었다. 국가적인 차원에서 교육의 중요성을 강조하기 위한 것이었다. 대통령이 1년 전에 연두교서를 발표하면서 이러한 제안을 했고, 그로부터 1년이 지난 후 다시 연두교서를 발표하는 자리에서 1년 전에 말한 대로 선생님 한 명이 우주 왕복선을 타고 지구 상공을 돌면서 대통령과 의회와 직접 대화를 나누게 된다는 것은 얼마나 멋진 일인가! 당시의 정황을 여러 모로 살펴볼 때 이러한 시나리오는 사실일 가능성이 매우 높다.

나는 많은 사람들과 이 문제에 대하여 이야기를 나누었고 수많은 사람들로부터 의견을 들었다. 그러나 이 문제에 대한 나의 결론은 백악관으로부터의 압력은 없었다는 것이다.

우선 티오콜 사로 하여금 발사에 동의하도록 압력을 가한 사람인

멀러이 씨는 중간 관리자이다. 우주 왕복선이 막상 발사되어 올라가기 전에는 어느 누구도 그 과정에 있어서 어떠한 일이 발생할지 장담할 수 없다. 따라서 만약 멀러이 씨에게 누군가가 "대통령께서 내일 우주 왕복선이 발사되기를 희망하고 계시니 기필코 내일 띄우도록 하시오."라고 말했다면 그와 같은 위치에 있는 중간 관리자들은 '모두' 마찬가지 지시를 받아야 한다. 하지만 그 정도의 중간 관리자의 수는 엄청나게 많으므로 그렇게 많은 사람들에게 지시했다면 밖으로 새어 나가지 않을 수가 없다. 그러므로 백악관 측에서 압력을 가했을 가능성은 별로 높지 않다.

이 조사 위원회의 활동이 거의 끝나갈 무렵 나는 워싱턴이나 나사와 같은 기구에서 이루어지는 업무들에 대해서 좀 더 이해하게 되었다. 그곳의 사람들이 어떻게 일하는가를 보면서 나는 나사와 같은 거대한 기구에서 일하는 사람들은 무엇을 하라는 말을 일일이 듣지 '않아도' 무엇을 해야 하는지를 이미 '알고' 있다는 것을 이해하게 되었다.

나사는 이미 그들이 세워 놓은 비행 계획이 있었다. 따라서 이 계획에 차질이 없게 우주 왕복선을 띄우기 위하여 그들은 '이미' 엄청난 압력을 받고 있었다. 대통령이 그날 밤에 연설을 하게 되어 있었건 아니건 관계없이 이미 그들은 나사의 능력을 보여 주라는 압력을 받고 있었다. 따라서 나는 백악관으로부터의 직접적인 어떠한 행동이나 모종의 특별한 활동이 있었다고 믿지 않는다. 그렇게 할 필요조차 없었으므로 그렇게 하지 않았을 것이라고 생각한다.

비슷한 예를 들어 보이면, 우리는 가끔 길에서 자동차의 뒷유리창에 붙은 노란색 다이아몬드 모양의 경고판에 써 있는 "아기가 타고 있어요."라는 글을 보게 된다. 그 차에 아기가 타고 있건 없건 관계 없이 나는 '어쨌거나' 조심해서 운전을 할 것이므로 그 차는 아기가 타고 있다는 말을 굳이 할 필요가 '없는' 것이다! 도대체 내가 그 차에 아기가 타고 있다는 것을 아는 순간 어떻게 하라는 말인가? 평소와 다르게 운전하라는 말인가? 그 차에 아기가 있는 것을 보는 순간에 그 차와 접촉하지 않도록 더 조심해서 운전하기라도 하라는 말인가? 나는 그러지 않아도 이미 다른 차와 접촉하지 않도록 조심해서 운전하고 있는데 말이다. 이와 마찬가지로 나사는 이미 우주 왕복선을 띄우기 위하여 노력하고 있었다. 아기가 타고 있다고 굳이 말하지 않아도 또는 우주 왕복선에 선생님이 타고 있다고 말하지 않더라도 이미 대통령을 위해서 우주 왕복선을 띄우는 것이 중요하다는 것을 그들은 알고 있었다.

내가 조사 위원으로 활동하면서 겪었던 일들에 대하여 그 후 다른 몇몇 사람들과 이야기를 나누다 보니 전에는 이해가 잘 되지 않던 사실들이 좀 더 분명히 이해되었다. 그중 한 가지는 내가 키일 박사에게 무슨 말을 하여 그를 매우 화나게 했던 일이다. 최근에 워싱턴에서 오랫동안 일한 경험이 있는 어떤 사람과 이야기를 나누었다. 그에게 어떤 질문을 했는데 그 질문은 그가 나의 본심을 제대로 이해해 주지 않았다면 대단히 모욕적으로 받아들일 수 있는 것이었다. 나는 이 질문에 대하여 이야기하고자 하는데 왜냐하면 이 질문이 바로 내가 키일 박사에게 했을 질문일 가능성이 크기 때문이다.

내가 잘 아는 과학 분야에서 성공하는 유일한 방법은 무엇이 어떻게 되어야 한다는 내 생각을 억누르고 오직 증거를 매우 조심스럽게 제시하고 묘사하는 것이다. 어떤 이론을 만들었다면 그 이론의 좋은 점과 함께 나쁜 점을 동시에 설명해야 한다. 과학을 함으로써 말하자면 순수와 정직이라는 행동 규범을 저절로 배우게 되는 것이다.

다른 분야에서는, 예를 들어 사업을 한다고 생각하면, 과학의 경우와 매우 다르다는 것을 알 수 있다. 광고를 생각해 보자. 많은 광고 전단들의 경우 소비자를 속이려는 의도를 읽을 수 있다. 소비자들이 읽기를 바라지 않는 내용은 작은 글씨로 쓰거나 불분명하게 써서 무슨 뜻인지 알아듣기 어렵게 만들지 않는가. 광고하고자 하는 제품에 대하여 과학적으로 공정하게 설명하지 않고 있다는 것은 모든 사람들이 인정하는 사실이다. 따라서 영업을 해야 하는 사업에 있어서는 순수함이 부족하다고 할 수 있다.

나의 아버지는 과학자의 정신과 순수함을 지닌 분이셨다. 하지만 영업을 하시면서 평생을 사셨다. 나는 언젠가 아버지께 "순수하고 정직한 사람이 어떻게 영업을 하실 수 있습니까?"라고 여쭈어 본 적이 있다.

아버지의 대답은 다음과 같았다. "솔직히 말해서 판매직에 종사하는 많은 사람들이 남을 속이려고 한다. 그들은 속여서 파는 것이 좋은 방법이라고 생각한다. 하지만 나는 언제나 솔직하게 장사를 해 왔다. 그리고 그것이 오히려 최선의 방법이라는 것을 체험했다. 사실, 나는 다른 어떤 술수를 써서 장사를 하는 방법 따위는 절대로 하고 싶지 않다. 속여서 물건을 판 경우 소비자가 조금이라도 생각을 하는 사람이라면 그 판매원과 거래를 해 보니 속았다는 것을 나중에 깨닫고 기분 나빠할 것이고, 반면에 정직한 판매원과는 기분 좋은 거래를 했다고 두고두고 기억할 것이다. 따라서 결국에는 정직하게 파는 사람이 더 많은 고객과 오랫동안 신뢰하는 가운데 거래를 하게 될 것이다."

나의 아버지는 유명하거나 매우 성공한 거물급 세일즈맨은 아니었다. 유니폼을 파는 중소기업의 영업 책임을 맡고 있었다. 엄청나게 성공한 세일즈맨은 아니었으나 어느 정도는 성공했다고 할 수 있는 사람이었다.

나는 하원 의원들이 자신의 견해라며 발언하는 것을 볼 때마다 그들이 말하는 것이 '진정' 그들이 옳다고 생각하는 견해를 말하는 것인지 아니면 단지 다음 선거에 다시 선출되기 위하여 유권자들에게 듣기 좋은 말을 하고 있는 것인지를 의심하게 된다. 정치인들에게는 그것이 가장 중요한 문제가 아닌가. 따라서 나는 평소에 정부를 위해서 일하는 사람들이 얼마나 순수함을 지니고 있을까 하는 의문을 갖고 있었다.

그때 기억을 되살려 보면, 키일 박사는 내게 자신도 역시 물리학을 전공했다면서 말을 걸었다. 나는 물리학을 전공한 사람들은 모두 순수함을 지니고 있다고 믿었고(아마도 나는 이 점에 있어서 어리석을 정도로 순진한 것인지도 모르겠다.) 그래서 그에게 내가 평소에 갖고 있던 질문을 던졌는지 모른다. '순수함을 지닌 사람이 어떻게 워싱턴에서 참고 지낼 수 있습니까?'

하지만 다시 생각해 보면 이 질문은 다르게 들릴 수 있는 것이었다. '당신은 워싱턴에서 잘 지내고 있는 것을 보니 순수하고 정직하지 않은 사람이군요.'

또 한 가지 내가 이제 와서야 좀 더 잘 이해한다고 느끼는 것은 차가운 날씨가 O링에 어떠한 영향을 미칠 것인가 하는 생각이 누구에게서 비롯된 것인가 하는 것이다. 커티나 장군은 내게 전화를 걸어 말했다. "제 차의 카뷰레터를 손보던 중에 차가운 날씨가 O링에 미치는 영향이 무엇일까 하는 생각이 났습니다."

나중에 이야기를 듣고 보니, 사실은 나사에서 일하는 우주 비행사 중의 한 사람이 커티나 장군에게 "나사는 이미 자체적인 연구를 통하여 O링은 낮은 온도에서 탄력성이 전혀 없다는 것을 알고 있었다."라고 이야기했다는 것이다. 그리고 나사는 이러한 사실을 밝히지 않고 있다는 것이었다.

그의 친구인 그 우주 비행사의 앞날에 지장이 생기지 않도록 하기 위하여 커티나 장군이 자기 자동차의 카뷰레터를 손보면서 '진짜'로 고민하며 생각하고 있었던 것은 '이 우주 비행사 친구를 곤란하게 만들지 않으면서 이 정보를 흘릴 수 있는 방법이 무엇일까?' 하는 것이었던 것이다. 그가 찾아낸 해답은 이 어리석은 물리학 교수를 그 문제로 흥분하게 만드는 것이었고 그의 계획은 완벽하게 성공했다.

부록 F:
우주 왕복선의 안전성에
대한 개인적 견해†

　나는 이번 조사를 하는 과정에서 우주 왕복선과 인명을 함께 잃는 사고의 가능성에 대한 예측이 사람에 따라서 엄청나게 다르다는 것을 알게 되었다. 사람에 따라서 사고 가능성을 100분의 1에서부터 10만분의 1까지 다양한 숫자로 예측하고 있었다. 기술자들은 높은 사고율을 제시했고, 관리자들은 낮은 사고율을 제시했다. 이러한 차이는 왜 생기는 것이며 그 결과는 어떻게 나타나는가? 사고율이 10만분의 1이라는 이야기는 하루에 한 번씩 우주 왕복선을 발사해도 300년에 한 번 정도밖에 사고가 안 난다는 이야기니, '관리자들은 도대체 어떻게 해서 기계의 안전성에 대해 그토록 엄청난 믿음을 갖게

---

† 조사 위원회의 보고서에 실린 부록 F는 충분히 편집되지 않았기에 엮은이가 임의로 다소 편집하였다.—랠프 레이턴

된 것일까?' 하는 의문을 갖게 된다.

또한 비행 준비 상황 검증 과정에서 여러 가지 검증 기준들이 점점 더 완화되어 가는 것을 발견했다. 전에도 위험 부담이 있기는 했지만 그래도 사고 없이 성공적으로 비행을 마쳤으므로 이번에도 위험한 면이 없지 않지만 성공적으로 임무를 완수하지 않겠는가 하는 논리가 지배적이었다. 그리고 이러한 논리 때문에 분명히 어느 부분에 결함이 있었음에도 불구하고 이를 고치기 위하여 진지하게 노력하고 문제가 해결될 때까지 비행을 연기하기보다는 계속 우주 왕복선을 발사해 왔던 것이다.

이와 관련하여 다음과 같은 방법으로 관련 정보들을 수집했다. 비행 준비 상황 검증에 필요한 여러 가지 기준들이 문서로 작성되어 있었다. 이로부터 검증 기준들이 시간이 지남에 따라 어떻게 완화되었는가를 볼 수 있는데, 때로는 검사가 면제되거나 검사 기준의 허용 오차가 커지는 것들이 그것이다. 또한 우주 왕복선을 발사할 때마다 기록하게 되어 있는 비행 준비 상황 검증 기록을 보면 발사시 어떠한 위험이 있었고 그럼에도 불구하고 어떠한 이유와 논리로 비행 허가가 나게 되었는지에 대한 설명이 적혀 있다. 고체 연료 로켓이 과거에 성공적으로 비행 임무를 수행했던 것에 대한 기록은 발사 안전 관리 책임자인 루이스 J. 율리안 씨의 직접 증언과 그의 보고서를 통하여 얻은 것이다. 그는 (당시 발사 취소 안전 관리 심사 위원회의 의장으로서) 미래의 행성 탐험시에 이용하려고 하는 (방사능 열 발생 장치라고 부르는) 플루토늄 동력 장치가 만일의 사고 발생 시 얼마나 심각한 방사능 오염을 초래할지를 결정하고자 이 문제에 대하여 좀 더 심도 있는 연구를 한 바가 있었다. 같은 문제에 대하여 나사에서도 연구를 수행한 바 있으며 그 연구 결과가 나와 있다. 우주 왕복선 주엔진에 대한 기록은 마샬에서 관리자들과 기술자들을 상대로 인터뷰하여 얻은 것이고 로켓다인 사의 기술자들을 비공식적으로 인터뷰한 기록도 있다. 또한 그동안 엔진에 대하여 나사의 자문 역할을 해 왔고 다른 어느 기관에도 소속되지 않아 독립적인 위치에 있는 캘리포니아 공과대학의 기계 전문 기술자를 비공식적으로 인터뷰하기도 했다. 이와 함께 항공 전자 공학(항공 전자 공학이라 함은 컴퓨터와 각종 감지 계기 그리고 컴퓨터의 출력을 받아 다른 기계 부분을 작동시키는 기기를 모두 일컫는다.) 관련 부분은 얼마나 믿을 만한지에 대한 정보를 얻기 위하여 존슨을 방문하기도 했다. 마지막으로 1986년 2월에 나사의 사령부인 우주 비행실에 제출하기 위하여 N. 무어 씨 등이 제트 추진 연구소에서 준비한 '재활용이 가능한 유인 로켓 엔진에 적용할 수 있는 검증 기준에 관한 연구' 라는 보고서도 있다. 이 보고서에서는 미국 연방 비행 관리 협회와 군대에서 가스 터빈과 로켓 엔진을 검증하는 데 사용하는 방법이 다루어져 있다. 이 보고서를 쓴 연구원들도 역시 비공식적으로 인터뷰했다.

고체 연료 부스터

안전 관리 요원들이 이전에 발사되었던 모든 로켓을 조사함으로써 고체 연료 로켓 부스터의 안전도를 추정했다. 총 2,900번 정도 발사했고 그중에서 121번 실패했다.(이것은 25회 발사할 때마다 한 번꼴의 사고율이다.) 이 121번의 사고 중에는 '시행착오' 라고 볼 수 있는 경우도 포함되어 있다. 다시 말해서 로켓을 처음 설계하는 과정에서 잘못된 것으로 초기 시험 발사 과정에서 발견되어 차차 수정해 나가는 과정을 포함하는 것이다. 따라서 완성된 로켓이 사고를 낼 확률만을 생각한다면 50분의 1이라고 하는 것이 적당할 것이다. 또 부품을 고를 때에 특별히 주의하고 검사를 철저히 함으로써 사고율을 100분의 1 이하로 내릴 수 있을지도 모르겠다. 하지만 사고율을 1,000분의 1 정도까지 내리는 것은 오늘날 우리의 기술로는 아마도 불가능할 것으로 생각된다.(각 우주 왕복선에는 좌우 두 개의 로켓이 있으므로 사실 로켓의 고장으로 인한 우주 왕복선의 사고율은 두 배가 되어야 한다.)

그럼에도 불구하고 나사의 관리자들이 주장하는 사고율은 이보다 훨씬 낮은 수치이다. 그들의 주장에 따르면 '우주 왕복선은 유인 비행선이므로 그 임무의 성공률은 필연적으로 1.0에 가깝다.'라는 것인데, 도대체 이 말이 무슨 뜻인지 알 수가 없다. 성공률이 실제로 1이라는 말인지? 아니면 1이 되어야 한다는 말인지? 이해할 수 없는 표현이다. 그들이 주장하는 바를 계속 읽어 보면 다음과 같다. "역사적으로 보아 과거 우주 왕복선의 성공률이 이처럼 높았기 때문에 유인 우주 비행선의 프로그램과 무인 우주 비행선의 프로그램 간에는 그 철학에 있어서 큰 차이가 있다. 즉 무인 우주선의 경우에는 수치적인 확률 계산 방법을 이용하여 사고율을 추정하는 반면 유인 우주선의 경우에는 공학적인 판단에 의하여 사고율을 추정하는 것이다." (이 글은 1985년 2월 15일 나사의 존슨 센터에서 출간된 「행성 탐험의 안전 점검을 위한 우주 왕복선에 관한 데이터」라는 보고서의 3-1과 3-2쪽에서 인용된 것이다.) 만약 사고가 일어날 확률이 10만분의 1 정도로 작다면 그토록 작은 사고율을 결정하기 위해서는 엄청나게 많은 횟수의 시험 발사를 실시해야 한다. 거의 10만 번에 이를 때까지는 계속 성공적인 비행만을 해야 하는 데다가 10만분의 1이라는 것은 엄청나게 작은 숫자이므로 실제로는 이토록 작은 사고율을 정확하게 결정하기란 매우 어려운 문제이다. 따라서 그토록 많은 횟수의 시험 비행을 하기는 어려우므로 그동안 있었던 비행 횟수보다는 사고율이 낮을 것이라고 대략 추정하는 정도가 될 것이다. 하지만 반면에 사고율이 그토록 낮지 않다면 비행을 함에 따라 고장도 생기게 될 것이며 때로는 거의 사고가 날 정도의 심한 고장도 발생하게 될 것이다. 이런 경우에는 몇 번의 시험 비행을 해 보고 흔히 쓰는 통계적인 방법을 사용함으로써 실제 상황의 경우에 사고가 발생할 확률이 얼마가 될지 추정할 수 있는 것이다. 실제로 나사가 과거에 사용한 고체 연료 로켓의 발사 기록에 따르면 때로는 고장도 생겼고 거의 사고가 날 뻔한 적도 있었다. 심지어 사고가 난 적도 있었으니 사고가 발생할 확률이 작지 않다는 경고로 받아들여야 했다고 생각된다.

또한 앞의 인용 문구에서 "역사적으로 보아 과거 우주 왕복선의 성공률이 이처럼 높기 때문에 ……" 등으로 과거의 기록을 들먹이면서 다른 한편으로는 (앞에서 인용된 안전 관리 요원들의 말에서 언급되었듯이) 나사가 우주 왕복선의 안전도를 결정함에 있어서 과거의 비행 기록을 사용하는 것이 바람직하지 않다고 말하는 것은 일관성이 없는 논리이다. 마지막으로, 흔히 사용되는 수치적인 확률 계산 방법을 사용하지 않고 그 대신 공학적인 판단을 이용한다고 하는 경우, 어째서 관리자들이 추정하는 숫자와 기술자들이 추정하는 숫자가 그토록 엄청나게 다를 수가 있는가 하는 문제이다. 내가 보기에는 어떤 목적에서인지(내부적인 이유에서인지 외부적인 이유에서인지는 모르겠으나) 나사의 관리자들은 그들이 만든 상품의 신뢰도를 환상적이라고 해도 지나치지 않을 정도로 과장되게 이야기하고 있는 것이다.

과거에 이루어졌던 비행 준비 상황과 점검 확인 기록들을 여기에서 또다시 언급하지는 않겠다.(조사 위원회 보고서를 참고하기 바람.) 어쨌든 이전의 비행에서 발견되었던 접합 부위에서의 부식과 열바람에 의한 손상을 묵인했던 것이 분명하다. 챌린저 호의 경우가 그 대표적인 예이다. 챌린저 호는 사고 이전의 많은 비행에 있어서 이러한 문제점들이 발견되었어도 결과적으로 비행이 성공리에 이루어졌다는 이유로 안전성이 인정되었던 것이다. 하지만 설계상으로는 이러한 부식과 손상이 생기도록 되어 있지 않았다는 것을 잊어서는 안 된다. 그런 것이 생겼다는 사실은 어디엔가 문제가 있다는 경고로 받아들였어야 했다. 기계가 예상했던 대로 작동하지 않았다는 것이고 따라서 이와 같이 예상하지 못하고 완전히 이해되지 않은 문제점이 남아 있는 상태에서 계속 운행할 때에는 더 큰 문제가 나타날 수 있는 위험성이 도사리고 있는 것이다. 왜 그런 것들이 생겼는지 그리고 생겨도 괜찮은지 등의 의문점들이 완전히 이해되지 않은 한, 전에도 위험성이 있었음에도 불구하고 결과적으로 사고가 발생하지 않았다는 사실만으로 다음에도 사고가 나지 않을 것이라고 보장할 수 없는 것이다. 러시안룰렛을 할 때 첫 번째 사람이 방아쇠를 당겼는데 안전했다고 하여 다음 사람도 안전하다고 할 수 있겠는가. 부식과 손상이 어째서 생겼고 그 결과는 무엇이었는가 하는 것들이 이해되지 않았고, 또 그러한 현상은 모든 비행에 있어서 동일하게 발생하지도 않았으며 게다가 접합 부위마다 다르게 나타났다. 어떤 경우에는 더 많이 그리고 어떤 경우에는 오히려 덜 생기기도 했다. 그렇다면 그 어떤 조건이 우연히 들어맞아 부식과 손상이 좀 더 많이 생기고 이로 인하여 처참한 사고가 발생하게 될지 어떻게 알겠는가?

이와 같이 경우에 따라 많은 차이가 있음에도 불구하고 관리자들은 마치 문제점들을 모두 완전히 이해한 듯이 행동했다. 각 경우마다 겉보기에는 그럴듯해 보이는 논리들을 전개하면서 그리고 그 이전의 '성공적인 비행들'을 자주 인용하면서 말이다. 예를 들자면, 51-C번의 비행 후 O링에 부식이 생겼음을 발견하고 그 후 51-L을 발사해도 안전한지를 결정하는 과정에서 있었던 일이다.[1] 링에 생긴 부식의 깊이가 링의 반지름의 3분의 1밖에 되지 않았다는 것에 주목했다. 링의 안전성을 조사하기 위한 이전의 실험에 있어서 링을 반지름만큼은 잘라야 제 구실을 못하게 됨을 인용하면서 반지름이 3분의 1이 부식되는 것은 문제가 되지 않는다고 정당화한 것이다. 이러한 부식 현상이 제대로 이해되지 않았다는 사실과 경우에 따라서는 상황이 매우 악화될 수도 있음을 걱정하기보다는 오히려 반지름만큼은 잘려야 링이 제구실을 못하는데 반지름의 3분의 1만 잘렸으므로 '세 배의 안전율'이 있다고 주장하고 있는 것이었다.

'안전율'이라는 공학 용어를 이런 식으로 사용해도 되는 것인지 도대체 잘 모르겠다. 다리를 건설하는 데 상판이 변형되거나 금이 가거나 또는 부러지지 않고 어떤 하중을 견디도록 하려면, 실제로는 예를 들어 이 하중의 세 배를 견딜 수 있도록 설계를 하는 것, 이것이 공학에서 말하는 '안전율'이다. 이것은 혹시 어떤 이유로 과도한 하중이 걸리거나 또는 사용한 재질에 예상하지 못했던 어떤 문제가 생기는 경우 다리의 일부가 약해지더라도 하중을 견딜 수 있도록 하기 위한 것이다. 하지만 설계한 대로 만들어진 다리에 설계상의 예상 하중이 가해졌는데 금이 갔다면 이것은 당연히 설계의 잘못이다. 금이 간 정도가 상판 두께의 3분의 1밖에 안 되고 균열이 생겼지만 다리가 무너지지 않았더라도 적정 하중에 의하여 균열이 생겼다면 이것은 '안전율'이 전혀 고려되지 않았기 때문이며 설계가 잘못된 것이다. 또한 어차피 고체 연료 로켓의 O링은 부식이 발생하도록 설계된 것이 아니었다. 따라서 부식 현상을 발견했을 때에는 문제가 있다는 것을 인식했어야 했다. 부식이라는 것은 어쨌든 안전과는 거리가 먼 것이다.

 문제를 완전히 이해하지 못한 상태에서는 다음 발사 때 부식이 세배 더 심해질지 아무도 모르는 일이다. 경우에 따라 부식의 정도가 달랐음에도 불구하고 관리자들은 마치 모든 문제가 이해되었다고 생각했으며 다음에도 심각한 문제는 발생하지 않을 것이라고 확신하는 잘못을 범한 것이다. 그들은 부식의 정도를 계산하기 위하여 수학적인 모형을 개발하기는 했다. 그러나 이 모형은 여러 원인에 의해 발생될 수 있는 현상을 물리적으로 이해하여 만들어진 것이 아니고 단지 결과로 나타난 현상들을 어떤 곡선으로 맞출 수 있을까 싶어서 단순히 한 곡선을 이용한 것이었다. 구체적으로 이야기한다면, 그들은 먼저 고온의 가스 줄기가 O링 재질에 뿌려지듯 가해진다고 가정했다. 이때 가해지는 열은 정체된 상태에서 결정되었다.(여기까지는 올바른 물리적, 열역학적 법칙들을 따르고 있다.) 그러나 고무가 얼마나 부식되는가를 결정함에 있어서, 부식은 열의 0.58제곱에 따라 변화한다고 가정했는데 이때의 0.58제곱이라는 숫자는 실험치를 가장 잘 맞추는 값을 구하여 얻은 것이었다. 하여튼 몇몇 숫자들을 조정함으로써, 이 모형이 그동안의 부식 현상(즉 링 반지름의 3분의 1의 깊이에 해당하는 부식)을 설명할 수 있도록 했다. 이 답을 믿는 한 이러한 방식의 분석 자체에는 문제가 없다고 할 수 있다. 하지만 문제는 이 모형의 곳곳에 불확실한 점들이 널려 있다는 점이다. 가스 줄기의 세기가 얼마나 센지도 예측 가능하지 않다. 예를 들어 그것은 봉합제에 생기는 기포에 따라서 달라질 수 있다. 손상된 링을 보면 비록 고무의 일부만이 부식되었지만 완전히 제기능을 발휘 못하게 될 수도 있다는 것을 알 수 있다. 또한 위에서 얻은 결과의 곡선이 모든 데이터들을 다 맞추지 못하고 있다는 점에서 이러한 경험식이 불확실하다고 할 수 있다. 결과로 얻어진 곡선보다 두 배나 위에 있는 데이터도 있고 결과 곡선보다 두 배 정도 아래에 있는 데이터도 있다. 따라서 이 곡선에 따르면 예측된 부식보다 두 배나 많은 부식이 일어날 수도 있다고 생각하는 것이 옳다. 이 공식의 다른 상수들에 있어서도 유사한 문제점들이 있다. 어떤 수학적인 모형을 이용하는 경우 그 모형의 불확실성을 주의해서 다루지 않으면 안 된다.

우주 왕복선 주엔진

비행 번호 51-L의 우주 왕복선 운행 중 세 개의 주엔진은 모두 완벽하게 작동되었다. 비행의 마지막 순간에 연료 계통에 문제가 발생하자 자동적으로 엔진이 작동을 멈추려고 하기까지 했다. 그렇지만, 만약에 우주 왕복선의 주엔진이 잘못되어 사고가 났고, 그래서 우리가 고체 연료 로켓 부스터를 조사한 것만큼 엔진에 대해서도 자세히 조사했다면, 고체 연료 로켓 부스터의 경우처럼 안전에 대하여 둔감

해지고 엄격해야 할 안전 기준들이 완화되는 등의 부주의로 인해 발생하는 문제들을 발견하게 되지 않을까 하는 의문을 갖게 되었다. 다시 말해서 사고의 책임이 나사의 조직 체계에 어느 정도 있다고 볼 수 있는데 이러한 문제가 고체 연료 로켓 부스터 부분에만 한정된 것인가, 아니면 나사 전체의 공통적인 문제인가라는 질문을 해 볼 수 있다. 이러한 질문에 대답하기 위하여 우주 왕복선의 주엔진과 항공 기계 공학에 대한 부분들을 조사하기에 이르렀다. 비행선이나 외부 탱크에 대하여는 이러한 조사를 실행하지 않았다.

엔진의 구조는 고체 연료 부스터보다 훨씬 더 복잡하고 매우 자세한 공학적인 내용들을 포함하고 있다. 일반적으로 말하여 기술적인 면은 높은 수준에 이른 것으로 보였고 엔진을 가동하면서 발견된 잘못된 점이나 약점 등을 개선하기 위하여 많이 애를 쓴 흔적도 보였다.

대개 이러한 종류의 엔진은 (군용기든 민간 항공기든) 콤포넌트 시스템이라고 불리는 방식, 즉 아래에서 위로의 방식으로 설계된다. 우선 엔진에 사용되는 각 콤포넌트, 즉 작은 부분들(예를 들어 터빈 날개)의 성질과 내구성 등에 대하여 완전히 이해할 필요가 있다. 따라서 실험용 엔진을 먼저 만들어 각 부위의 성질과 내구성 등을 검사한다. 작은 각 부분들을 먼저 조사하고 이해한 후에 좀 더 큰 부분들을 설계하고 제작하여 다시 조립된 각 부분을 검사한다. 결점이나 설계상의 잘못이 발견되면 수정을 하고 수정 후에 또다시 검사하여 제대로 수정되었는지 확인한다. 이때 검사는 각 부분에 대해서만 실시하므로 시험에 드는 비용이나 설계 변경에 드는 비용은 많지 않다. 이러한 과정을 거쳐 필요한 사양에 맞게 최종적으로 엔진 전체를 설계하게 된다. 이런 식으로 제작된 엔진은 성공적으로 작동하게 될 확률이 높고 만약에 실패하더라도 어느 곳에서 문제가 발생했는지를 손쉽게 찾아내고 분석할 수가 있다. 왜냐하면 각 부위마다 어떠한 경우에 문제가 생길 수 있고 그것들의 내구성이 얼마나 되는지를 이미 연구해 놓았기 때문이다. 또한 마지막 과정에서 나타나는 문제점들을 해결하기 위하여 설계를 변경하는 것도 쉬울 수 있다. 이미 심각한 문제들은 진작에 발견되어 저렴한 비용으로 수정이 가능할 때 처리했기 때문이다.

우주 왕복선의 주엔진은 이와는 다르게, 위로부터 아래로의 방식으로 제작되었다고 말해도 괜찮을 듯 싶다. 엔진을 설계하고 제작, 조립함에 있어서 각 부분과 그 재질에 대한 기본적인 자세한 연구가 상대적으로 매우 미흡한 가운데 한꺼번에 이루어졌다. 따라서 이제와서 베어링이라든지 또는 터빈 날개 혹은 냉각수 파이프 등의 한 부위에서 문제가 발생하면 그 원인을 찾아 해결하려고 엔진의 일부를 변경하는 것이 매우 비싼 값을 치러야 하거나 아주 어렵다. 예를 들어 고압력 산소 터보 펌프의 터빈 날개에 금이 가는 것이 발견되었다고 치자. 금이 간 이유가 재질 자체에 문제가 있어서인지, 아니면 산소가 재질의 성질을 바꾸어서인지, 아니면 시동을 걸 때나 끌 때의 열적인 스트레스 때문인지, 아니면 일정한 속도로 운행할 때 발생하는 진동이나 스트레스 때문인지, 아니면 어떤 특별한 속도에서만 나타나는 공명 현상인지, 혹은 또 다른 어떤 이유에서인지 알아내야 한다. 그 외에도 금이 생긴 순간으로부터 얼마나 더 운행이 가능한지, 이 시간은 엔진의 출력과 어떤 관계가 있는지 하는 것들을 이해해야 한다. 이미 완성된 엔진을 이용하여 이런 질문에 대답하려면 많은 비용이 든다. 어디서 어떻게 문제가 발생했는지를 알아보기 위하여 엔진 하나를 다 망가뜨릴 수는 없지 않은가? 하지만 이러한 정보들은 엔진을 사용함에 있어서 신뢰를 갖기 위해서는 필수적인 것들이다. 자세한 사항들에 대해서 이해를 하지 않고서는 확신할 수 없다.

위에서 아래로의 방법이 갖는 또 하나의 단점은 어떤 결점이 발견되더라도 이를 간단히 고칠 수가 없다는 것이다. 예를 들어 터빈의 껍데기를 새롭게 해야 하는 것 같은 단순한 수정 작업도 엔진 전체의 모양을 새로 설계해야 하기 때문에 쉽게 해결할 수 없다.

우주 왕복선의 주엔진은 사실 엄청난 기계이다. 이제까지 인간이 제작한 어떤 엔진보다도 단위 무게당 가장 강한 힘을 가할 수 있는 기계이다. 이 엔진은 기존의 엔진을 제작하면서 쌓아 온 기술의 한계에 가까운 고도의 기술 또는 그 한계를 넘어서는 최첨단 기술로 제작되었다. 그러다 보니 여러 가지 예상하지 못했던 단점과 기술적인 문제점이 나타나는 것이다. 그런데도 엔진이 위에서 아래로의 방식으로 제작됨으로써 단점은 찾아내기도 어렵고 고치기도 힘들게 되었다. 이런저런 이유로 엔진의 수명이 55번의 비행(이는 총 2만 7000초의 운행 시간에 해당하며, 한 비행당 500초씩 운행하여 2만 7000초가 되거나 아니면 시험대 위에서 2만 7000초 동안 운행하거나)은 할 수 있도록 하고자 했던 처음의 목표는 아직도 달성되지 않았다. 이런 문제들로 인하여 엔진은 빈번한 수리와 주요 부품의 교체를 해야 했다. 터보 펌프, 베어링, 시트 금속 껍데기 등의 주요 부품마저 교환해야 하는 문제가 발생했다. 고압 연료 터보 펌프는 3, 4회의 비행마다 교체해야 했고(어쩌면 이 문제는 이제 해결되었을지도 모른다.) 고압 산소 터보 펌프도 5 ~ 6회의 비행마다 교체해야 했다. 처음 설계 당시의 목표에 10퍼센트도 못 미치는 운행 성적이다. 어쨌든 여기서 우리는 다른 어떤 문제보다도 엔진의 신뢰성을 어떻게 결정하는가 하는 것에 가장 큰 관심이 있으므로 그 이야기로 되돌아가자.

이제까지 총 25만 초의 운행 중에 주엔진에 심각한 문제가 발생된 경우가 16회였다. 기술자들은 이때 나타난 문제점들을 주의 깊게 조사했다. 의문시되는 점들을 시험하기 위하여 실험적으로 모형을 설계하여 만들고, (금이 간다든지 하는 현상들의) 해답을 얻을 수 있는 힌트가 되는 점들을 집어가면서 수많은 분석과 연구를 통하여 가능한 한 빠른 기간 동안에 수리를 하려고 노력했다. 비록 우주 왕복선의 엔진이 위에서 아래로의 방법으로 설계되어 이에 따르는 여러 가지 어려움이 있기는 했지만, 이러한 노력의 결실로 많은 문제들이 대부분 해결된 듯하다.

엔진의 문제점과 그 문제점들의 현재 상황을 나열하면 다음과 같다.

고압 연료 터보 펌프의 터빈 날개에 발생한 균열.(어쩌면 이제 해결되었을지도 모름.)

고압 산소 연료 터보 펌프의 터빈 날개에 발생한 균열.(해결되지 않았음.)

스파크 점화 장치 연결선의 파손.(아마 해결되었을 것임.)

배기 점검 밸브의 고장.(아마 해결되었을 것임.)

스파크 점화실의 부식.(아마 해결되었을 것임.)

고압 연료 터보 펌프 터빈 금속판의 균열.(아마 해결되었을 것임.)

고압 연료 터보 펌프 냉각판의 고장.(아마 해결되었을 것임.)

주 연소실 배기구의 고장.(아마 해결되었을 것임.)

주 연소실 흡입구 용접 부위가 어긋남.(아마 해결되었을 것임.)

고압 산소 연료 터보 펌프에서 발생하는 비동일위상 소용돌이.(아마도 해결되었을 것임.)

비행 가속 안전 차단 장치.(중복된 장치에서 부분적인 고장이 발생하였음. 아마 해결되었을 것임.)

베어링의 깨어짐.(부분적으로 해결되었음.)

4,000헤르츠에서 발생하는 진동. 이로 인하여 어떤 엔진은 전혀 사용이 불가능함.(해결되지 않았음.)

이러한 문제점들 중에서 많은 경우가 설계를 새로 바꾸는 초기 단계에서 나타났으며, 상당 부분은 그동안의 노력으로 해결된 것처럼 보인다. 문제가 발생한 경우 중 13회가 엔진을 운행한 처음 12만 5000초 동안에 발생한 것이었고, 그 다음 12만 5000초 동안에는 3회만이 문제가 발생했다는 것을 보면 알 수 있다. 하지만 아직 모든 문제가 해결되었다고 볼 수는 없다. 어떤 경우는 고쳐졌을 것으로 생각되나 실제로는 모든 문제점이 제대로 밝혀지지 않고 그대로 남아 있는 경우도 있을 수 있다. 따라서 그 다음 25만 초 동안에 적어도 한 번의 문제가 발생할 수 있을 것이라고 추측하는 것은 크게 틀린 이야기가 아닐 것이다. 그래서 25만 초마다 한 번 문제가 발생한다고 보면, 이것은 한 번의 임무 수행당 그리고 엔진 하나당 500분의 1의 사고율인 것이다. 우주 왕복선에는 세 개의 주엔진이 있다. 한 엔진에 문제가 발생하면 그것은 문제가 생긴 엔진에만 국한될 것으로 보아도 무방할 것이다.(그러면 우주 왕복선은 임무를 중단하고 나머지 두 개의 엔진만으로 귀환할 수 있다.) 그러므로 우리는 아직 밝혀내지 못한 어떤 문제로 인하여 우주 왕복선이 임무를 완수할 수 없는 사고율이 500분의 1보다 작다고는 말할 수 없다. 이것은 아직 우리가 알지 못하는 미지의 문제만을 생각한 경우인데, 여기에다 우리가 이미 알고 있으나 완전히 해결하지 못한 문제로 인한 사고의 가능성을 더해야 하며, 이제 이러한 문제에 대하여 논의하고자 한다.(엔진 제작 회사인 로켓다인의 기술자들은 엔진의 전체적인 사고율이 1만분의 1이라고 예측하고 있다. 한편 마샬 센터의 기술자들은 300분의 1이라고 하고, 이 기술자들의 보고서를 받는 입장에 있는 나사의 관리자들은 사고율이 10만분의 1이라고 주장한다. 나사의 자문 역할만을 하는 독립적인 위치에 있는 기술자들은 100분의 1 내지 2가 올바른 예측 사고율일 것이라고 보고 있다.)

엔진의 검증 기준이 시간의 경과에 따라 어떻게 변했는지를 설명하자면 매우 혼란스럽고 복잡하다. 처음에는 샘플로 만든 두 개의 엔진 모두 실제 엔진 운행 시간의 두 배가 되는 시간 동안 아무런 문제 없이 운행되어야 한다는 것이 엔진 운행 시간을 규정하는 방법이었다.(이를 두 배의 법칙이라고 부른다.) 이러한 규정은 원래 미국 연방 비행 관리 협회의 규정이었고 나사는 처음에는 이 규정을 그대로 따랐던 것 같다. 그러면서 이에 따라 운행 시간을 정하면 열 번의 운행은 할 수 있을 것으로 예상했던 것 같다.(열 번의 운행을 하려면 두 배의 법칙에 따라서 각 샘플당 20회의 운행 시간에 해당하는 시간 동안 아무런 문제가 없어야 한다.) 물론 총 운행 시간이 가장 긴 엔진을 이용하면 운행 시간이 길게 나오겠으나, 두 엔진의 운행 시간이 길더라도 세 번째나 그 밖의 엔진들은 짧은 시간 동안에만 문제없이 운행하는 것으로 나타났다면 어떻게 되겠는가? 거꾸로 두 개의 엔진의 운행 시간이 정상적인 시간보다 오히려 길었다고 볼 수도 있으므로 이 긴 시간을 운행 시간으로 삼는 것은 안전하지 않다. 짧은 시간을 운행 시간으로 채택하는 것이 오히려 더 현실을 적절히 반영하는 것이라고 할 수 있다. 여기에 두 배의 법칙까지 고려한다면 우리는 짧은 수명을 갖는 엔진의 운행 시간을 측정하여 이 시간의 반에 해당하는 시간을 운행 시간으로 잡아야 한다.

그러나 서서히 안전 관리를 소홀히 하는 경향이 여러 면에서 나타나는 것을 볼 수 있었다. 고압 연료 터빈 펌프를 예로 들기로 하자. 우선 엔진 전체를 시험하던 검사 과정이 없어졌다. 각 엔진은 수시로 교체되는 여러 가지 주요 부품(터보 펌프처럼)들로 이루어져 있으므로 두 배의 법칙은 엔진 전체에 적용되기보다는 각 부품에 적용되어야 한다. 따라서 고압 연료 터빈 펌프를 어느 일정 시간 동안 사용할 수 있다고 보증하고자 한다면 두 개의 샘플이 모두 각각 그 시간의 두 배에 해당하는 시간 동안 성공적으로 운행되어야 한다.(이때 물론 열 번의 임무를 수행할 수 있다는 식의 지나친 주장은 하지 말아야 할 것이다.) 그러면 여기서 '성공적으로'란 무엇을 뜻하는가라는 질문이 나온다. 미국 연방 비행 관리 협회에 따르면 터빈 날개에 균열이 발생하면 이것은 실패를 뜻한다고 되어 있다. 이렇게 엄격하게 정한 이유는 안전율이 실제로 두 배 이상이 되도록 하기 위한 의도에서였다. 한편 처음 균열이 발생한 순간으로부터 날개의 일부가 떨어져 나갈 때까지는 얼마간의 시간이 걸린다.(미국 연방 비행 관리 협회는 이 시간을 고려하여 새로운 규정을 만드는 것을 검토 중이다. 그런데, 새 규정은 균열을 발생시킨 문제가 올바른 모형에 기초하고 충분한 경험을 바탕으로 세밀히 분석되고 난 후에야 승인이 나게 되어 있다. 하지만 우주 왕복선 엔진의 경우에는 제대로 이해되지 않은 문제들이 산재되어 있는 형편이므로 승인을 받을 수가 없다.)

여러 개의 2단계 고압 연료 터보 펌프의 터빈 날개에서 균열이 발견되었다. 1,900초의 시간이 경과한 후에 세 개의 균열이 발견된 경우가 있는 반면, 4,200초가 경과한 후에도 균열이 나타나지 않은 경우도 있었다. 하지만 대체로 이처럼 오랜 시간이 경과하게 되면 균열이 나타나게 된다. 이 문제를 자세히 살펴보기 위해서는 우선 날개가 받는 스트레스가 엔진이 내는 출력에 따라 달라진다는 것을 알아야한다. 첼린저 호의 경우 이전의 다른 비행의 경우와 마찬가지로 엔진이 돌아가는 대부분의 시간 중에 104퍼센트라고 부르는 출력을 방출했다. 몇 가지 알려진 데이터들로부터 판단하건대 104퍼센트의 출력을 내는 경우 균열이 발생할 때까지 걸리는 시간은 엔진이 낼 수 있는 최대 출력인 109퍼센트의 힘을 내는 경우보다 두 배가량 더 걸리는 것으로 되어 있다. 앞으로 계획되고 있는 우주 왕복선의 임무는 지금보다 더 많아지게 될 것이므로 더 많은 하중이 우주 왕복선에 실릴 것이고 따라서 최대 출력인 109퍼센트의 힘이 필요하게 될 것이다. 이와 같이 최고 출력을 내며 운행하는 경우에 균열이 생기는 데 걸리는 시간을 알고자 하면 104퍼센트에서 균열이 생기는 데 걸린 시간을 2로 나누면 된다.(물론 이런 식으로의 간단한 계산은 어느 정도 불확실한 면이 있고 이것은 좀 더 연구되어야 할 것이다.) 앞에서 언급한 균열 중에서 가장 짧은 시간에 발생한 균열은 최대 출력을 낸 경우로 환산하면 1,375초 후에 나타난 것이다.

그에 따라 검사 인정 규정은 '모든 2단계 터빈 날개는 최대 출력을 내는 경우 1,375초 이내로 사용되어야 한다.' 하는 식이 된다. 이때 누가 두 배의 안전율은 어디로 가버렸냐고 지적하면, 한 터빈이 최대 출력으로 균열 없이 3,800초 동안 운행했으므로 그의 반은 1,900초이고 따라서 1,375는 1,900초보다도 짧은 시간이니 오히려 더 엄격한 규정이라고 대답하는 것이다. 이와 같은 논리는 세 가지

점에서 스스로를 속이는 것이다. 첫 번째로 샘플 하나만을 가지고 이야기하고 있다. 다른 두 개의 샘플은 3,800초나 그 이상의 시간 동안 운행하면서 균열이 생긴 날개가 17개나 되었다.(하나의 엔진에는 모두 59개의 날개가 있다.) 두 번째로 두 배의 법칙을 적용하지 않고 1,375초를 그대로 적용했다. 세 번째로 1,375초는 그 시간에 관찰해 보니 균열이 하나 있었다는 것인데, 그전에 균열이 없었던 것을 확인한 시간은 1,100초였으므로 사실 이 두 시간 간격 사이의 어느 순간에 실제로 균열이 발생했는지는 모르는 것이다. 예를 들어 1,150초에 균열이 발생했는지도 모른다.(1,375초 이상 시험한 터빈 날개들의 경우에는 그중 3분의 2가 균열이 생겼고 최근에 한 실험에 따르면 1,150초 동안 운행 시험을 한 날개에서도 균열이 발견된 것이 있다.) 따라서 이 숫자를 크게 잡는 것이 중요하다. 왜냐하면 우주 왕복선은 임무를 완전히 수행하기까지 엔진의 최대 출력에 가까운 힘을 내야 하는 경우가 많기 때문이다.

마지막으로 터빈 날개에 균열이 발생해서는 안 된다는 미국 연방 비행 관리 협회의 관례를 따르지 않고 완전히 날개가 부러져야 문제가 있는 것으로 보는 새로운 기준을 적용하여 안전성을 주장하고 있는 것이 문제이다. 이러한 기준을 적용하게 되면 이제까지 만들어졌던 어떤 엔진에도 문제가 없었다는 것이 된다. 이 사람들의 생각은 균열이 처음 발생해서부터 날개가 부러질 때까지는 상당한 시간이 소요되므로 균열만 생기면 일단은 안전하다는 것이다. 균열이 생겼으면 날개를 교체하면 되는 것이고 만약 균열이 없으면 안전하게 임무를 완수할 수 있다는 식이다. 그러므로 균열의 문제는 더 이상 비행 안전 관리상의 중요한 문제가 아니고 단지 유지 보수 관리 차원의 문제라는 생각이다.

이런 생각이 어느 정도 사실일 수는 있다. 하지만 균열이 생기고 나서 부러지는 데까지 걸리는 시간이 언제나 충분히 길어서 임무를 다 수행할 때까지 안전이 보장된다고 이야기할 수 있겠는가? 실제로 세 개의 엔진이 날개에 몇 군데의 균열이 생겼지만 오랫동안 (최대 출력을 낸 경우로 환산하여 약 3,000초에 해당하는 시간 동안) 운행했어도 날개가 부러지지 않은 기록이 있기는 하다.

이런 균열 현상에 대한 해결책이 이제는 나왔는지 모른다. 모양을 다소 바꾸고 표면을 무두질하고 그 위를 절연체로 씌워 열에 의한 충격을 완화시켜 새로 개발한 날개의 경우에 이제까지는 균열이 발생하지 않았다고 한다.

위에서는 고압 연료 펌프를 예로 들었으나 고압 산소 터보 펌프의 경우에도 마찬가지로 안전 관리에 있어서 검증 과정이 비정상적으로 서서히 완화되는 것을 볼 수 있었다. 하지만 여기서는 이에 대해 더 이상 자세히 언급하지 않았다.

결론적으로 고체 로켓 부스터의 경우와 유사하게 우주 왕복선 주 엔진의 경우에도 비행 준비 확인 과정과 검증 기준이 서서히 완화되는 현상을 볼 수 있었다.

항공 전자 공학

항공 전자 공학이란 비행선에 탑재된 컴퓨터 시스템과 거기에 연결되어 입력을 제공하는 센서들, 그리고 컴퓨터의 출력에 따라 기계들을 작동시키는 기기들을 통틀어 일컫는 말이다. 온도나 압력 등을 측정하는 센서들로부터의 입력 과정과 로켓의 점화 장치, 각종 기계들의 작동, 계기판의 작동 등의 출력 과정은 생략하고 우선 컴퓨터 자체만을 생각하기로 하자.

컴퓨터 내에는 25만 줄이 넘는 복잡하고 정교한 작업을 할 수 있는 프로그램이 들어 있다. 컴퓨터의 여러 가지 임무 중에서도 가장 중요하다고 할 수 있는 것은 발사된 우주 왕복선이 궤도에 진입하도록 하는 것과 착륙 시 비행사가 착륙 지점을 결정하는 단추 하나만 누르면 그 다음은 대기권 내에(마하 1 이내의 속력으로) 안전하게 진입하도록 완전히 자동적으로 조정하는 작업이다. 착륙하는 데 있어서 모든 과정을 자동화할 수 있었음에도 불구하고 그렇게 하지 않았다.(표면적으로는 안전을 위해서라는 이유로 착륙 기어를 내리는 신호는 특별히 우주 비행사가 단추를 눌러 보내도록 하여 컴퓨터의 자동적인 조작으로부터 제외시켰다.) 궤도상에서 비행하는 동안 컴퓨터 시스템은 각종 계기를 작동시키며 비행사들에게 필요한 정보를 제공하고 지상과 정보를 주고 받는 일을 한다. 따라서 안전한 비행을 위해서는 정교하고 절대적인 정확성을 지닌 하드웨어와 소프트웨어 시스템이 필요하다.

간단히 말해서, 하드웨어 부분에 있어서는 네 대의 동일한 컴퓨터가 서로 독립적으로 똑같은 작업을 수행하도록 함으로써 안전성을 확보했다. 그뿐 아니라 가능한 경우에는 언제나 센서 역시 복수로(대개 네 개로) 만들었다. 그리고 각각의 센서에서 얻어진 정보들은 다음과 같은 방법으로 네 대의 컴퓨터에 똑같이 공급된다. 만약 다른 센서들로부터 공급된 입력 정보가 서로 다른 경우에는 상황에 따라서 평균을 취하거나, 매우 다른 한 정보는 무시하고 서로 비슷한 값을 갖는 다수의 정보를 따르는 식으로 되어 있다. 이와 같이 센서들이 컴퓨터 네 대에 공급하는 정보가 동일하고, 각 컴퓨터에는 동일한 프로그램들이 들어 있으므로 매 단계마다 얻어지는 결과는 동일해야 한다. 이를 확인하기 위해 가끔 그 결과들을 서로 비교하도록 되어 있다. 이때 컴퓨터들이 다소 다른 속도로 돌 수 있으므로 비교를 하기 전에 정해진 어떤 순간에 잠시 멈추고 기다리도록 되어 있다. 이와 같이 비교하는 과정에서 컴퓨터 한 대가 다른 컴퓨터 세 대와 다른 결과를 내거나, 어느 정도 기다린 후에도 결과를 내지 않는 경우에는 컴퓨터 세 대가 제대로 작동하고 있다고 가정하고 그 하나의 컴퓨터는 나머지 비행에서 제외된다. 계속해서 남은 컴퓨터 중 또 하나의 컴퓨터가 다른 컴퓨터 두 대와 다른 결과를 내게 되면 그 컴퓨터도 역시 제외되고 이런 경우 나머지 비행 임무는 취소된다. 그리고 정해진 착륙지로 착륙이 실시되며 이 과정은 나머지 컴퓨터 두 대로 조정된다. 컴퓨터 한 대가 잘못되더라도 임무 수행에는 아무런 지장이 없도록 만들어진 안전을 위한 중복 시스템인 것이다. 그것도 모자라서 여기에 또 하나의 컴퓨터가 독립적으로 설치되어 있다. 이 다섯 번째 컴퓨터에는 이륙과 착륙을 위한 프로그램만이 장착되어 있어서 컴퓨터 네 대 중 두 대 이상이 정상이 아니면 이 다섯 번째 컴퓨터가 우주 왕복선을 지상에 착륙시키도록 되어 있다.

그런데 이들 컴퓨터에는 이륙, 착륙 시 그리고 비행 중에 기계들을 작동하는 모든 프로그램을 다 실을 수 있는 충분한 기억 용량이 없기 때문에 네댓 번 정도 비행사들이 테이프를 이용하여 컴퓨터에 프로그램을 설치해 주어야 한다.

우주 왕복선 시스템이 약 15년 전에 시작되었으므로, 현재 우주 왕복선에 사용되고 있는 컴퓨터 하드웨어는 요즘에는 거의 폐물이나 다름없는 낡은 종류의 것인데 새로운 종류의 하드웨어로 바꾸지 못하고 있다. 그 이유는 소프트웨어를 함께 교환해야 하는데 이 교환 작업과 교환 후 새로운 시스템을 점검하는 작업이 엄청난 노력과 시간을 필요로 하기 때문이다. 한 예로, 기억 장치들은 구식 페라이트 핵형이다. 시간이 갈수록 이런 구식 컴퓨터를 질 좋고 안전성 있게 만드는 제조 회사를 찾는 것조차 힘들어지고 있다. 현대식 컴퓨터는 훨씬 안전성이 뛰어나고 속도도 빠르다. 또한 현대식 컴퓨터를 이용하게 되면 회로도 간단해지고 따라서 할 수 있는 일도 많아진다. 기억 용량도 훨씬 크니까 테이프를 사용할 필요도 없다.

소프트웨어는 밑에서부터 위로의 방식으로 매우 철저하게 점검된다. 우선 프로그램 내에 새롭게 씌어진 모든 부분을 철저히 확인하고 그러고 나서 전체 프로그램을 기능별로 분할하여 각 부분을 따로 점검한다. 이런 식으로 작은 부분을 먼저 확인하고 점점 큰 부분으로 점검 영역을 넓혀 나가며, 새로 씌어진 부분이 있을 때마다 전 시스템이 이상 없이 돌아가는 것을 완벽하게 확인할 때까지 점검한다. 이러한 과정을 통하여 만들어진 새로운 소프트웨어는 아무런 하자가 없어야 하는 최종적인 제품이라고 간주된다. 또한 최종 제품을 만들어 내는 소프트웨어 개발부에 대해 비판적인 태도로 소비자의 입장에서 완전히 독자적으로 제품의 질을 확인하는 검사부가 따로 있다. 그것도 모자라서 새로 만들어진 소프트웨어를 '시뮬레이터' 등에 설치하여 실제 상황처럼 사용하며 점검하는 과정까지 거친다. 이러한 점검 과정에서 만약 실수가 발견되면 이를 매우 심각하게 받아들이고 그 원인을 철저히 조사하여 추후에는 그러한 실수가 없도록 조심하고 있었다. 이제까지 만들어진 모든 프로그램과 (관측 기기 등이 추가 되거나 변경됨으로 인하여) 수정된 프로그램을 최종 점검하는 과정에서 실수가 발견된 경우는 단 여섯 차례에 불과했다. 이러한 일련의 과정에서 작업을 하는 사람들의 기본적인 자세는 모든 검증은 프로그램의 안전만을 확인하기 위한 것이 아니고 시뮬레이션 검증 과정 자체의 안전을 동시에 확인한다는 것이다. 비행의 안전은 이러한 시험 과정에서 프로그램이 얼마나 제대로 돌아가느냐에 따라 결정되는 것이므로 따라서 여기에서 문제가 발생되면 매우 심각한 것이다.

결론적으로 말해서, 컴퓨터 소프트웨어 점검 시스템은 최고 수준이었다. 고체 연료 로켓 부스터나 우주 왕복선 주엔진 안전 시스템의 경우에 나타났던 것과 같이 검사 기준을 점점 낮추어 제품의 질을 떨어뜨리는 어리석은 태도는 볼 수가 없었다. 최근에 관리자들로부터 이제 우주 왕복선은 어느 정도 연륜이 쌓였는데 아직도 그렇게 많은 비용과 인력을 들이면서 여러 단계의 시험을 거칠 필요가 있느냐는 문제가 제기되기도 했다. 하지만 이러한 말은 거론조차 되지 않아야 한다. 왜냐하면 이는 어떤 프로그램의 한 부분에 아주 작은 수정을 하는 과정에 사소한 실수가 발생하더라도 다른 부분에 큰 영향을 미칠 수 있다는 것을 몰라서 하는 말이기 때문이다. 우주 왕복선을 이용하는 사람들의 새로운 요구에 따라서 우주 왕복선에 새로운 기계를 장치한다든지 하게 되면 이에 따라 프로그램도 계속 바꾸어야 한다. 그리고 이러한 변경과 수정이 많은 비용을 요구하는 이유는 그럴 때마다 수많은 시험을 거쳐야 하기 때문이다. 따라서 비용을 적게 들이는 방법은 시험의 질을 낮추는 것이 아니라 우주 왕복선의 수정과 변경의 수를 줄이는 것이다.

몇 마디를 더 한다면 정교한 소프트웨어 시스템도 현대적인 하드웨어와 현대적인 프로그램 기술이 가미된다면 훨씬 더 향상될 것이다. 나사 외부에서 이 분야에 경쟁 상대가 생긴다면 처음부터 다시 시작해야 하는 좋은 기회가 될지도 모르겠다. 이제는 나사로서도 현대적인 하드웨어가 필요한 때가 아닌가 하는 것을 심각하게 고려해 보아야 할 것 같다.

마지막으로 항공 전자 공학 시스템의 센서와 작동자에 대한 이야기로 되돌아가면, 컴퓨터 시스템의 경우에 비해 사고나 안전성에 대비하는 태도에 있어서 다소 부족한 점이 있다고 보여진다. 예를 들면 온도를 측정하는 어떤 센서가 간혹 망가지는 등의 문제가 발견되었음에도 불구하고 계속 말썽을 부리는 센서를 그대로 사용하다가 그로부터 18개월이 지난 후 결국 발사 준비 과정에서 이 센서 두 개가 동시에 망가지는 바람에 아예 발사가 취소돼 버린 적이 있다. 게다가 이런 일이 있고 나서도 계속 이 센서를 사용한 적이 있다. 또한 반응 조절 시스템이라고 부르는, 비행 중 우주 왕복선의 방향 전환과 조절 작용을 하는 로켓 분사 장치도 다소 불안정한 면이 있다. 검증 과정이 지나치게 되풀이되고 있는 것같이 보일 수도 있으나, 그에 못지 않게 오랜 기간 동안 많은 문제점들이 계속 나타났으니 검증은 필요하다고 본다. 다만 아직까지는 비행에 심각한 영향을 미칠 정도의 큰 문제는 없었다고 할 수 있다. 로켓 분사 장치가 제대로 작동하는가 하는 것은 센서들로 확인되며, 만약 어떤 분사 장치가 제대로 작동하지 않게 되면 컴퓨터에 의하여 다른 분사 장치가 대신 작동하게 되어 있기는 하다. 그러나 어쨌든 이들 장치들은 망가지도록 설계된 것이 아니므로 문제가 있으면 고쳐야 하는 것이다.

결론

발사 계획이 비교적 현실적으로 수립되었더라도 주어진 기간 내에 우주 왕복선을 발사하려다 보면, 설계 당시의 엄격한 기준에 맞게 안전하게 우주 왕복선을 제작하는 것이 기술적으로 어렵게 되는 경우가 종종 있다. 이런 경우 겉보기에는 그럴듯한 논리를 내세워서 안전 기준을 조금씩 수정 완화하여 비행이 계획대로 이루어지게 한다. 그러다 보니 우주 왕복선은 사고율이 1퍼센트를 넘는(이보다 더 정확한 숫자를 제시하기는 어렵다.) 안전하지 못한 상태에서 발사를 하게 되는 것이다.

그런데도 관리자들은 사고율이 이보다도 약 1,000분의 1이나 작다고 주장하고 있다. 이와 같은 주장을 하는 이유 중의 하나는 나사의 완벽함과 높은 성공률을 정부에 강조함으로써 지속적으로 예산을 확보하기 위한 것일지도 모르고, 또 다른 가능한 이유는 관리자들이 진정으로 그들의 주장이 사실이라고 믿기 때문인데 만약 이것이 사실이라면 그것은 관리자들과 기술자들 사이에 얼마나 대화가 안 되고 있는지를 단적으로 보여 주는 것이다.

어떤 이유로 그렇게 되었든 이것은 매우 불행한 결과를 초래했다. 그중에서도 가장 심각한 것은 (마치 우주 왕복선이 일반 상업용 여객기만큼의 안전성을 확보한 듯이) 평범한 민간인을 위험한 비행선에 탑승시킨 것이다. 테스트 파일럿들과 마찬가지로 우주 비행사들은 그들이 겪게 될 위험에 대해서 이미 알고 있다. 그리고 우리는 그들의 용기에 존경을 표하는 바이다. 나사의 관리자들이 우리에게 믿게 했던 것보다 우주 왕복선이 실제로는 더 위험한 것이라는 사실을 맥컬리프 부인[†]이 알고도 비행을 할 수 있을 정도로 위대한 용기를 가진 사람이었다고 누가 생각하겠는가?

나사의 관리들은 현실 세계를 다루고 있음을, 그리고 기술적인 약점과 불완전성을 이해하고 그것들을 제거하도록 열심히 노력해야 함을 새삼 강조하는 바이다. 우주 왕복선에 드는 경비와 우주 왕복선의 효율성을 우주를 탐험하는 다른 가능한 방법들과 현실적인 관점에서 비교해야 할 것이다. 또한 각 사업에 소요될 경비와 문제점들을 예상하고 계약을 체결함에 있어서도 현실적이어야 한다. 현실적이고 실현 가능성이 있게 비행 계획을 설립해야 한다. 만약 이와 같이 현실적인 계획을 세웠을 때 그것을 정부가 검토하고 나사를 그렇게까지 지원할 수는 없다고 한다면 더 이상 어쩔 수 없는 것이 아니겠는가? 나사는 국민들로부터 재정적인 지원을 받는 입장이므로, 우리 국민들이 갖고 있는 한정된 재원을 국민들이 가장 올바르고 현명하게 사용할 수 있도록 정직하고 솔직하게 자세한 정보를 전달할 의무가 있는 것이다.

기술이 성공적으로 개발되고 이용되려면 홍보보다는 현실성이 강조되어야 한다. 왜냐하면 자연은 속일 수 없기 때문이다.

[†] 맥컬리프 부인은 당시 초등학교 선생님으로 우주 왕복선 챌린저호에 탑승하였다가 사망하였다. 그녀는 우주 비행을 하는 최초의 평범한 시민이 될 뻔했다. 평범한 시민이자 교사가 탑승했던 것은 미국 정부가 교육의 중요성을 강조하고 우주 왕복선의 안전성을 상징적으로 보여 주기 위한 것이었다.

에필로그

젊은 시절에 나는 과학이 모든 사람들을 위하여 좋은 것들을 만들어 준다고 생각했다. 당시에 과학은 분명히 쓸모 있고 좋은 것이었다. 그런데 제2차 세계 대전 중에 나는 원자 폭탄 제조에 참여했다. 원자 폭탄은 누가 보아도 심각한 문젯거리였다. 살인 무기였기 때문이다.

제2차 세계 대전이 끝나고 나는 원자 폭탄에 대하여 많은 걱정을 했다. 당시 나로서는 인류의 미래가 어떻게 될지 가늠할 수 없었을 뿐만 아니라 과연 인류가 오늘날까지 존속할 수 있을지조차 자신할 수 없었다. 따라서 내가 가졌던 질문은 과학에 어떤 악한 요소가 있는가 하는 것이었다.

다른 말로 하여, 내가 매우 사랑하고 내 인생을 바치기로 한 과학이 그토록 참혹한 결과를 가져올 수 있다는 것을 내가 직접 보았을 때 과학의 가치는 과연 어디에 있는가 하는 것이었다. 이것은 내가 반드시 해답을 찾아야만 했던 질문이었다.

「과학의 가치」는 이 질문에 대한 대답을 구하고자 노력하면서 얻은 생각들을 묶은, 일종의 보고서라고 할 수 있다.

과학의 가치[†]

어떤 사람들은 가끔 저에게 과학자들도 사회적인 문제에 좀 더 많은 관심을 가져야 한다고 말합니다. 특히 과학이 사회에 미치는 영향에 대해 좀 더 책임을 져야 한다고 말합니다. 이런 말은 마치 과학자들이 비교적 덜 중요한 과학적인 문제에만 시간을 보내지 말고 매우 복잡하고 어려운 사회적인 문제에 눈을 돌리고 해결책을 구하고자 노력한다면 모든 문제들이 잘 풀리지 않겠느냐는 말처럼 들립니다.

제가 보기에는 과학자들도 이러한 문제들에 대해서 자주 생각하고 있습니다. 다만 과학자들은 그러한 문제에 온 정력과 시간을 소모

[†] 이 글은 1955년 미국 국립 과학 학술원의 가을 학회에서 리처드 파인만이 했던 대중 강연의 원고를 정리한 것이다.

하지 않을 뿐입니다. 사회적인 문제들은 과학에서처럼 어떤 기발한 공식을 생각해 내고 그 공식에 따라 쉽게 풀 수 있는 성질의 것이 아닙니다. 과학적인 문제보다 더 어려운 문제이기 때문에 생각해 본들 간단하고 명쾌한 결론을 얻기가 쉽지 않음을 알고 있기 때문입니다.

저는 과학자들도 비과학적인 문제에 관해서는 다른 평범한 사람들보다 전혀 나을 것이 없으며, 비과학적인 문제에 대해서 이야기할 때에는 그 분야의 훈련을 받지 않은 다른 사람들과 마찬가지로 엉뚱하고 답답한 이야기를 할 수 있다고 생각합니다. 과학의 가치가 무엇인가 하는 문제 역시 비과학적인 문제이므로 오늘 제가 하는 이야기를 들으시면 지금 제가 한 말이 옳다는 것을 알게 되실 것입니다.

과학이 가치 있다고 말할 수 있는 첫 번째 이유는 누구나 쉽게 이해하리라 생각합니다. 과학 덕분에 우리는 수많은 것을 할 수 있게 되었고 또 수많은 것을 만들 수 있게 되었습니다. 물론 우리가 '좋은' 것을 만들면 그것은 과학의 덕뿐만이 아니고 우리로 하여금 좋은 것을 만들도록 한 도덕적인 선택의 덕이기도 합니다. 과학은 선한 일뿐 아니라 악한 일도 할 수 있는 능력입니다. 하지만 과학 자체에는 그 지식을 어떻게 사용하라는 지시가 포함되어 있지 않습니다. 그러한 능력은 분명코 가치가 있는 것입니다. 비록 우리가 그 능력으로 어떠한 일을 하느냐에 따라서 그 능력 자체가 부인될 수 있기는 하지만 말입니다.

저는 언젠가 호놀룰루에 여행을 갔다가 인간이 갖고 있는 이러한 공통적인 문제를 표현하는 방법을 배운 적이 있습니다. 그곳의 한 절에서 관광객들을 인솔하던 스님이 불교에 대하여 간단한 설명을 했습니다. 그는 자신의 설명 끝에 마지막으로 우리가 평생 잊지 못할 말을 한마디 하겠다고 하면서 다음과 같은 말을 했습니다.

　　모든 사람에게는 천국의 문을 열 수 있는 열쇠가 주어져 있다. 그러나 바로 그 열쇠는 지옥의 문도 열 수 있다.

　그렇다면 천국의 문을 열 수 있는 열쇠는 가치 있는 것이라고 해야 할까요? 어느 문이 천국의 문이고 어느 문이 지옥의 문인지를 판단하게 해 주는 정확한 기준이 없다면 그 열쇠를 사용한다는 것은 위험한 일입니다.

　그렇다고 이 열쇠가 가치가 없다고 말할 수도 없습니다. 만약 그 열쇠가 없다면 천국으로 들어갈 수 없기 때문입니다.

　천국의 문이 어디 있는지 안다 하더라도 열쇠가 없이는 들어갈 수 없습니다. 마찬가지로 과학도 이 세계에 엄청난 공포를 가져다줄 수 있는 반면에, 우리에게 무엇인가를 가져다줄 수 있다는 점에서 가치가 있는 것입니다.

　과학의 또 하나의 가치는 지적 쾌감이라고 부르는 재미가 있다는 것입니다. 어떤 사람들은 이 지적 쾌감을 독서나 배움을 통하여 또는 그것에 대하여 사고함으로써 얻게 되고, 또 다른 사람들은 실제로 과학에 종사하면서 얻기도 합니다. 이 두 번째 가치는 중요하며 과학이 사회에 미치는 영향에 대하여 과학자들이 생각할 책임이 있다고 말하는 사람들이 미처 생각하지 못하는 점이기도 합니다.

　이 두 번째 가치는 단지 개인이 즐거움을 느끼느냐 못 느끼느냐 하는 정도의 문제이므로 사회가 갖는 중요성에 비하면 아무것도 아니라고 말할 수 있을까요? 그렇지 않습니다. 여기서 우리는 '그렇다면 사회의 목표란 과연 무엇인가?'에 대해서 생각해 볼 책임 또한 있는 것입니다. 사회는 그 구성원들이 인생을 즐길 수 있도록 조성되어야 하지 않겠습니까? 그렇다면 과학을 통하여 즐거움을 얻는다는 것은 다른 어떤 것만큼이나 중요하게 생각되어야 합니다.

물론 저는 과학적인 노력의 결과를 중요시하는, 즉 일반인들이 생각하는 과학의 가치를 무시하려는 것은 아닙니다. 과학의 발전을 통하여 우리는 과거의 시인들이나 몽상가들이 상상했던 것보다 훨씬 더 멋진 것들을 상상하게 되었습니다. 이것은 바로 자연의 상상력이 인간의 상상력보다 훨씬 더 뛰어나다는 것을 말해 줍니다. 예를 들어 우주 공간 속에서 움직이는 지구를 상상해 봅시다. 이 지구가 한없이 깊은 바닷속을 헤엄치는 거북의 등에 올라 탄 코끼리 등에 얹혀 있다고 상상하는 것과, 자그마치 수십억 년 동안 줄기차게 회전하고 있는 공 모양의 물체에 어떤 신비로운 힘에 의하여 우리 인간들이 북반구와 남반구에 서로 거꾸로 매달려 있다는 사실 중에 어떤 것이 더 멋진 것일까요?

제가 방금 말씀드린 이런 생각은 평소에 제가 자주 하던 것입니다. 혹시 여러분 중에서 저와 비슷한 생각들을 해 보신 분이 계시다면 제 이야기가 새로운 이야기가 아니겠지만 양해해 주시기 바랍니다. 하지만 과거에는 현대인들이 알고 있는 것만큼의 과학 지식이 없었습니다. 우리 조상들은 이런 생각을 할 수 없었습니다.

예를 들어 저는 홀로 바닷가에 서서 다음과 같은 생각을 하게 됩니다.

　　　몰려 오는 파도가 있다.

수많은 분자들로 이루어진 산이다.
자신의 키보다 1조 배만큼이나 서로 멀리 떨어진 채
어리석게도 자기의 일만을 생각하는가 하면
한편 조화롭게 어울려 하얗게 부서지는 파도를 이룬다.

헤아릴 수 없는 세월을 거슬러 올라
그 어느 누구의 눈도 아직 열리기 전부터
긴긴 시간 동안
지금의 모습 그대로 천둥처럼 해변을 때려 왔다.
누구를 위하여, 무엇을 위하여?
감상해 줄 생명도 없는
죽은 행성 위에서

태양이 엄청나게 뿜어대는
우주 공간으로 뱉어내는
에너지의 고문을
잠시도 쉬지 않고 받았다.
진드기 하나가 바다를 포효하게 한다.

바다 깊숙한 곳에서
모든 분자들은
서로의 모습을 반복한다.
그리하여 새롭고 복잡한 모습이 형성될 때까지.
그들은 다른 분자들을 서로 자기들처럼 만들어

완전히 새로운 춤을 시작한다.

점점 더 커지고 점점 더 복잡해지는
살아 있는 것들
원자들의 덩어리
DNA, 단백질
점점 더 기묘한 형태의 춤을 추는구나.

요람에서 나와
마른 땅 위에
지금 여기에
서 있다.
의식이 있는 원자들,
호기심이 가득한 물질이구나.

바닷가에 서서,
신기한 것들을 신기해 한다.
나는 원자로 이루어진 우주이며
우주 속의 한 원자인 것이다.

어떤 문제에 대해서 충분히 깊게 생각해 보면 위에서와 같은 가슴 벅찬 경이감과 신비감을 느끼게 됩니다. 지식을 더 많이 쌓게 되면 더 깊고 더 황홀한 신비감에 빠지게 되어 더욱더 깊이 파고들게 됩니다. 찾게 될 해답이 우리에게 실망을 줄지도 모른다는 걱정은 추호도 없습니다. 오직 즐거움과 확신을 가지고 새로운 돌을 뒤집을 때마다 미처 상상하지 못했던 이상한 것들을 발견하게 되고 그러면서 좀 더 황홀한 신비의 세계로 끌려 가는 것입니다. 얼마나 위대한 모험입니까!

과학을 모르는 사람들은 이러한 일종의 종교적인 경험을 거의 할 수 없을 것입니다. 이런 경험에 대하여 시인들은 시를 쓰고 있지 않으며, 화가들도 그림으로 표현하고 있지 않습니다. 왜 그런지 모르겠습니다. 현재 우리가 알고 있는 우주에 대한 지식을 접할 때 감동을 받는 사람이 하나도 없다는 말인가요? 과학의 가치를 노래하는 가수도 없습니다. 여러분도 과학의 경이로움에 대한 노래나 시를 들어 본 적이 없을 것이며, 기껏해야 저녁 시간에 앉아 과학에 대한 강의를 듣는 정도가 아닙니까? 이래도 우리가 현재 과학의 시대에 살고 있다고 말할 수 있을까요?

어쩌면 사람들이 과학에 대한 노래를 부르지 않는 이유 중의 하나는 과학이라는 음악을 읽을 줄 알아야 하기 때문인지도 모르겠습니다. 예를 들어 어떤 논문에 다음과 같이 씌어 있다고 합시다. "쥐의 대뇌에 있던 방사성 인(燐)의 양이 2주일 후에 반으로 줄었다." 이 말이 도대체 무슨 뜻일까요?

이 말의 뜻은 쥐의, 또는 저나 여러분의 대뇌에 있는 인이라는 물질은 2주일 전의 인과 똑같지 않다는 말입니다. 뇌 속의 원자들은 계속 교체되고 따라서 전에 있던 물질은 사라진다는 말이지요.

그렇다면 우리의 생각이라는 것은 무엇입니까? 즉 우리의 의식을 만드는 원자들은 무엇일까요? 그 답은 바로 지난 주에 우리가 먹었던 감자입니다! 감자들이 1년 전에 내가 어떤 생각을 하고 있었는지를 기억하고 있습니다. 1년 전에 우리 생각을 만들던 원자들은 이미 오래전에 다른 물질로 대체된 것이지요.

우리가 개인 또는 개체라고 부르는 존재는 원자들의 움직임 또는 춤에 불과하다는 것을 먼저 깨달아야 비로소, 앞의 논문 구절에 담긴 속뜻이 뇌를 이루는 원자들이 다른 원자들로 바뀌는 데 얼마나 오랜 시간이 걸리는가를 밝혀냈다는 것임을 알게 됩니다. 즉 원자들은 나의 뇌 속에 들어와서 춤을 추고 나서 사라지고, 그 자리에 새로운 원자들이 계속 들어오지만 그 원자들은 어제 추었던 춤을 기억하면서 똑같은 춤을 춘다는 것이 위 논문이 밝혀낸 사실에 내포되어 있는 것입니다.

그러나 새로운 사실을 보고하는 논문이 신문에 실리는 경우 언제나 다음과 같이 씌어 있습니다. "과학자들에 따르면 이 새로운 발견은 암을 치료하는 데 매우 유용할 것이라고 한다." 신문은 언제나 새로운 생각이 어디에 쓸모 있을까 하는 것에만 관심이 있지 그 생각 자체에는 관심이 없는 듯합니다. 새로운 생각이 얼마나 중요한지를 이해하는 사람이 아무도 없다는 것은 신기하기까지 합니다. 하지만 때로는 여기에도 예외가 있습니다. 어린이들은 그 중요성을 깨닫기도 합니다. 어떤 어린이가 보통 사람들이 하지 못한 새로운 생각을 하고 깨닫는 바가 있을 때 우리는 새로운 과학자의 탄생을 보게 되는 것입니다. 대학생이 되면 너무 늦었다고 생각됩니다.†

---

† 이제 와서 다시 말하라면 "대학생이 되면 이미 너무 늦었다고까지는 않더라도 좀 늦었다고 생각됩니다."라고 하고 싶다.

이제는 과학이 지니고 있는 세 번째 가치에 대해서 이야기하고자 합니다. 세 번째 가치는 다소 간접적인 것입니다. 과학자들은 무지(無知)와 회의(懷疑) 그리고 불확실한 것에 대한 경험이 많습니다. 이러한 경험은 매우 중요합니다. 한 과학자가 어떤 문제의 해답을 모를 때에 그는 무지한 것입니다. 문제의 결과가 어떻게 될지 예상만을 할 수 있다면 그는 불확실한 것입니다. 그 결과가 어떻게 될지 꽤 자신이 있더라도 그는 여전히 회의합니다. 과학의 발전과 진보를 이룩하기 위해서는 우리의 무지함을 깨닫고 확실시되는 것들에 대해서도 어느 정도는 회의를 한다는 것이 얼마나 중요한지를 우리는 배웠습니다. 과학적 지식이라는 것은 서로 다른 정도의 확실성을 갖는 명제들의 집합입니다.(그중 어떤 것은 매우 불확실하고, 어떤 것은 거의 확실하지만, '절대적으로' 확실한 것은 하나도 없습니다.)

우리 과학자들은 이러한 생각에 매우 익숙하기 때문에 불확실성을 인정하는 것도 사실은 매우 일관성 있는 태도라는 것과, 살아가면서 많은 것을 모를 수도 있다는 것을 당연하게 받아들이고 있습니다. 하지만 나는 다른 모든 사람들도 이렇게 생각하고 있는지는 모르겠습니다. 과학의 발달 초기에 인간은 권위와의 투쟁을 통하여 회의할 수 있는 자유를 쟁취했습니다. 그것은 매우 심오하고도 강력한 투쟁이었습니다. 확신 대신 물음을 던질 수 있는(회의할 수 있는) 자유를 얻기 위해서였습니다. 이렇게 우리가 얻은 것을 다시 잃지 않기 위해서는 과거에 있었던 투쟁을 잊지 않는 것이 중요합니다. 그것이 사회에 대한 우리의 책임이라고 생각합니다.

인간이 갖고 있는 엄청난 가능성에 비해 무척이나 왜소해 보이는 인간의 성취를 생각하면 서글픈 생각마저 듭니다. 사람들은 과거 역사를 돌이켜 보면서 좀 더 잘할 수 있었을 텐데 하는 생각을 하지만 똑같은 오류를 또다시 되풀이하고 맙니다. 과거 악몽 같던 암흑 시대를 살았던 사람들에게도 미래에 대한 꿈이 있었습니다. 하지만 그들의 미래인 우리가 살고 있는 지금, 그들이 가졌던 꿈 중 일부는 이루어졌으나 다른 많은 것들은 여전히 꿈으로 남아 있습니다. 우리의 오랜 희망 중 많은 것들이 아직도 미래에 대한 우리의 희망으로 남아 있습니다.

한때는 인간의 무한한 가능성이 개발되지 않는 이유를 대부분의 사람들이 무지하기 때문이라고 생각했습니다. 그렇지만 모든 사람이 교육을 받는다고 해서 누구나 볼테르같이 될 수 있을까요? 나쁜 것도 좋은 것만큼이나 효과적으로 전수되고 교육될 수 있습니다. 교육은 강력한 힘이지만 선을 위하여 이용될 수 있는 만큼 악을 위해서도 이용될 수 있습니다.

국가 간의 교류와 통신은 상호 이해를 증진시킬 것입니다. 이로써 또 하나의 꿈이 실현되겠지요. 하지만 통신 기계를 조작하면 진실이 아닌 거짓된 내용을 전달할 수도 있습니다. 통신은 강력한 힘입니다. 하지만 통신 또한 선을 위해서 이용될 수 있는 만큼 악을 위해서도 이용될 수 있는 것입니다.

응용 과학은 인간을 최소한 물질적인 문제로부터는 해방시킬 것입니다. 병을 치료하는 의학은 선을 위해서만 이용될 것 같지만 이 분야 종사자들 중에는 지금 이 순간에도 전쟁에 사용할 전염병과 독극물을 개발하기 위해 묵묵히 일하는 사람들이 있습니다.

거의 모든 사람들이 전쟁을 싫어합니다. 오늘날 우리의 꿈은 평화입니다. 평화 시대에 인간은 자신이 가진 가능성을 최대한으로 계발

할 수 있을 것입니다. 하지만 미래의 인간에게는 평화 역시 좋을 수 있는 만큼 나쁠 수도 있습니다. 어쩌면 평화 시대를 살아가는 인간들은 권태로움에 지쳐 술에 의지할지도 모릅니다. 그러면 인간의 가능성을 계발하는 데 가장 큰 장애물은 술이 될지도 모릅니다.

분명코 평화는 위대한 힘입니다. 절제, 물질적 능력, 통신, 교육, 정직 그리고 많은 이상가들의 꿈과 마찬가지로 말입니다. 우리는 과거 인류에 비하여 힘과 능력을 더 많이 보유하고 있습니다. 과거 어느 시대와 비교해 봐도 더 많은 힘과 능력을 갖고 있습니다. 그럼에도 불구하고 실제로 우리가 혼란 속에서 성취한 보잘것없는 것들에 비하면 우리의 잠재력과 우리가 할 수 있어야 하는 것들이 너무 거대해 보입니다.

왜 그럴까요? 어째서 우리는 우리 자신을 정복하지 못하고 있는 것일까요? 왜냐하면 위에서 언급한 여러 가지 위대한 힘과 능력 들 외에 그것들을 어떻게 사용하라는 분명한 지시가 없기 때문입니다. 예를 들어 물리적 세계가 어떻게 움직이는지에 대한 우리의 이해가 엄청나게 축적되면 될수록 이러한 움직임들은 일종의 무의미한 움직임일 뿐이라는 확신만을 주게 됩니다. 과학은 직접적으로 선과 악을 가르쳐 주지 않습니다.

역사를 살펴보면 인류는 인생의 의미를 이해하려고 노력해 왔음을 알 수 있습니다. 행동의 방향이나 인생의 의미를 찾기만 하면 위대한 인류의 잠재력이 고삐라도 풀린 듯이 능력을 발휘할 것이라고 생각했던 것 같습니다. 그리고 인생의 의미가 무엇이냐는 질문에 수많은 대답이 제시되었습니다. 하지만 이 대답들은 모두 다릅니다. 어떤 한 가지 대답을 신봉하는 사람들은 다른 대답을 믿는 사람들을 두려움의 눈으로 봅니다. 서로 상반되는 관점을 갖고 있으므로 한쪽의 대답이 다른 쪽 사람들이 보기에는 인류의 위대한 가능성을 잘못된 막다른 골목으로 몰아가는 것처럼 보이기 때문입니다. 사실 인류가 가진 능력이 무한하고 엄청나다는 것을 철학자들이 깨닫게 된 것은 거짓된 믿음으로 창조된 거대한 괴물들이 과거 우리 역사를 얼마나 유린했는가를 보면서입니다. 그러므로 우리의 꿈은 열린 길을 찾는 것입니다.

도대체 이 모든 것의 의미가 어디에 있는 것일까요? 우리 존재의 신비를 벗겨 줄 수 있는 것은 무엇일까요?

우리 조상들이 알고 있던 것뿐만 아니라 그들은 몰랐지만 현재 우리는 알고 있는 것들까지 포함하여 모든 것을 종합해 볼 때 우리는 솔직히 '모른다.' 라고 대답해야 한다고 생각합니다.

하지만 모른다고 대답할 때 오히려 우리는 열린 길을 찾는 것이 아닐까 합니다.

이러한 생각은 새로운 것이 아니지만 이성의 시대에서나 비로소 가능하게 된 것입니다. 이러한 생각이 지금 우리가 살고 있는 이 민주주의 사회를 만들어 낸 사람들을 이끌었던 철학입니다. 한 나라를 어떤 방식으로 이끌어야 하는지를 아무도 알 수 없다는 생각이 기본적으로 있었기에, 새로운 생각이 개발될 수 있고 시도될 수 있고 필요하다면 또 다른 새로운 생각을 받아들일 수 있는 시행착오적인 정치 체제를 도입하게 된 것입니다. 민주주의가 시도될 수 있었던 것은 18세기 말에 이미 과학이 성공적인 사업임이 증명되고 있었기 때문입니다. 그 당시에도 사회적 관점을 가진 사람들은 가능성을 열어 두는 것이야말로 우리가 가질 수 있는 기회이며, 회의와 토론이야말로 미지의 세계를 탐험하는 최상의 방법임을 깨닫고 있었습니다. 전에는 풀 수 없었던 문제를 풀기 위해서는 미지의 세계를 향한 문을 열어 두어야 하는 것입니다.

현재 우리는 앞으로 인류가 누릴 긴 역사를 시작하는 시점에 있습니다. 따라서 많은 문제들을 가지고 허덕이며 싸우는 것이 당연한지도 모릅니다. 하지만 우리의 앞에는 몇 만 년의 미래가 놓여 있고, 이 시대를 사는 우리의 책임은 우리가 할 수 있는 것을 하는 것이고, 우리가 배울 수 있는 것을 배우는 것이고, 문제들의 해답을 발전시키는 것이고, 그 해답을 후세에 전하는 것입니다. 우리의 후손들을 자유롭게 하는 것이 우리의 책임입니다. 인류의 긴 역사에 있어서 현재는 마치 충동적인 젊은 시절과 비슷하므로 우리는 심각한 오류를 범할 수도 있습니다. 그 때문에 오랫동안 인류의 성장이 방해받을 수도 있습니다. 아직 어리고 무지함에도 불구하고 우리가 이미 해답을 찾았다고 단정짓는다면 그것이야말로 심각한 오류를 범하는 것입니다. 만약 우리가 "이것이 바로 답이오, 친구들. 이제 우리는 구원을 받았소!"라고 주장하면서 다른 모든 토론과 비판을 억압한다면, 현재 우리가 갖고 있는 제한된 상상력으로 권위의 쇠사슬에 인류를 얽매어 두는 것입니다. 이전에도 우리는 그런 경험을 수없이 했습니다.

과학자로서의 책임이 바로 여기에 있습니다. 무지의 철학으로부터 위대한 발전이 이루어짐을 깨닫고 위대한 발전은 자유로운 사고의 결실이라는 것을 인식하여 자유의 가치를 주장하는 것입니다. 회의는 두려워할 것이 아니라 오히려 환영해야 할 것임을 가르치고 자유를 요구하는 것이 미래의 후손들에 대한 우리의 의무입니다.

옮긴이 주(註)

머리말

1. 파인만에 대한 첫 번째 책으로 미국에서 베스트셀러가 되었다.

2. Vol. 41, No. 2, 26~37, 1988년.

3. 파인만이 교수로 재직하던 공과 대학.

제1부 호기심 많은 파인만 씨

나는 모든 것을 아버지로부터 배웠다

1. 일반적으로 곤충이 시각적으로 감지하는 빛의 파장은 사람의 눈이 감지하는 가시광선 영역과는 다소 차이가 있다. 그러나 이런 구체적인 내용이 중요한 것이 아니라 사고하는 방식이 중요하다는 것을 뒤에서 보게 된다.

2. 앞에서 음식물이 될 만한 것이 있는 곳에는 어디서나 그것을 먹고살 수 있는 생

물이 있다는 '원리'를 설명했다. 그 원리에 따라서 잎에서 구더기가 자란다는 것이다.

3. 노란색 눈과 초록색 날개를 가진 파랑파리라는 것은 없다. 다만 파인만의 아버지 멜빌 파인만은 자기 아들에게 파리 한 마리도 아름다운 자연의 일부로서 보기에 따라 예쁘게 보일 수 있다는 것을 설명하려고 예쁜 색으로 표현하고 있다. 여기서도 '자세한' 내용에 있어서는 아버지의 설명이 틀렸지만 그것이 중요한 것이 아니고 자연 현상의 뒤에 숨어 있는 '원리'를 이해하는 것이 중요하다는 것을 강조하고 있다.

4. 과학을 탐구하는 방법에 대한 이야기로서, 어떤 사물 또는 과정을 이해하기 위해서는 그에 대한 이론을 만들고 모형을 세운 다음 계산이나 실험을 함으로써 그 현상이나 과정을 재현해 보아야 한다는 뜻이다.

5. 연산을 다루는 수학의 한 분야.

6. 삼각법이란 삼각형에 관한 기하와 삼각 함수에 관한 수학의 한 분야이다.

7. 그 당시 처음으로 신문에 사진이 인쇄되어 실리던 방식이다.

남이야 뭐라 하건!

1. 파인만이 어려서 자란 곳인 파라커웨이라는 마을은 현 뉴욕 국제 공항인 존 에프 케네디 공항에서 동남쪽으로 수 킬로미터 정도 떨어진 곳으로 바닷가에 있었다.

2. 참고로 미국 일간지에 실리는 피너츠라는 네 컷짜리 만화의 주인공 중에 페퍼민트 패티라는 이름의 여자 아이가 있다. 아무튼 이 과자 이름들이 예쁜 이름들이어서 그런 과자를 달라고 하는 것조차 창피했다는 뜻이다.

3. 1930년대에 미국에 경제 공황이 있었으므로 1918년에 출생한 파인만은 경제 공황 당시에 청소년 시절을 보냈다.

4. 자신의 실제 의도를 감추기 위하여 지나치게 떠벌린다는 뜻이다.

5. 구약 성경에 따르면 하느님이 6일간 천지 만물을 창조하고 제7일에 안식을 취한다. 유대교에서는 일주일이 일요일부터 시작되므로 7일째 되는 날인 토요일을 안식일로 정하고 금요일 저녁에 회당에 간다. 그러나 기독교에서는 예수가 부활한 일요일을 안식일로 삼는다.

6. 보통 기독교에서 일요일 아침에 갖는 어린이 예배 시간을 주일학교라고 부르는 것을 따라서, 유대교의 어린아이들도 자신들의 예배를 주일학교라고 불렀다.

7. 유대 민족의 언어.

8. 유대교에서 종교 지도자를 지칭하는 말이다.

9. 1400년대 후반부터 스페인 군주들이 가톨릭이 아닌 종교에 대하여 탄압을 하며 이단자를 처벌하기 위해 이단 심문소를 설치하고 유대 인들을 박해했다. 이것은 1800년대 초반까지 지속되었다.

10. 파인만이 살던 파라커웨이에서 동북쪽으로 3킬로미터 정도 떨어진 마을.

11. 알린은 파인만보다 두 살 아래였다.

12. 1790~1868년, 독일 천문학자 겸 수학자.

13. 카운티는 우리나라의 군 정도에 해당하는 행정 단위.

14. 지금은 사용되지 않지만, 우리가 아는 호랑이 기름처럼 어디에 잘 듣는지도 분명하지 않으면서 일종의 만병통치약처럼 쓰이던 기름.

15. 제2차 세계 대전 당시 미국이 비밀리에 뉴멕시코 주에 있는 로스앨러모스라는 작은 마을에 과학자들을 모아 놓고 원자 폭탄을 만들었는데 이 계획의 암호명이 맨해튼 프로젝트였다. 뉴멕시코 주는 넓은 땅에 비하여 현재에도 전체 인구가 200만 명이 안 되어 핵 실험을 하기에도 적합했다. 지금은 로스앨러모스에 미국 국립 연구소가 있다.

16. 이 이모의 호텔에서 파인만이 어려서 일했던 이야기가 『파인만 씨, 농담도 잘하시네!』에 나온다.

17. 세단형 승용차에 비해 뒤에 짐을 많이 실을 수 있도록 차 뒤의 트렁크 부분을 높게 만든 자동차.

18. 푸치라는 단어 자체에는 특별한 의미가 없으므로 왜 파인만이 그의 아내를 푸치라고 불렀는지는 분명치 않으나 고양이를 뜻하는 단어와 발음이 유사하여 귀엽다는 느낌을 준다.

19. 유진 위그너(1902~1995년), 헝가리 태생의 물리학자. 1963년도 노벨 물리학상 수상자.

20. 히커리라고 부르는 북미산 나무에 열리는 타원형의 열매.

21. 1904~1967년, 미국 물리학자. 원자 폭탄 제조 과정의 책임자.

22. 뉴멕시코 주에서 가장 큰 도시로서 로스앨러모스 남쪽에 있다.

23. 미국 전역에 체인점이 있는 백화점.

24. 1920년대에 점점 동부 사람들이 캘리포니아 주 등의 서부 지역으로 이주하면서 미국 중서부를 연결하는 도로가 필요하다고 여겼을 때 오클라호마 주의 애버리라는 이름의 사업가가 만들기 시작한 도로이다. 1929년부터 미국에 경제 대공황이 시작되자 많은 사람들이 이 도로를 이용하여 서부로 이주하면서 역사적인 도로가 되었다. 존 스타인벡의 소설 『분노의 포도』에서 사람들이 이 도로를 이용하여 서부로 이주하는 장면이 나온다. 제2차 세계 대전 때 독일을 점령한 미국이 히틀러가 건설한 아우토반이라는 고속도로를 보고 그 효율성에 감동받아 1956년부터 미국에도 고속도로를 건설하자 66번 도로는 거의 사용되지 않게 되었다. 하지만 역사적으로 의미가 있고, 주변에 볼 것도 많은 도로이다.

25. 리처드 파인만의 애칭.

26. 엔리코 페르미(1901~1954년), 이탈리아 태생의 물리학자. 1938년도 노벨 물리학상을 수상했다. 같은 해에 미국으로 이주했다.

27. 한스 베테(1906~2005년), 독일 태생의 물리학자. 1935년에 미국으로 이주했고,

1967년에 노벨 물리학상을 수상했다.

28. 친구나 잘 아는 사람들이 사용한 리처드 파인만의 애칭.

29. 미국 오하이오 주에 있는 마을 이름.

30. 뉴멕시코 주의 주도(州都)로 로스앨러모스에서 약 50킬로미터 동남쪽에 있다.

31. 미국 테네시 주에 있는 작은 도시로 그곳에서는 원자 폭탄의 원료로 사용된 방사성 원소를 화학적으로 추출하고 있었다. 파인만은 원자 폭탄 제조 일로 이곳을 방문하였다.

하나, 둘, 셋 …… 을 세는 것처럼 쉽다.

1. 특수 함수 중의 하나로 물리학에서 자주 사용된다.

2. 구면 베셀 함수라고 부르는 함수를 j로 나타내고, 구면 베셀 함수 중에 노이만 함수를 n으로 나타낸다.

출세하기

1. 베네수엘라 북쪽 서인도 제도에 있는 섬 나라. 1962년에 독립했다.

2. 화폐 단위.

3. 빈 드럼통을 잘라 만든 타악기로 음악을 연주하는 악단으로 트리니다드와 카리브 제도 지역에서 볼 수 있다.

4. 트리니다드 섬의 원주민들이 즉흥적으로 노래하는 일종의 재즈 음악.

5. 파인만의 취미 중 하나가 드럼 연주이다.

시티 호텔

1. 1929년~, 파인만이 오랫동안 교수로 있던 대학인 캘리포니아 공과 대학에서 함께 교수로 있던 미국 물리학자로 1969년에 노벨상을 받았다.

2. 1895~1971년, 1958년 노벨상 수상자.

3. 이 영국 물리학자는 뒤에 편지 모음에서 나오는 프리먼 다이슨(1923년~)이다.

비열한 성차별주의자 파인만

1. 1882~1944년, 영국 천문학자이자 물리학자.

방금 그 사람하고 내가 악수를 했다고. 믿을 수 있겠어?

1. 파인만의 아내.

2. 색종이 접기.

3. 일본의 전통 가면극.

편지, 사진 그리고 그림

1. 1885~1962년, 덴마크 물리학자로, 1922년에 노벨상을 받았다.

2. K와 Q는 개인 소개를 할 때 왕과 왕비가 서 있던 위치를 나타낸다.

3. 1890~1971년, 윌리엄 로렌스 브래그 경, 영국 물리학자. 1915년에 그의 부친인
   윌리엄 헨리 브래그 경(1862~1942년)과 함께 노벨상을 받았다.

4. 베르너 하이젠베르크(1901~1976년), 독일 물리학자, 1932년 노벨상 수상자.

5. 비너 쉬니첼은 독일어로 얇게 썬 송아지 고기 요리를 말한다.

6. 파인만의 부인은 영국인이고, 여기서 카드는 속칭 그린 카드(Green card)라고 불
   리는 영주권을 말한다.

7. 폴란드 화폐 단위.

8. 1평방야드는 0.84평방미터이므로 7평방야드는 5.8평방미터이다. 이것은 약 1.8평
   에 해당한다.

9. 존 휠러, 파인만의 박사 학위 지도 교수.

10. 섭씨 2~3도.

11. 1499~1557년, 이탈리아 수학자.

12. 제2차 세계 대전 이전만 해도 유럽의 과학이 미국의 과학보다 앞서 있었고 미국 학생들이 유럽으로 유학을 갔다. 제2차 세계 대전이 일어나기 얼마 전부터 많은 유럽 과학자들이 히틀러를 피하여 미국으로 망명하여 미국에 자리를 잡고 미국의 과학을 발전시켰다. 이와 달리 파인만은 미국에서 태어나고 미국에서 교육을 받은 순수한 미국 과학자로 미국인들의 사랑을 받았다.

13. 1908~2002년, 오스트리아 태생 물리학자. 나치를 피해 1937년에 미국으로 이주했고 나중에는 MIT에서 교수로 재직했다.

14. 한스 베테, 앞서 언급된 바 있는 1967년 노벨상 수상자.

15. 1907~1995년, 독일 태생 물리학자.

16. 1903~1989년, 오스트리아 태생. 1973년 노벨 생리 · 의학상을 받았다.

제2부 파인만 씨, 워싱턴에 가다

들어가면서

1. 우주 비행사들이 탑승하고 활동하는 비행선과 이 비행선을 우주 궤도에 올리는 데 필요한 로켓 등을 통틀어 우주 왕복선이라고 부른다.(그림 1을 참조) 종전의 우주선이 일회용이었다면, 우주 왕복선의 비행선은 비행기처럼 자체 엔진으로 비행이 가능하고 지구로 귀환 시 활주로에 착륙한다. 하지만 이 비행선을 궤도에 올리려면 비행선의 엔진 출력과 연료만으로는 부족하기 때문에 두 개의 대형 보조 로켓을 부착했다. 이 보조 로켓을 고체 연료 로켓 부스터라고 부른다. 이것을 간단히 로켓이라고 부르기도 한다. 이 로켓은 비행선을 지상으로부터 어느 정도의 높이에 올려놓고 연료를 모두 소모하게 된다. 연료가 소모된 로켓은 우

주 왕복선의 무게를 줄이기 위하여 분리되고 바다에 떨어지게 된다. 바다에 떨어진 로켓은 회수되어 다시 사용할 수 있다. 이와 같이 일회용이 아니고 여러 차례 비행할 수 있도록 만들었다는 의미에서 우주 '왕복선'이라고 부른다.

자살 행위

1. 컴퓨터 제작 회사.

냉엄한 사실들

1. 그림 4의 U자형 연결부.

2. 그림 4의 왼쪽 위에서 오른쪽 아래로 두 줄로 된 빗금이 쳐진 부분.

3. 캐서린 2세(1729~1796년)를 의미한다.

4. 1729~1791년, 캐서린 2세를 황후로 만든 쿠데타에 참가했던 장군으로 후에 크리미아 반도를 합병한 공로를 인정받아 한 지역의 총독이 되었다.

5. 존슨, 마샬, 케네디는 모두 나사 기지를 가리키는 이름들이다. 나사는 여러 곳에 기지를 갖고 있고, 총사령부는 워싱턴에 있다. 존슨 센터는 존슨 대통령의 이름을 따서 명명한 텍사스 주 휴스턴 시에 있는 나사의 한 기지로서 주로 유인 우주선의 지상 조정이 이루어지는 곳이다. 마샬은 앨라배마 주의 헌츠비일에 있는 기지이다. 케네디 센터는 플로리다 주 커네버럴 곶의 북쪽 메릿 섬에 있는 나사 기지로 주로 로켓의 발사가 이곳에서 이루어진다. 앞에서도 나왔던 제트 추진 연구소도 나사의 기지 중 하나이지만 다른 곳과 달리 운영을 캘리포니아 주 패서디나에 위치한 캘리포니아 공과 대학이 하며 이곳에서는 바이킹과 보이저 등 무인 우주선을 조종하고 있다.

6. 이 그림은 기온이 낮은 경우(도표의 왼쪽 부분)에는, 부식 현상이 상대적으로 많이 일어났고, 기온이 높은 경우(도표의 오른쪽 부분)에는 부식 현상이 상대적으로 드

물게 나타났음을 보여 준다.

7. 원래 룰렛이란 회전하는 원반에 작은 공을 굴리는 도박 게임의 이름이지만, 러시안룰렛은 총의 원통형 탄창에 탄환을 하나만 넣어 탄창을 임의로 돌려 놓고 탄환이 어느 위치에 있는지 모르면서 몇 사람이 스스로 자기 머리에 총구를 대고 방아쇠를 당기는 생명을 건 도박.

8. 섭씨 영하 2도 정도.

9. 섭씨 영상 12도. 그림 10을 보면 STS51-C호의 비행 시 기온이 53도였음을 알 수 있다.

10. 1911~1988년, 미국 물리학자. 1968년 노벨 물리학상 수상자.

11. 이때 파인만은 암 투병 중이었다.

여섯 시 방향을 조심하라!

1. 미국 국방성. 원래 펜타곤은 오각형을 의미하며 국방성 건물 모양이 오각형인 것에서 유래한 이름이다.

은밀한 조사

1. 가로와 세로의 길이가 약 2.5센티미터인 정육면체의 크기.

2. 양옆의 로켓 부스터 두 개는 고체 연료로 작동된다. 하지만 가운데 있는 큰 연료 탱크에는 액체 연료가 담겨 있다. 액체 연료는 액체 수소와 이를 태우는 데 필요한 액체 산소인데 이 둘은 서로 분리된 용기 속에 들어 있다. 이 액체 연료는 우주 왕복선 주엔진의 연료로 쓰인다. 액체 수소와 액체 산소의 온도는 매우 낮으므로 파인만은 연료 탱크에 액체 수소와 액체 산소가 주입되면서 그 주위의 기온이 내려갔을 것이라고 추측했던 것이다.

3. 자이로스코프의 준말이다. 하나의 자이로는 어느 일정한 방향을 가리키게 되어

있어서 두세 개의 자이로를 이용하여 비행선의 방향이 변하는 것을 측정한다.

4. 고체 연료가 담긴 두 개의 부스터 로켓은 발사 후 2분가량 지나면 연료를 모두 소모하고 지상으로부터 45킬로미터 되는 곳에서 바다로 떨어진다. 낙하산을 이용하여 천천히 떨어진 로켓을 바다에서 회수하면 재활용할 수 있다.

5. 약 2.5센티미터.

6. 레이건 대통령.

7. 교육의 중요성을 강조하는 의미에서 초등학교 선생이었던 맥컬리 부인을 우주 왕복선에 탑승토록 했었다.

8. 90도 내에는 45개의 구멍이 있으므로 45÷2=22.5에 의하여.

환상적인 숫자

1. 그리스 문자 ε으로서 수학에서 매우 작은 숫자를 나타낼 때 쓰는 기호.

2. 파인만은 어떤 현상이든 복잡한 단어로 이야기하는 것보다 누구나 쉽게 이해할 수 있는 단어로 간단히 설명하는 것을 좋아했으며 이와 같이 간단히 설명할 수 있어야 한다고 강조했다.

문제의 부록

1. 마치 실제 상황처럼 컴퓨터가 가상현실을 만드는 것.

2. 약 10킬로미터.

3. 상온 1기압에서 초속 약 340미터이므로 시속 약 1,200킬로미터에 해당한다.

4. 약 1,200미터.

5. 하나의 큰 프로그램을 짤 때 여러 개의 작은 프로그램을 만들고 나서 이들을 서로 연결하는 방식. 추후에 프로그램의 일부를 수정해야 할 필요가 있을 때 전체를 다 수정하지 않고도 쉽게 필요한 일부분만 고칠 수 있다.

제23차 교정본

1. 서문에서 언급하였듯이 그의 보고서 내용이 나중에 미국 물리학회지인 《피직스
투데이(*Physics Today*)》 1988년 2월호에 발표되었다.

언론 플레이

1. 미국 PBS 방송사 간판 뉴스 프로그램으로서 시사 문제에 대하여 깊이 있는 토론
을 벌이는 것으로 유명했다.

에필로그

과학의 가치

1. 51-C는 1985년 1월 24일에 발사되었던 우주 왕복선 디스커버리 호의 비행 번호
이고, 51-L은 1986년 1월 28일에 발사되고 73초 후에 폭발한 챌린저 호의 비행
번호이다. 이 챌린저 호는 폭발하기 이전에 아홉 차례 성공적인 비행을 했다.

옮긴이 글

    미국에서 박사 과정을 끝마쳐 가고 있던 1987년 봄, 나는 우연히 학교 앞 서점에서 『파인만 씨, 농담도 잘하시네!』라는 제목의 책을 발견했다. 전공 서적이나 논문 외의 다른 책을 볼 여유가 없던 때였지만, 왠지 그 책은 선뜻 사가지고 나왔다. 그리고 마지막 책장을 넘길 때까지 다른 일을 하지 못할 정도로 책에서 손을 떼지 못했다. 그후 학위를 마치고 독일에서 연구원 생활을 하고 있던 중 1988년 2월에 파인만의 사망 소식을 접했고, 그로부터 몇 달 후 그 책의 속편 격인 이 책이 나왔다는 것을 알고는 어렵사리 책을 구해 읽었다. 전편과 마찬가지로 이 책 역시 매우 재미있었을 뿐 아니라 농담과 재미나는 이야기들 속에 과학에 대한 열정과 순수한 정신이 배어 있는 매우 교육적이기도 한 책이었다. 학생과 젊은이들이 공부하는 데 또는 세상을 살아가는 데 도움이 될 수 있는 이야기들이 담겨 있다고 느껴이 책을 번역하여 한국의 독자들이 볼 수 있도록 하고 싶었다. 그러나 이런 생각은 단지 욕심뿐이었고 여건이 허락치 않았다.

1990년에 귀국하여 대학 강단에서 학생들을 가르치던 중 우연히 이 책을 번역할 수 있는 기회가 생겼다.(나중에 알았지만『파인만 씨, 농담도 잘하시네요!』는 이미 번역이 되어 있었다.) 나는 기꺼이 이 책의 번역을 시도했다. 그러나 번역이라는 것이 어떤 작업인지 모르고 겁 없이 달려든 것이었음을 곧 알게 되었다. 학기 중에는 거의 손을 못 대고 지내다가 방학 중에 조금씩 번역을 하다보니 어느덧 7년이라는 세월이 흘렀고, 원서 초판이 나온 지 거의 10년이 되어 버렸다. 특히 이 책의 2부는 1986년에 있었던 챌린저 호라는 우주 왕복선의 사고 경위를 파인만 교수가 조사하는 과정에 얽힌 이야기이므로 시기적으로 늦은 감이 있다. 그러나 파인만을 과학자로 성장하게 만든 그의 아버지의 양육법, 그러한 가르침 속에서의 파인만의 성장 과정, 그리고 거짓말하지 않으며 속일 수도 없는 자연을 일평생 탐구하면서 체험으로 얻은 과학자의 순수한 자세를 볼 수 있다는 점에서 시대와 무관하게 우리에게 감동을 주는 책이라고 생각한다. 그의 첫 번째 아내와의 사랑도 이러한 순수함의 연장선상에 있다고 본다.

이 책의 번역 과정에서 외국어 발음은 되도록 원어 발음에 가깝게 표기하고자 했다. 또한 문화적인 차이로 인하여 한국 독자들에게 생소한 내용이 나오는 경우 되도록 본문의 재미를 감소시키지 않는 범위 내에서 옮긴이 주를 달았다. 이 책에 등장하는 많은 사람들은 사실 물리학자들에게는 설명이 필요 없는 유명한 사람들이지만 일반 독자들의 이해를 돕기 위하여 인명에도 간단한 주를 달았다.

나의 게으름으로 7년 동안이나 한국어 판을 기다리게 된 이 책의 저자 랠프 레이턴 씨와 이 책이 나오게끔 연구비를 지원해 주신 대우 재단에 감사드린다. 번역 과정에서 랠프 레이턴 씨로부터 여러 가지 도움말을 얻었는데, 나의 질문에 친절하게 대답해 주신 데에 대하여 감사드린다. 그동안 관심과 격려를 아끼지 않으신 성균관 대학교 물리학과 김병택 교수님, 교정을 도와주신 성균관 대학교 핵물리이론 연구실의 모든 연구원들, 특히 소운영, 김권영 씨에게 감사드린다. 끝으로 격려와 많은 도움말을 준 아내에게 감사의 마음을 전한다.

1997년 3월

栗田에서 홍승우

찾아보기

옮긴이 홍승우

성균관 대학교 물리학과를 졸업하고 텍사스 대학교에서 핵물리 이론으로 박사 학위를 받았다. 독일 율리히 핵물리학 연구소 연구원을 거쳐 성균관 대학교 물리학과 교수로 있다. 옮긴 책으로 『클래식 파인만』이 있고, 저서로 『C언어를 이용한 전산물리학』이 있다.

남이야 뭐라 하건!   What do you care what other people think?

1판 1쇄 펴냄 1997년 4월 15일
1판 5쇄 펴냄 2000년 5월 15일
개정판 1쇄 펴냄 2004년 7월 19일
개정판 6쇄 펴냄 2021년 8월 17일

지은이 | 리처드 파인만
옮긴이 | 홍승우
펴낸이 | 박상준
펴낸곳 | (주) 사이언스북스

출판등록 | 1997. 3. 24. (제16-1444호)
(06027) 서울특별시 강남구 도산대로1길 62
대표전화 515-2000 / 팩시밀리 515-2007
편집부 517-4263 / 팩시밀리 514-2329
www.sciencebooks.co.kr

ISBN 978-89-8371-152-6 04990